世界百国商务文化大观

A Brief Survey of the World's Business Cultures

编 著　潘相阳　袁 磊

编 委　孙 莺　潘怡然　石宇阳　张 晓

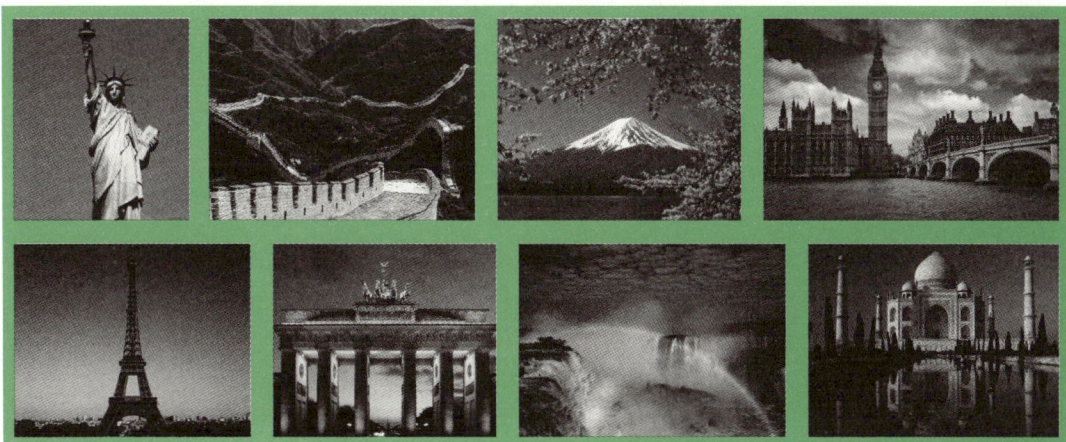

中国人民大学出版社
·北京·

　　文化是一个复杂的、棘手的概念。文化是知识、经验、信仰、价值观及社会角色等的积淀物。由于商业的全球化，文化的多样化程度在商务活动中与日俱增。不同的国家、民族，其所处地理环境不同、历史背景不同、宗教信仰不同，形成了各具特色的生活方式、民族传统和风俗习惯，各自在文化上存在着差异性。

　　文化的差异性不仅会影响到谈判双方对各种言谈举止的领会和运用，而且会影响谈判者的思考方式和各自的价值观念，从而导致谈判复杂化。因此，多方面了解和掌握各国、各民族的文化特点和风俗人情，有助于涉外商务工作者增强跨文化理解，克服文化冲突，加强文化沟通和合作，更好地履行职责，提高办事效率，增进双方的友谊。

　　本书介绍的是世界百国商务文化的基本知识。书中所列的一百个国家都是进入国际货币基金组织（IMF）2013 年世界各国 GDP 前一百名排行榜的。它们广泛分布在全球各地，因而具有明显的地域特色和广泛的代表性。在搜集和整理这些资料时，作者力求全面细致地反映各国基本概况、经济结构特点、民族文化和宗教信仰对商务文化的影响等等，重点突出跨国商务沟通中文化因素所起到的不可忽略的作用。

　　本书是作者在从事二十多年商务英语教学工作和商务实践活动的基础上总结完成的。从定题、遴选国家到书中内容构思、结构安排都凝聚着作者大量的心血。其立足点主要是满足社会各个层面涉外商务活动的需求，为广大读者提供一个了解世界、感知世界的平台。

　　在此，我要诚挚地感谢我的博士课程班指导教师、中国社会科学院数量经济与技术经济研究所博士生导师李群教授无微不至的关怀和帮助；感谢中国人民大学出版社外语分社社长鞠方安博士、程子殊编辑，他们在本书的编写过程中提供了无私的帮助和指导；感谢我的团队成员袁磊、孙莺、潘怡然、石宇阳和张晓，他们都全程参与了本书的编写和资料的搜集整理，任劳任怨地加班工作、细致耐心地高标准完成自己所承担的任务。

随着世界经济的发展和变化，中国越来越融入世界大家庭中，并日益走向世界舞台的中心。我们相信将会有更多的人加入到对外经济开放的队伍中来。本书既适用于全国各高等院校在校生拓展知识之用，也适于从事涉外商务活动的各层次的专业人士阅读。

本书旨在抛砖引玉，希望能够对走进国际商务活动的人们和跨文化学习者有所帮助。书中尚有不尽如人意之处，希望各位读者能够提出宝贵的意见和建议。

编者

2015 年 5 月

CONTENTS

目 录

阿尔及利亚

基本概况

　　阿尔及利亚（Algeria），全称阿尔及利亚民主人民共和国（The Democratic People's Republic of Algeria），位于非洲西北部，北临地中海，东邻突尼斯、利比亚，南与尼日尔、马里和毛里塔尼亚接壤，西与摩洛哥、西撒哈拉交界，面积约为238.17万平方公里。阿尔及利亚全境大致以东西向的泰勒阿特拉斯山脉、撒哈拉阿特拉斯山脉为界，撒哈拉阿特拉斯山脉以南属撒哈拉大沙漠，约占全国面积的85%。北部沿海地区属地中海气候，中部为热带草原气候，南部为热带沙漠气候，炎热干燥。

　　阿尔及利亚人口约为3 810万（截止到2013年估值），大多数是阿拉伯人，其次是柏柏尔人。官方语言为阿拉伯语和柏柏尔语，通用法语。伊斯兰教是国教，穆斯林占人口的99.9%，全部属逊尼派。首都为阿尔及尔（Alger），是全国政治、经济、文化和外贸中心，也是最大的港口。

经济结构

阿尔及利亚经济规模在非洲居第四位，仅次于南非、尼日利亚和埃及。石油与天然气工业是国民经济的支柱。自然资源较为丰富，软木产量位居世界前列。主要农产品有粮食（小麦、大麦、燕麦和豆类）、蔬菜、葡萄、柑橘和椰枣等，但粮食与日用品主要依赖进口。旅游资源丰富，全境有七处自然、文化景点被联合国教科文组织列为世界遗产。

主要出口产品为碳化氢（石油和天然气）。主要进口产品为工农业设备、食品、生产原料、非食品消费品等，主要贸易伙伴大多是西方的工业化国家。

货币为阿尔及利亚第纳尔（**Algerian Dinar**）。

商务文化

在阿尔及利亚，由于西方文化同伊斯兰文化并存、传统风俗与现代文明并行，所以在商务礼俗方面也呈现多样化的特点。

◆ 阿尔及利亚人以米饭、大饼（发酵饼）或面饼为主食，番茄、黄瓜、洋葱、土豆等新鲜蔬菜和牛肉、羊肉、鸡肉、鸭肉、鸡蛋等是他们喜欢的主要副食。烤全羊是这里的名贵菜肴。他们通常不用筷子和刀叉，也不习惯用右手抓饭吃，而是使用汤匙做餐具。上层人士爱吃西餐，也爱吃中国以辣味著称的四川菜和湖南菜。

◆ 茶叶和咖啡是他们最喜欢的饮料，也是招待客人必备的饮料，他们通常爱喝绿茶，并在茶水里放入薄荷和冰糖。

◆ 阿尔及利亚人大多信奉伊斯兰教，他们禁吃猪肉，禁止使用猪革制品，忌讳谈论有关猪的话题。由于伊斯兰教教规严禁教民饮酒，所以，他们虽是葡萄酒主要生产国之一，可商店里都不卖酒，家庭不备酒，待客不敬酒，连酿酒工人也没有品尝过酒的滋味。他们禁食自死动物肉、血液、海参、蟹等，还不吃姜和带腥味的食品。他们忌讳左手传递东西或食物，认为左手下贱、肮脏，所以，使用左手是极不礼貌的。

◆ 阿尔及利亚人待人热情友好、慷慨大方。无论是见面还是分别时，一般都行握手礼。与挚友见面时，有的也行拥抱礼和贴面礼。见面时问候和祝愿中用的最多的话是"愿真主保佑你"。他们还喜欢别人称呼他们的头衔或职称加姓。在有的地区，人们喜欢边谈话，边用自己的右手掌拍打对方的左手掌，以此来表示亲热和友善。

◆ 在很多地方有见面送花的习惯，他们把花束扎得很精致悦目，花的朵数一般为双数。拜访朋友或客人时，鞠躬献花，同时祝福一番，这被视为是一种对待朋友和客人热情而又高雅的举动。在这里，恪守伊斯兰教规的阿拉伯人不喝酒，也不吸烟。因此，作为客人，若主人不吸烟，也未请吸烟，则最好不要吸烟。

◆ 与阿尔及利亚人做生意，事先应安排好会晤时间，会谈时可适当介绍自己的产品性能和用途等，但不要炫耀自己国家和民族的长处以及产品的优越性，否则，他们会认为这是自高自大，从而产生反感。

◆ 与阿尔及利亚人谈生意时切忌大喊，也不要公开斥责别人。谈判达成协议时，最好让他们首先宣布达成协议的情况。

◆ 冬季访问时，宜穿保守式样的西装。访问政府机构或大的商业机构必须预先约定时间。把客人邀请到家中做客，是阿尔及利亚人对尊贵客人的一种礼遇。

2

阿根廷

基本概况

阿根廷（Argentina），全称阿根廷共和国（The Republic of Argentina），位于南美洲东南部，东濒大西洋，南与南极洲隔海相望，西邻智利，北与玻利维亚、巴拉圭交界，东北与乌拉圭和巴西接壤，面积约为 278 万平方公里（不含马尔维纳斯群岛和阿主张的南极领土），在拉美仅次于巴西。地势由西向东逐渐低平。北部属热带气候，中部属亚热带气候，南部为温带气候。

阿根廷人口约为 4 166 万（截止到 2013 年）。其中白人和印欧混血种人占 95%，多属意大利和西班牙后裔，76.5% 的人信奉天主教。官方语言为西班牙语。布宜诺斯艾利斯（Buenos Aires）是阿根廷的首都。

经济结构

阿根廷矿产资源丰富，主要矿产资源有石油、天然气、铜、金、铀、铅、锌等。水力资源、森林资源、沿海渔业资源丰富。阿根廷旅游业发达，是南美主要旅游国家。阿根廷是拉美地区综合国力较强的国家。全国大部分地区土壤肥沃，气候温和，适于农牧业发展，农牧业发达。阿根廷工业门类齐全，主要有钢铁、汽车、石油、化工、纺织、机械、食品加工等。核工业发展水平居拉美前列。食品加工业较先进，主要有肉类加工、乳制品加工、粮食加工、水果加工和酿酒等行业。

阿根廷是世界粮食和肉类的重要生产国和出口国，素有"世界粮仓肉库"之称，主要种植小麦、玉米、大豆、高粱和葵花子等，是世界第二大玉米生产国。

阿根廷货币名称为阿根廷比索（**Argentine Peso**）。

商务文化

阿根廷人大多数为欧洲人后裔，其中以西班牙人、意大利人为主，政界和工商界人士普遍衣饰讲究，言行举止规矩大方。因此，在进行商务活动时必须注意仪容仪表，了解其商务文化对谈判的成功是十分重要的。

◆ 男士最好穿保守式样的西装，打领带。参加正式酒会和宴会时，中式或西式深色服装均可，女士衣饰以得体大方为宜。外国人经常以服装取人，服装是他们进行人物评价的基础，如果衣冠不整，他们就认为你这个人不正派。因此到公司或机关访问，或到客商家做客，都必须西装革履，绅士模样。西装的颜色也要注意，一般说来，灰色最不受欢迎。这种颜色令人觉得阴郁、不开朗，如果穿这种颜色的衣服去访问对方，很可能使对方对自己的印象打折扣。

◆ 与阿根廷人闲谈时应避免谈论有争议的宗教、政治问题。足球和探戈都是阿根廷的文化符号，因此足球是与阿根廷人闲聊时的最佳话题，妇女喜欢谈论时装。

◆ 在阿根廷从事商务活动，无论是与政府还是与私营企业做生意，合同都是极其重要的。谈生意最好是面谈，因为阿根廷的电话服务有时不尽如人意，而且阿根廷人愿意面对面地谈判。通过电话联系很少能成交业务。此外，商务拜访一定要预约。

◆ 阿根廷人起得较晚，不习惯一大早就从事商务活动，所以千万不要考虑邀请阿根廷人在早饭时商谈业务，那样会失去生意。约会一般安排在上午 9:30 左右较为合适，如果阿根廷商业伙伴迟到亦不必惊讶。阿根廷人也可能会安排晚7点甚至8点在办公室与你会面。

◆ 商界流行以握手为礼，交换名片频繁。一般而言，谈生意的态度宜保持谨慎，这样给人的印象较佳。许多阿根廷商人会讲英语，此外，意大利语和德语也是常用的外语。

◆ 阿根廷人往往在一番社交寒暄之后才开始讨论商务，除非你的阿根廷合作伙伴主动谈起，最好不要谈及个人私事。切不可期望一次会谈就能成交，耐心是很重要的。

◆ 在阿根廷，商务午餐很重要，虽然在午餐时所谈的并不触及生意的核心内容，但这有利于调节情绪，为进一步谈判创造气氛。

◆ 阿根廷人在饮食上习惯吃欧式西菜，以牛、羊和猪肉为主。阿根廷商人喜欢邀请朋友到家中做客，餐桌上免不了上正宗的牛肉。到阿根廷人家中做客可给女主人送上一束鲜花或一些糖果，也可带进口威士忌。宾主相见，与男士行握手礼，对女士轻吻脸颊，以示亲切及礼貌。送礼不要送衬衫、领带之类贴身用的物品。阿根廷人喜欢别人夸奖他们的孩子、家里的陈设和他们的饭菜。

阿联酋

A Brief Survey of the World's Business Cultures

基本概况

阿联酋（Arab Emirates），全称阿拉伯联合酋长国（The United Arab Emirates），位于阿拉伯半岛东部，北濒波斯湾，海岸线长 734 公里，西北与卡塔尔为邻，西和南与沙特阿拉伯交界，东和东北与阿曼毗连。境内除东北部有少量山地外，绝大部分是海拔 200 米以下的洼地和沙漠，面积约为 8.36 万平方公里。属热带沙漠气候。

阿联酋人口约为 840 万（截止到 2013 年），阿拉伯人仅占 1/3，其他为外籍人。官方语言为阿拉伯语，通用英语。居民大多信奉伊斯兰教，多数属逊尼派；在迪拜，什叶派占多数。首都为阿布扎比（Abu Dhabi），是阿联酋第一大城市。

经济结构

阿联酋以石油生产和石油化工工业为主。近年来大力发展以信息技术为核心的"新经济"和"知识经济"。阿联酋的银行业和对外贸易发展迅速，成为该国经济的重要组成部分。

外贸在经济中占有重要位置。阿联酋主要出口石油、天然气、石油化工产品、铝锭和少量土特产品，主要进口粮食、机械和消费品。

阿联酋货币为阿联酋迪拉姆（**United Arab Emirates Dirham**）。

商务文化

阿联酋以伊斯兰文化为尊，和其他阿拉伯国家关系亲密。阿联酋虽然是穆斯林国家，信仰伊斯兰教，但国家实行对外全方位开放，政策较开明，对外国人在衣食住行等方面没有太多的限制，基本可满足居住在阿联酋各国人士的需求。

◆ 伊斯兰教徒不吃猪肉、不饮酒。外商进关时，本人自用的酒，限带一瓶，可以过关，但两瓶以上或是犹太人企业的产品，如可口可乐等，就不准通关。带酒通关，容易招惹是非。

◆ 人们喜爱棕色、深蓝色，禁忌粉红、黄、紫色。喜爱羚羊，以猪、十字架、六角形图案为禁忌。

◆ 下班以后，当地商人喜欢到咖啡店聚坐。此地无夜总会，晚宴总是在家中进行。应邀至阿联酋商人家做客往往只有男性，女性毫无社会地位。在当地，不劝酒、不送裸照，伊斯兰教禁止偶像崇拜。洋娃娃也好，裸照也好，一律被当作偶像而禁止。除在寓所或饭店的客房酒吧内可以喝酒外，其他任何公共场所均不许喝酒。

◆ 一般阿拉伯家庭席地用餐，且用手抓食，在他们传统观念中，右手总是干净的，左手是不洁的，故吃饭时必须用右手将食物直接送进口里。在接人待物方面，譬如递送东西给他人（端水、递茶），或者是接别人递送过来的东西时，必须用右手，否则就是极大的不恭敬。

◆ 当地每年一次的斋月期间，在日出后和日落前，不许在公共场所和大街上喝水、吸烟、吃东西，当地绝大多数的餐馆和饮品店在这个时期关门停业。斋月期间，女士们要尽量注意穿长袖衣服和长裤，不要太暴露。大多数公司也会建议他们的前台接待处的女职员穿上相对保守一些的服装。

◆ 在与当地人交往中，与先生谈话时不能主动问及其夫人的情况，与妇女交往只能简单问候几句，不能单独或长时间地与她们谈话，更不能因好奇盯住她们的服饰看，也不要给她们拍照。

◆ 阿联酋国内节假日较多，尤其还有长达一个月的斋月。虽然斋月期间仍旧工作，但办事效率比平常低，政府机构及绝大多数的公司都会把下班时间提前到下午两点半左右。因此，到阿联酋访问或做生意、办展览要注意避开当地的节假日。

◆ 根据阿拉伯联合酋长国的商务礼俗，冬天访问宜穿保守式样的西服。拜访政府办公厅及大公司须提前预约。参与政府机构的投标时，必须通过当地的代理来进行。另外，要设立公司时，也需有当地的担保人出面才行。

◆ 和其他中东地区国家的商业习惯相同，在阿联酋做生意，须谦虚有礼并有耐心，销售姿态务必放低。本地商人不喜欢与派驻在沙特阿拉伯或其他相邻国家的商务代表谈判，他们愿直接和制造厂商打交道。

◆ 当地公司进口项目繁杂，有时一家公司同时独家代理两个互相竞争的商品。在这里最好采用信用证付款。

◆ 当地无论是商人，还是一般百姓，都希望商品价格便宜，也特别注重品牌。购物时，他们对不是品牌的商品不感兴趣，因此商品能否销得出去，在很大程度上取决于其品牌。

4

阿曼

基本概况

阿曼（Oman），全称为阿曼苏丹国（The Sultanate of Oman），位于阿拉伯半岛东南部，西北界阿拉伯联合酋长国，西连沙特阿拉伯，西南邻也门共和国，东北与东南濒临阿曼湾和阿拉伯海，面积约为 30.95 万平方公里。除东北部山地外，均属热带沙漠气候。

阿曼人口约为 383 万（截止到 2013 年 2 月底）。其中阿曼人 215 万，外籍人 168 万。伊斯兰教为国教，90% 属逊尼派伊巴德教派。官方语言为阿拉伯语，通用英语。马斯喀特（Muscat）为阿曼的首都。

经济结构

阿曼矿藏资源丰富。工业以石油开采为主，油、气是该国的支柱产业。其他工业起步较晚，基础薄弱。粮食作物以小麦、大麦、高粱为主，不能自给。渔业是阿曼的传统产业，是阿曼非石油产品出口收入的主要来源之一。

阿曼主要出口石油和天然气，约占国家财政总收入的 75%，非石油类出口有铜、化工产品、鱼类、椰枣及水果、蔬菜等。主要出口到日本、韩国、中国、泰国等国。进口机械、运输工具、食品及工业制成品等，主要来自阿联酋（转口）、日本、英国、美国等。阿曼外资主要投向石油开采和金融业。英国和海湾国家是主要投资国。

阿曼的货币为阿曼里亚尔（**Omani Rial**）。

商务文化

阿曼是一个历史悠久的文明古国。作为一个伊斯兰国家，社会风气较为保守，但无特殊禁忌，到阿曼来一定要尊重当地伊斯兰文化。

◆ 殷勤待客、彬彬有礼是阿曼人特有的美德。直爽、开朗、剽悍是阿曼人的性格特点。

◆ 阿曼多山与沙漠，生活条件十分艰苦，因此，牛、马、羊、驴与骆驼便成了当地人生活中不可缺少的伙伴。阿曼人爱牛如命。阿曼男子喜欢身佩饰刀，如果男子不佩刀，会被视为有失体面。按照阿曼的商务礼俗，冬天访问宜穿保守式样的西装。

◆ 拜会政府官员及大公司最好事先预约，但有时尽管没有约会就前去拜访，也可堂而皇之地请求面谈。谈话时目光不要左顾右盼。

◆ 该国商界气氛和其他中东国家类似，彬彬有礼及耐心等待是秘诀，个人之间的情谊非常重要。销售姿态必须放低。千万别请派驻在沙特阿拉伯或其他邻国的商务代表到阿曼去谈生意，对方希望直接和制造商谈判。

◆ 阿曼人的商业习惯是重要事项要写成书面材料，最好以电报、直通电话加以确认。做不到的事情要明白地表示"不"。

◆ 在当地讨价还价很盛行，他们的商情来源很多。一旦签了代理合约之后，就不要轻易地中止，这一点要注意。另外还须注意的是代理合约若不到工商会所、工商部去登记的话，就会被视为无效力。

◆ 如果阿曼人端出阿拉伯咖啡来请客时，一定要接受，用右手持杯一口一口慢慢地喝，不需要的时候则左右摇手示意。否则，旁边的服务人员会一直站在那里为你续杯。

◆ 根据关系亲疏，阿曼人见面时行握手礼或亲吻礼。握手时要诚恳、有感情。此时可以勾腕搭肩以表热诚（只限于男性的场合）。但亲吻一般仅限于同性。普通人亲吻一般为三下，先左后右再左。长辈对未成年的男女儿童都行吻礼，一般只吻孩子的额头，有时为表示热情，也吻孩子的双颊，并要发出响亮的吻声。异性之间可行握手礼。

◆ 阿曼人的禁忌：用餐时不要用左手。在别人面前，不要用食指或中指比划。注意，和女性交谈、亲近女性，或拍摄女性照片都被视为禁忌。在当地，砍伐树木也在禁止之列。在斋戒期间，不要在众人面前吃东西、喝水、抽烟。不能在伊斯兰教寺院里照相。不要赞美女性或她们的装饰品。不要持有以色列产品或赞扬以色列。他们对水的观念远超过我们的想象，不要提及地下泉水的卫生问题。

◆ 阿曼人的名字都是按阿拉伯民族的习惯继承祖辈的名字。因此，他们的全名中记载着他们的父名和族名。

◆ 依照伊斯兰风俗，阿曼人不食猪肉，不饮酒。但允许外国人在有许可证的酒店内饮酒。

◆ 访阿旅客应注意穿着不要太暴露。如进入清真寺，需围头巾，穿长裙或者长裤，而且长袖上装的服装色彩图案不能太刺眼。

◆ 大多数阿曼公司进口商品杂乱，往往同时独家代理两种互相竞争的商品。

◆ 报价最好用阿曼货币报 CIF 价（到岸价），而非 FOB 价（离岸价）。在阿曼市场销售产品以信用证方式付款较好。

◆ 在阿曼开展商务活动最好持用印有英文、阿拉伯文的名片。

◆ 当地商人下班后常到咖啡店聚坐。晚宴多半在家中举行。阿曼的周末为周四、周五。

◆ 每年的 11 月至次年 3 月是最佳拜访时间。6 月至 8 月气温有时高达 43 摄氏度，商界多休假。斋月期间不宜前往访问。行前必须查询当年的伊斯兰教假日（每年不同）。

5

阿塞拜疆

基本概况

　　阿塞拜疆（Azerbaijan），全称为阿塞拜疆共和国（The Republic of Azerbaijan），位于亚洲与欧洲交界处的外高加索东部，东濒里海，南接伊朗和土耳其，北与俄罗斯相邻，西傍格鲁吉亚和亚美尼亚。阿塞拜疆全境 50% 以上为山地，面积约为 8.66 万平方公里。气候呈多样化特征，平原、低地为亚热带气候，山地为高原冻土带气候。

　　阿塞拜疆人口约为 948 万（截止到 2014 年 1 月）。共有 43 个民族，其中阿塞拜疆族占 90.6%，列兹根族占 2.2%，俄罗斯族占 1.8%，亚美尼亚族占 1.5%，塔雷什族占 1.0%。官方语言为阿塞拜疆语，属突厥语系。居民多通晓俄语。主要信奉伊斯兰教。首都为巴库（Baku），位于阿普歇伦半岛南部，是全国经济、文化中心，也是里海最大的港口，还是石油工业中心，有"石油城"之誉。

经济结构

石油工业为阿塞拜疆国民经济的主要支柱。机器制造业和轻工业相对落后。大部分日用消费品依靠进口。天然气资源丰富，主要分布在阿普歇伦半岛和里海大陆架。阿塞拜疆经济以重工业为主，主要工业部门有石油天然气开采业、化工和石油化工、电力、冶金、机械制造、轻工、食品加工等。石油工业产值占工业总产值的一半以上。农业比较发达，农产品以种植棉花为主，此外谷物、茶叶、烟草、水果及蔬菜的种植面积也占一定比重。畜牧产品主要有肉类、奶、羊毛、蛋等。

主要出口产品有石油和石油产品、天然气、食品、烟草、机械产品等。主要进口产品有机械和金属制品、轻工产品、石油开采设备和备件、汽车、水泥、小麦、食品、木材等。主要贸易伙伴为意大利、俄罗斯、土耳其、以色列和英国。

阿塞拜疆货币为阿塞拜疆马纳特（**Azerbaijan Manat**）。

商务文化

阿塞拜疆是一个东西方文明相交融的地方，又是一个伊斯兰国家，有着自己独特的文化传统。在与阿塞拜疆商人交往的过程中需要了解他们的文化，甚至需要融入他们的文化氛围中去，这将会大大有助于事业成功。

◆ 阿塞拜疆人性格豁达开朗，待人热情诚恳，提倡文明精神，讲究礼仪礼节。他们有敬重长者的良好民族传统，有事必与长者老人商量，事事都要照顾长者老人。用餐要让老人坐上座，吃喝要挑最好的给老人。

◆ 绝大多数信奉伊斯兰教什叶派。认为左手卑贱，用其待人是极不礼貌的。他们对左手传递东西或食物很反感。他们有"以右为上"的传统观念，甚至达到了非常崇拜的地步。他们无论是端饭或敬茶，都养成了使用右手的习惯，就连出门进门都习惯先迈右腿，穿衣服也要先伸右臂或右腿。

◆ 阿塞拜疆人每年都要庆祝开春节。过节时，家家户户染红鸡蛋，用它象征"喜盈门"，还要在盘子里培育小麦种，用以"预兆丰年"，孩子们晚上总喜欢在自家院内跨越篝火，据说这样可以驱除邪气迎来吉祥。

◆ 在他们的传统节日送上一份中国的陶瓷或丝绸等礼物，会有意想不到的效果。

◆ 他们忌讳数字"13"，认为这个数字是兆凶，会带来不幸和灾祸。还忌讳和厌恶"黑色"，认为黑色是不祥的色彩。但他们对绿色非常喜爱，认为绿色象征着吉祥，对红色也很喜欢，认为红色有向上的意义，并有鼓舞人的作用。

◆ 在社交场合与客人相见时，多行握手礼。与亲朋好友相见时，一般以右手按胸施30° 鞠躬礼，同时说声祝愿的话，再施握手礼，握手后还要施吻礼（互吻手背）。一般家庭内的人相互见面时多施吻礼，幼者要吻长者的手背，长者吻幼者的额头或眼睛。他们对在众人面前挖鼻孔、掏耳朵等做法很看不惯，认为这是有失礼貌的举止。

◆ 阿塞拜疆男人大多好饮酒，但不酗酒。如果您有几分酒量，会有益于您与他们的交往。阿塞拜疆人有喝茶的习惯，许多事情可以在茶桌上一边细细地品茶，一边慢慢地讨论。

◆ 学上几句阿塞拜疆语，比如"撒拉姆"（您好）、"撒乌"（谢谢，再见）等，可以增进彼此之间的友谊。

◆ 阿塞拜疆人的时间观念不太强、效率不太高，在与他们的交往或投资合作中，要有足够的心理准备。

◆ 阿塞拜疆人禁食猪肉、忌食驴肉、狗肉和骡肉，也不吃自死的动物肉和它们的血液。阿塞拜疆人传统的饮食是白面包、烤大饼、饺子、奶油、酸奶等，油煎肉卷是他们常吃的食物。他们早餐一般都习惯吃用葡萄和桑果做的果酱。平时做肉菜时总喜欢掺些栗子、杏干、葡萄干和其他青菜。他们认为中国饭菜色香味美。用餐时，除在社交场合有时使用刀叉餐具外，一般都惯于用手抓饭取食。宴请阿塞拜疆客人时一定不要上猪肉，以尊重伊斯兰教的宗教习俗。

6

爱尔兰

基本概况

　　爱尔兰（Ireland），全称为爱尔兰共和国（The Republic of Ireland），位于欧洲西部的爱尔兰岛中南部，西濒大西洋，东北与英国的北爱尔兰接壤，东隔爱尔兰海与英国相望，面积约为 7.03 万平方公里。气候温和湿润，为典型温带海洋性气候，受北大西洋暖流影响，四季区别不明显。

　　爱尔兰人口约为 459.3 万（截止到 2013 年）。爱尔兰虽然有自己的语言，但是他们的官方语言是英语。主要宗教是天主教，大约 90% 以上的人是天主教徒，其他居民则信奉基督教新教等。爱尔兰是个单一民族的国家，全国 98.7% 的人是爱尔兰人，另有 3 万人是英格兰人，苏格兰人约有 5 000 人，犹太人约有 4 000 人。首都为都柏林（Dublin），是全国最大的城市和文体中心。

经济结构

历史上，爱尔兰是以农牧业为主的国家，有"欧洲庄园"之称。自 1995 年起，爱尔兰国民经济持续高速增长，成为经济合作与发展组织中经济发展最快的国家，被誉为"欧洲小虎"。铅、锌矿储量丰富，是欧洲最大的铅、锌生产国。近年来，化工、电子工程、计算机软件产业等突飞猛进。农业以畜牧业为主，粮食不能自给。旅游业是外汇收入的重要来源。

对外贸易在爱尔兰经济中占有举足轻重的地位。主要贸易对象是欧盟其他成员国、美国、日本等国家。主要出口机械和交通设备、计算机、化学药品、食品、饮料、烟草、科学仪器等。主要进口数据处理设备、化学产品、石油（产品）、纺织品、服装、原料、半成品等。

爱尔兰货币为欧元（Euro）。

商务文化

爱尔兰人虽受英国的影响很大，但在生活上却不像英国人那样讲究排场和注意身份、风度等。他们一般都比较开朗和随便，注重实惠。与他们进行商务活动，需要对他们国家的一些商务风俗有所了解。

◆ "竖琴"是爱尔兰人的绰号，又是爱尔兰的民族乐器。爱尔兰人对竖琴的图案最为崇拜和喜爱，国徽的图案也是竖琴。

◆ 他们崇尚绿色。他们把绿色视为生命和力量。因为绿色会给人带来美好的环境，带来生活的幸福。

◆ 他们偏爱"三叶草"，并把其作为国花。无论男女逢遇佳节庆典，都习惯在胸前佩戴一束"三叶草"。

◆ 他们还爱狗成风。据有关资料介绍，爱尔兰有 40% 的家庭养狗。

◆ 他们忌讳见到单只喜鹊。认为凡是看见单只喜鹊，准会有倒霉的事要临头。可是若同时见到两只喜鹊，那就预兆着必将会有喜事到来。

◆ 爱尔兰人大多数信奉罗马天主教，还有少数人信奉新教。忌讳"13""星期五"。他们视"13"和"星期五"为令人沮丧的数字和日期。一般人都有一种信念，认为凡遇到"13"或"星期五"办事情，很可能会发生不幸或有灾难降临到自己的头上。

◆ 在待人处事上，都十分注重礼节礼仪。他们言谈话语特别重视礼貌修养。在社交场合，他们的礼貌用语颇多。"请""谢谢""请原谅"等，是他们的习惯用语。

他们还很尊重妇女，"女士优先"已成为他们生活中的传统。

◆ 爱尔兰人在社交场合与客人相见时，一般以握手为礼。但他们忌讳交叉式握手，或同时与几个人交叉式的谈话。他们认为这些都有失礼节，是很不礼貌的举止。在与亲朋好友相见时，大多都以亲面颊或贴面颊二三次来代替握手，以示相互间的亲热和友好。

◆ 商业上的会面要事先约定，但要记住爱尔兰人大多没有时间观念。商务交谈中要避免谈论宗教或政治。他们不愿意别人过问自己的去向、工资、年龄以及婚姻状况。他们认为这些都属于个人的私生活范畴，不需要别人来干预和过问。

◆ 他们一般都很注重效率。工作就是工作，休息或用餐时都不喜欢讨论公事。

◆ 如应邀去爱尔兰人家里做客，给女主人送鲜花或巧克力是受欢迎的。去时带上一瓶酒或乳酪是合适的礼物。商业活动中送礼并不常见。

埃及

基本概况

　　埃及（Egypt），全称为阿拉伯埃及共和国（The Arab Republic of Egypt），地跨亚、非两洲，西与利比亚为邻，南与苏丹交界，东临红海并与巴勒斯坦、以色列接壤，北临地中海，面积约为 100 万平方公里。全境干燥少雨。尼罗河三角洲和北部沿海地区属地中海型气候，其余大部分地区属热带沙漠气候。

　　埃及是阿拉伯世界人口最稠密的国家，人口约 9 455 万（截止到 2013 年），其中绝大多数生活在河谷和三角洲。人口中主要是阿拉伯人。伊斯兰教为国教，信徒主要是逊尼派，占总人口的 84%，科普特基督徒和其他信徒约占 16%。官方语言为阿拉伯语，通用英语和法语。首都开罗（Cairo）是阿拉伯和非洲国家人口最多的城市。

经济结构

埃及主要资源有石油、天然气、磷酸盐、铁等。埃及是非洲工业较发达的国家之一，但工业基础较为薄弱。经济以农业为主，尼罗河谷地和三角洲是埃及最富庶的地区，盛产棉花、小麦、水稻、花生、甘蔗、椰枣、水果和蔬菜等农产品，长纤维棉花和柑橘驰名世界。旅游收入是埃及外汇收入主要来源之一。财政来源除税收外，运河收入、旅游收入、侨汇和石油收入构成埃及国民经济的四大支柱。

主要贸易伙伴是美国、法国、德国、意大利、英国、日本、沙特、阿联酋等。主要进口商品是：机械设备、谷物、电器设备、矿物燃料、塑料及其制品、钢铁及其制品、木材及木制品、车辆、动物饲料等。主要出口产品是：矿物燃料（原油及其制品）、棉花、陶瓷、纺织服装、铝及其制品、钢铁、谷物和蔬菜。埃及出口商品主要销往阿拉伯国家。

埃及的货币为埃及镑（**Egyptian Pound**）。

商务文化

埃及是举世闻名的四大文明古国之一，素有"世界名胜古迹博物馆"之称。其文明体现在日常生活的方方面面，了解一定的当地商务习俗，对生意的成功是有一定帮助的。

◆ 埃及人大多信奉伊斯兰教。他们绝对禁食自死动物的肉、血液和猪肉，也禁止使用猪制品。按伊斯兰教义，妇女的"迷人之处"是不能让丈夫以外的人窥见的，即使是同性之间，也不应相互观看对方的私处，因此，短、薄、透、露的服装是禁止的。埃及人认为"右比左好"，右是吉祥的，做事要从右手和右脚开始，握手、用餐、递送东西必须用右手，用左手与他人握手或递东西是极不礼貌的。

◆ 通常在埃及人面前尽量不要打哈欠或打喷嚏，如果实在控制不住，应转脸捂嘴，并说声"对不起"。埃及人对绿色和白色都有很深的感情，有把绿色喻为吉祥之色，把白色视为快乐之色的说法。他们讨厌黑色和蓝色。埃及人宠猫，并视猫为神圣的精灵。在埃及人的心目中，猫是女神在人间的象征，是幸运的吉祥物，是受人崇敬的国兽。

◆ 多数埃及人热情、友好、好客。要接受他们提供的茶、咖啡或冷饮。即使不渴，也应该喝一小口以示礼貌，拒绝接受会有负主人的好意。同样，当埃及商业伙伴来到您的办公室或旅馆的会议室时，一定要提供一些喝的东西，否则会被认为你对他们冷淡或不感兴趣。

◆ 埃及人的时间观念淡薄。参加会议时埃及商人和政府官员经常迟到，然而来访者则应该准时到场。开罗似乎总在堵车，因此当地人在车里开会不足为奇。在这种文化中，人远比时钟、时间表和日程更重要。不管他们迟到的原因是什么，都不要表现出恼怒或不耐烦。埃及人认为，仅仅因为另一场约会就匆忙结束正在进行的会议是不礼貌的。

◆ 当被引见时，男性应和所有人握手，而女性则只和其他女性握手。但是应避免用力过猛，埃及人习惯于温和地握手。

◆ 开始谈生意之前必须了解您的商业伙伴。喝咖啡或茶时聊聊与生意无关的事情将是打破僵局的好办法。埃及的历史、旅游、食品和纪念碑都是很好的话题。可以谈论家庭，但是不要询问男性商业伙伴的妻子或女儿。来访者应在言语中避免亵渎神灵，不要说黄色笑话，也不要提及性、宗教、政治或中东时事。此外，最好别提及死亡、疾病或自然灾害，因为这类词语在该国文化中具有不可思议的魔力，许多当地人认为，谈及死亡、疾病或灾难会带来厄运。

◆ 交谈时埃及人喜欢打断别人，也就是说，在别人结束谈话之前就开始发表意见。如果发现自己被别人打断了话题，无须苦恼，因为他们并没有冒犯的意思。在这个富于表现的文化里，打断别人的谈话很正常。

◆ 埃及人在口语和书面语中都是拖拉冗长、辞藻绚丽，而且喜欢夸张，喜欢做一些过度的承诺。任何值得说的事情似乎都会一而再、再而三地被强调。

◆ 谈生意或在社交场合和埃及人谈话时，他们希望对方能直视他们。如果对方常常躲开他们的视线，那将表示对方对谈话不感兴趣或不尊敬他们。女性来访者在大街上应该避免直视埃及男性，因为他们可能会认为这种凝视是一种引诱。

◆ 埃及人经常避免直接说"不"，他们认为，间接而迂回地表达不愉快的事情是更礼貌的行为。而"是"可能实际上并不意味着同意，除非表示得很坚定或者重复了多次。在语言交流的表现力方面，埃及人与南欧人相似，而就迂回来说，则更接近于东亚和东南亚人。

◆ 埃及人谈判热衷于讨价还价，在谈判过程中经常希望对手能在价格和条款方面做出巨大的让步。一些当地的生意人以谈判桌上能让对方在开价上退让多少来衡量他们的成功。因此在最初的开价中留出足够的利润空间以应付冗长的讨价还价过程将是明智的做法。与埃及人谈判要以从容不迫的步伐向前推进，强烈要求其快速做出决策是徒劳的。

◆ 如果被邀请到某人家里赴宴，可以挑选一些自己国家知名的物品，也可以带上蛋糕或高档的巧克力，但是不要赠送酒或其他穆斯林禁止的物品。鲜花则适用于婚礼和探望病人。献上礼物时一定要用双手或仅用右手，千万别用左手。

◆ 款待客人和接受款待是和商业伙伴建立亲密关系的重要方式。如果被邀请到埃及人家里赴宴，吃得多可表示您的感激，所以要尽可能地多吃。当达到极限时，主人再提供一份食物时您可能需要坚定地拒绝三次，才能谢绝好意。同样，当招待埃及人时，也应该不停地邀请他们进餐。他们认为两次拒绝所提供的食物是礼貌，只有第三次拒绝才是真的拒绝。

◆ 去埃及人家里赴宴时对食物表示赞赏是适宜的，但是不要过多地赞美。对于埃及人来说，和朋友一起轻松地交流要比食物本身重要。此外，在中产者和上层社会人士家里大部分食品是仆人准备的，因此应大力感谢女主人安排了一个美好的夜晚，食物只是其中的一部分。

埃塞俄比亚

基本概况

　　埃塞俄比亚（Ethiopia），全称为埃塞俄比亚联邦民主共和国（The Federal Democratic Republic of Ethiopia），位于红海西南的东非高原上，东与吉布提、索马里接壤，西与苏丹交界，南邻肯尼亚，北接厄立特里亚。境内以山地高原为主，大部分属埃塞俄比亚高原，中西部是高原的主体，占全境的 2/3，东非大裂谷纵贯全境，平均海拔近 3 000 米，素有"非洲屋脊"之称。面积约为 110.4 万平方公里。埃塞俄比亚地处热带，但是因为境内多高原，所以埃塞俄比亚的气候有了它的独到之处，温度跨度大，气候多样，但总体来看，埃塞俄比亚的气候主要属于高原山地气候。

　　埃塞俄比亚人口约为 9 100 万（截止到 2011 年）。全国约有 80 多个民族，其中奥罗莫族人占 54%，阿姆哈拉族 24%，提格雷族 5%。阿姆哈拉语为联邦工作语言，通用英语。主要民族语言有奥罗莫语、提格雷语。居民 45% 信奉伊斯兰教，40% 信仰埃塞正教，少数人信奉新教、天主教和原始宗教。首都亚的斯亚贝巴（Addis Ababa）是非洲海拔最高的城市。

经济结构

埃塞俄比亚是世界上最不发达的国家之一，农牧业是国民经济和出口创汇的支柱，工业基础薄弱。矿产和水力资源丰富。埃塞俄比亚境内河流湖泊较多，号称"东非水塔"。农业系国民经济和出口创汇的支柱，主要粮食作物有大麦、小麦、玉米、高粱。经济作物有咖啡、恰特草、鲜花、油料等。埃塞俄比亚盛产咖啡。旅游资源丰富。

对外贸易中主要出口商品有咖啡、皮革和农牧产品等。主要进口机械、汽车、石油产品、化肥、化学品、纺织品和药品等。主要贸易伙伴是德国、日本、意大利、美国、印度、沙特阿拉伯、吉布提和俄罗斯等。

埃塞俄比亚货币为埃塞俄比亚比尔（Ethiopian Birr）。

商务文化

与其他非洲国家相比较，埃塞俄比亚商务礼仪有一定的独特性。在该国开展商务活动，需要对他们的风俗文化有一定的了解，这样才能为生意的顺利开展提供帮助。

◆ 埃塞俄比亚的民族传统服饰有其一定的独特风格。一般夏季上身穿高领长窄袖的衬衣，下身为窄裤或马裤，身披白色"沙马"。冬季外加带风帽的斗篷。妇女一般都穿长而窄的连衣裙，外罩为"沙马"，有的甚至裹住头部只露面部。

◆ 埃塞俄比亚有些民族的女人特别注重化妆。头发要用油脂弄硬，并在其中加些草梳成小辫，耳朵穿孔佩戴草制或白色贝壳制成的花环，手和脚戴金属的手镯与脚镯，身上涂抹香料。

◆ 埃塞俄比亚人有把盐粒含在口中的习惯。哄孩子也用盐粒，如同我们用糖哄孩子一样。埃塞俄比亚的男女青年，在初次接吻时，会相互把盐粒吐在对方的口中，表示俩人真诚相爱，情投意合。

◆ 埃塞俄比亚人有饭前用干净的水洗手的习惯。洗手时，他们总爱当着另一个人的面，用水壶冲洗，下面用专用的盆或罐等容器接水，冲洗干净后才入席用餐。

◆ 驴是姑娘的嫁妆。孩子长到十二三岁就要干活，到时家人送她一头驴，祝愿家道兴旺。未婚男人家里如果没有驴，他就讨不到老婆。姑娘出嫁，娘家为了女儿的幸福，无论如何也得给女儿陪嫁一两头驴，帮她干活。埃塞俄比亚的谚语说："如果女人没有驴，她自己就是一头驴。"

◆ 埃塞俄比亚人的名字，第一个字是其名，随后跟着的是其父之名。家族的姓是不传给后代的。

◆ 在埃塞俄比亚，每周三、周五为斋日，除此之外还有 70 个强制性斋日，一年有一半时间要守斋。斋日期间，人们不准吃任何肉类，甚至连鸡蛋、牛奶等都不准吃。凡是动物身上的东西都不准吃喝，唯一例外的就是在复活节期间前 40 天里，可以吃鱼、虾等海鲜品。他们认为这些海鲜品是凉血动物，所以可以不戒食。伊斯兰教徒禁食猪肉和使用猪制品。

◆ 他们忌讳数字 "13"。认为这是个很不吉利的数字。他们还忌讳用左手传递东西或食物。认为左手是极为肮脏的，使用左手是一种不礼貌和不道德的行为。

◆ 无论在任何地方，绝不能向埃塞俄比亚人伸舌头，他们认为对人伸舌头是对对方极大的侮辱和轻蔑。

◆ 埃塞俄比亚人喜爱鲜艳明亮的色彩，禁黑色，也禁忌宗教象征图案。他们忌讳黄色和淡黄色，认为是凶丧之色，故在花束或服装上都忌用这些颜色。所以，出门做客是绝对不能穿黄色服装的。

◆ 埃塞俄比亚人与熟人相见，一般总要摘下帽子相互鞠躬问好，如果他们身披"沙马"裹住头，会摘下甚至撩起来露出肩膀，问候致意要长达一两分钟，甚至更长。同辈人相见，一般行握手礼并互致问候，他们彼此握手，直到互致问候完毕才相互把手放开。久别或至亲好友相见，一般要施吻礼，并频频互致问候，双方的脸互相左右轻触数次，越亲密者则互吻次数越多。上层人士或神甫相见，只能互吻肩部。小孩见长辈，要跪下来吻长辈的脚，受礼者应伸出双手表示高兴接受。百姓见官员或下级见上级，一般应施鞠躬礼。

◆ 与埃塞俄比亚人进行商务谈判时应尽量避免谈论政治及宗教问题，这会令他们感到厌烦。谈判时语气要委婉，气氛要和谐。

◆ 埃塞俄比亚人在至亲好友或贵客临门时，一般都喜欢用咖啡待客，以此来表示对客人的尊敬。埃塞俄比亚拥有独特的计时法：每天 24 小时，他们把太阳升起的时间视为零点。也就是通常的 6 点，是一天的开始。到了下午 6 时是白天 12 个小时的结束，也是夜间 12 小时的开始。这种独特的计时方法在老百姓当中依然沿用着。假如有朋友请您在中午 1 点去吃饭，一定不要忘了问他一句"是欧洲时间还是当地时间"。

◆ 埃塞俄比亚还是世界上少有的无门牌之国。包括首都在内的所有城镇村庄，均无门牌。除了主要街道之外，几乎所有小的街巷都没有名称。

9

爱沙尼亚

基本概况

爱沙尼亚（Estonia），全称为爱沙尼亚共和国（The Republic of Estonia），位于波罗的海东海岸，东与俄罗斯接壤，南与拉脱维亚相邻，北邻芬兰湾，与芬兰隔海相望，西濒里加湾。边界线长 1 445 公里，海岸线长 3 794 公里。境内地势低平，间有低矮丘陵，平均海拔 50 米。面积约为 4.52 万平方公里。多湖泊和沼泽，属海洋性气候。

爱沙尼亚人口约为 131.6 万（截止到 2014 年 1 月 1 日）。主要民族有爱沙尼亚族、俄罗斯族、乌克兰族和白俄罗斯族。官方语言为爱沙尼亚语，英语、俄语亦被广泛使用。居民主要信奉基督教路德宗、东正教和天主教。塔林（Tallinn）为爱沙尼亚的首都。

经济结构

爱沙尼亚自然资源匮乏。主要矿产有油页岩（已探明储量约 60 亿吨）、磷矿（储量约 40 亿吨）、石灰岩等。主要工业部门有：机械制造、木材加工、建材、电子、纺织和食品加工业。农林牧渔业中以畜牧业和种植业为主，畜牧业主要饲养奶牛、肉牛和猪，主要农作物有小麦、黑麦、马铃薯、蔬菜、玉米、亚麻和饲料作物。

主要进出口商品：机电产品、矿产品、农产品、交通运输设备、金属、木材制品等。

爱沙尼亚的货币为欧元（Euro）。

商务文化

波罗的海诸国的商业文化同时反映了欧洲大陆的南北区别。爱沙尼亚最靠北部，相对来说更崇尚个人主义，以生意为重，在谈判过程中习惯于直接的语言交流，而且在波罗的海诸国当中是最为沉默和保守的。这些与北欧国家的特点较为相似。

◆ 与目标顾客和生意伙伴进行直接的接触并不十分有效，这一点与以生意为重的北美和北欧一些国家又有所不同。如果有人推荐或是介绍的话，外国访问者将会比较幸运。如果在贸易展示或是有组织的贸易使团当中认识一些目标顾客的话那就再好不过了。

◆ 在当地，对于老年人和地位较高的人表示适当的尊敬是十分重要的。

◆ 在初次会面之前，事先将您的职务和职责通知给对方谈判者。被介绍的时候，确保您的名片清楚地说明了您的职务。在正式谈判开始之前的准备阶段，寻找机会向对方进一步解释您的地位和职责。

◆ 进行商务活动时，着装要求整洁、风格较为保守。男士要穿商务正装、白色或色彩清淡的衬衣，佩戴色彩柔和的领带。女士要穿优雅大方的套装或礼服。

◆ 与男士会面的时候，双方要介绍自己的名字，并握手致意，然后交换名片，离开的时候也要握手。男士需要等女士先伸出手才能握手，女性访问者在这一点上会觉得比较自由。不论是男士还是女士，都要带上足够的名片，对参与会议的每一个人都要送上一张名片。

◆ 称呼当地人的时候，要用对方的姓加上头衔。除非当地的谈判者明确表示许可，否则不要用名字的第一个字来称呼对方。

◆ 商务会面一般会准时开始，访问者必须准时参加，人们一般会遵守日程安排和最后期限。当然，这些常常受到当地不够发达的基础设施的影响。谈判的时间通常比在西欧和北美要长，建立相互信任的氛围同样需要一定的时间。

◆ 找到当地的合适的代理人和经销商是达到满意结果的关键一环。访问者需要保持冷静，不要拍桌子或在公开场合发怒，要有足够的耐心。商务谈判时不时地准备采取一些策略，比如边缘政策。或许是因为受到前苏联的一些影响，当地人有时会提出一些过于武断的期限，给访问者施加一定的压力。对待这些问题的策略就是不管对方提出什么样的要求，始终要坚持双方平等的原则。

◆ 就像斯堪的纳维亚人一样，波罗的海沿岸的人们在商务场合通常说话声音比较温和。在爱沙尼亚，谈判过程当中常常会出现长时间的停顿，在拉脱维亚和立陶宛，这种情况相对比较少见。

◆ 在别人说到一半的时候打断别人被认为是不礼貌的行为，在爱沙尼亚更是如此。要等到对方说完之后才可以开始阐述自己的观点。

◆ 在就座和站立的时候，当地人习惯的距离与北欧国家较为相似，两人之间大概有一臂的间隔。在商务场合，通常不会有身体上的接触。当建立了较为良好的关系之后，可以有相对亲密一些的行为。

◆ 在谈判的时候，始终注视对方是比较有礼貌的，但是眼光不要过于强烈，这种习惯与德国和斯堪的纳维亚半岛地区的国家比较相似。

◆ 在爱沙尼亚，面部表情不要过多，同时手势也要少一些。在谈话的时候，一定不要把手放在口袋里。当达成最终的共识之后，要以正式合同的形式详细列出讨论的内容。在签署之前要仔细检查各项文件，同时要求在装订的合同中附上英文译本。

◆ 商务招待常常在外面举行，一般安排在午餐或晚餐时间，也有一些年轻的当地商人喜欢在早餐时谈论商务话题。如果应邀到别人家里，一定要准时到达，迟到不要超过五分钟或十分钟。商务礼物会受到欢迎，但是并不是必需的。可以带上奇数数目的鲜花，并且记住在交给女主人之前不要把花束解开，另外还可以带上进口的酒，如法国白兰地等。带上一份品质上好的巧克力也是可以的。

安哥拉

基本概况

安哥拉（Angola），全称安哥拉共和国（The Republic of Angola），位于非洲西南部，北邻刚果共和国和刚果民主共和国，东接赞比亚，南连纳米比亚，西濒大西洋，海岸线全长 1 650 公里。全国大部是海拔 1 000 米以上高原，地势东高西低，大西洋沿岸为平原区。面积约为 124.67 万平方公里。全国大部分地区属热带草原气候，南部属亚热带气候。

安哥拉人口约为 2 260.9 万（截止到 2014 年中期估值）。主要有奥温本杜（约占总人口的 38%）、姆本杜（25%）、巴刚果（14%）和隆达等民族。全国平均人口密度为 14 人 / 平方公里，首都罗安达人口密度最大，卡宾达人口密度最小。官方语言为葡萄牙语，有 42 种民族语言，主要民族语言有温本杜语（中部和南部地区）、金本杜语（罗安达和内陆地区）和基孔戈语（北部地区）等。首都为罗安达（Luanda）。

经济结构

安哥拉属最不发达国家之一。实行市场经济，有一定的工农业基础。石油、天然气和矿产资源丰富。石油和钻石开采是国民经济的支柱产业，为非洲第二大产油国。主要工业还有水泥、建材生产、车辆装修、纺织服装、食品和水产加工等。北部为经济作物产区，主要种植咖啡、剑麻、甘蔗、棉花、花生等作物。中部高原和西南部地区为产粮区，主要种植玉米、木薯、水稻、小麦、土豆、豆类等作物，粮食不能自给。安哥拉的渔业资源很丰富。

产品主要出口到美国、中国、法国、智利、西班牙。进口产品主要来自韩国、葡萄牙、美国、南非、巴西。外国资本主要集中在石油工业、钻石开采、公共工程、建筑、渔业和加工工业等。

安哥拉货币为宽扎（**Kwanza**）。

商务文化

由于受西方殖民主义统治达 500 多年，安哥拉近一半的人口信奉罗马天主教，另有 13% 的人信奉基督教新教，他们的某些忌讳同西方国家有些近似，但也有自己的传统文化。

◆ 村落实行传统的酋长负责制，凡是村中一些重要的事情，由酋长出面召集村中长老商议决定。农村中一夫多妻的现象十分普遍，一人娶两三个妻子者大有人在，有五六个妻子者也不足为奇，至于酋长有多少个妻子连当地人也弄不清楚。农村男女青年的婚姻大事迄今仍然操纵在父母手中，由父母做主，媒人牵线，相亲、订婚、结婚均要花费一笔钱财，尤其是女方父母需要为女儿出嫁置办像样的嫁妆。随着社会的进步，受过教育的青年男女已经通过社交场合相识、恋爱、结婚了，但也要花费一大笔钱。

◆ 在安哥拉，城市里流行西装、运动服和休闲装。妇女的头发用一条条牛皮扎成二三十条牛皮辫子，头戴牛皮帽子，脖子上挂着金项链圈。未婚男子衣服比较肥大，已婚男子用牛皮包着头。生活在这里的布须曼人衣着十分简单，男人通常只在下身围一块兽皮，成年女性系一条皮围裙。

◆ 安哥拉人受西方文化的影响根深蒂固，他们忌讳"13"和"星期五"。许多城市的门牌号、宾馆的房间号、楼层号、宴会的桌号，甚至汽车的编号等均不用"13"这个数字。商务宴请一般不安排在 13 日举行，也忌讳 13 个人同桌共餐。如果"13"号和"星期五"碰巧在同一天，他们会为此而惶惶不可终日。

◆ 初次与安哥拉人见面，应先作自我介绍，同时向对方问好，并直截了当地告知此行的意图。在城市和上层社会，关系亲密的双方见面喜欢握手或者拥抱。在打招呼时，一般可在对方姓后加职衔，如若不知对方姓名，可称"先生、女士"等。安哥拉姆本杜族人的礼仪奇特：客人来访时，主人眨左眼表示欢迎，客人眨右眼则表示谢意。当客人离去时，主人眨右眼表示再见，客人眨左眼表示请主人留步。

◆ 安哥拉是个礼仪之邦，安哥拉人见面称谓语同中国汉族颇相近似，如爷爷、奶奶、爸爸、妈妈、叔叔、阿姨等，但对年长者或者外来宾客也有称爸爸、妈妈的习惯。在公共场所或者外交场合，常常称对方为先生、阁下、夫人、女士、小姐等，而且总是同对方的职务连起来称呼，如总统阁下、部长先生等。在农村地区，妇女们见到外来女客，会热情地围着客人转圈跳舞，向客人表达最友好的情感。安哥拉人民有着尊老爱幼的传统美德，晚辈对长辈要绝对恭敬，如果有人对年长者不敬，将遭到责备和鞭打。

◆ 到安哥拉人家中做客，一定要准时赴约。进入主人家房间时要注意观察主人是否穿鞋，要学着主人的做法，并按主人引导就座。不要在房子里东张西望，不要随便对着主人打哈欠，否则主人会不高兴的。安哥拉人惯用咖啡、汽水、香蕉汁、茶水和凉水作为待客的饮料。他们大都以玉米、木薯为主食，其他的还有高粱、小米、稻谷和小麦等，在安哥拉，花生消费量也较高。

◆ 安哥拉人热情好客，如果来了客人，他们会邀请客人和家人一起，围在简易餐桌边并把最好吃的先拿起来双手递给客人。临别时还要赠送当地的一些土特产或民间工艺品等。需要注意的是：客人与主人交谈时，要尽量避开政治、宗教话题，可多谈一些该国所取得的成就和人民的勤劳与智慧等话题。城市中的宴请一般以吃西餐为主。

◆ 安哥拉人在谈判中讲究实际，对产品质量要求较高，而且交货时间要快。不过一般订货数量有限。他们不喜欢在下班以后特别是晚饭以后谈生意，也不希望晚上有来访者。亲朋好友之间馈赠礼物不要摆阔讲排场。

◆ 在首都罗安达等城市，从事旅游服务业的人员越来越多，而且服务质量较高。在安哥拉不要随便拍照，要征得当地人同意才能拍。对服务员可付给15%的小费。

11

澳大利亚

基本概况

　　澳大利亚（Australia），全称澳大利亚联邦（The Commonwealth of Australia），位于南太平洋和印度洋之间，由澳大利亚大陆和塔斯马尼亚岛等岛屿和海外领土组成。它东濒太平洋的珊瑚海和塔斯曼海，西、北、南三面临印度洋及其边缘海，海岸线长约 3.67 万公里。全国分为东部山地、中部平原和西部高原 3 个地区。在东部沿海有全世界最大的珊瑚礁——大堡礁。面积约为 769.2 万平方公里。北部属热带，大部分属温带。

　　澳大利亚人口约 2 320 万（截止到 2013 年 9 月底），其中英国及爱尔兰人后裔占74%，亚裔占 5%，土著居民占 2.2%，其他民族占 18.8%，英语为官方语言。大多数信奉基督教。堪培拉（Canberra）是澳大利亚的首都。

经济结构

澳大利亚是南半球经济最发达的国家，是全球第四大农业出口国。澳大利亚矿产资源丰富，是世界重要的矿产资源生产国和出口国。澳大利亚农牧业发达，素有"骑在羊背上的国家"之称，是世界最大的羊毛和牛肉出口国。渔业资源十分丰富，是世界第三大捕鱼区。旅游业是澳大利亚发展最快的行业之一。著名的旅游城市和景点遍布澳大利亚全国。霍巴特的原始森林国家公园、墨尔本艺术馆、悉尼歌剧院、大堡礁奇观、土著人发祥地卡卡杜国家公园、土著文化区威兰吉湖区及独特的东海岸温带和亚热带森林公园等景点，每年都吸引大批国内外游客。

澳大利亚的货币为澳元（Australian Dollar）。

商务文化

中国与澳大利亚均是亚太地区的重要国家，具有广泛的共同利益，多年来两国一直保持良好的经贸关系。两国经济高度互补，经贸合作潜力巨大。中国是澳大利亚最大的贸易伙伴，近年来，中澳经贸合作迅速发展，取得巨大成绩，为两国经济增长做出了积极贡献，相互成为对方最重要的经贸合作伙伴之一。

◆ 男子多穿西服，打领带，在正式场合打黑色领结，达尔文服是流行于达尔文市的一种简便服装。妇女一年中大部分时间都穿裙子，在社交场合则套上西装上衣。无论男女都喜欢穿牛仔裤，他们认为穿牛仔裤方便自如。土著居民往往赤身裸体，或在腰间扎一条围巾，有些地方的土著人更讲究些，将围巾披在身上，他们的装饰品丰富多彩。

◆ 澳大利亚人见面使用握手礼，不过女子之间不常握手，而是亲吻对方的脸。澳大利亚人大都名在前，姓在后。称呼别人先说姓，接上先生、小姐或太太之类，有时直呼其名表示热情。澳大利亚人大多很健谈，即使与陌生人也可以毫无障碍地沟通，所以当中国移民在酒吧里被人搭讪，千万不要觉得人家太无聊，这实际上是澳大利亚人的一种交往方式。

◆ 澳大利亚同英国一样有"妇女优先"的习惯，他们非常注重公共场所的仪表，男子大多数不留胡须，出席正式场合时西装革履，女性是西服上衣西服裙。

◆ 澳大利亚人对兔子特别忌讳，认为兔子是一种不吉利的动物。澳大利亚人还忌讳"13""星期五""自谦式的客套语言"等。澳大利亚人不喜欢"外国"或"外国人"

这类称呼，认为这样抹杀个性。因为人与人是不同的，应当区别对待，过于笼统的称呼比较失礼。

◆ 澳大利亚人的时间观念很强，约会必须事先联系并准时赴约，最合适的礼物是给女主人带上一束鲜花，也可以给男主人送一瓶葡萄酒。澳大利亚人待人接物都很随和。

◆ 澳大利亚的一般员工都很遵守工作时间，下班时间一到，就会立即离开办公室。但经理阶层的责任感很强，对工作很热心，待人不拘束，也乐于接受招待。需要注意的是，不要以为在一起喝过酒，生意就好做了。他们的想法是，招待归招待，与生意无关，公私分明。不过很多生意是在酒吧中做成的，如果谁提议喝一杯，通常由谁付账，不可各自付账，除非事先说好。

◆ 进行商务活动时，在悉尼和墨尔本宜随时穿西装。在布里斯班，当地商人惯穿衬衫、打领带、穿短裤，不过初次见面时，仍不妨穿西装。

◆ 澳大利亚人从古至今一直严守"周日做礼拜"的习惯；因此要避免在周日上午约他们出来参加聚会活动。

◆ 在人际交往中，爱好娱乐的澳大利亚人往往会邀请友人一同外出游玩，他们认为这是密切双边关系的捷径之一。对此类邀请予以拒绝，会被他们理解成不给面子。

◆ 澳大利亚人的成见比较重，所以谈判人员必须注意给他们留下好的第一印象，才能使谈判顺利进行。大多数澳大利亚人，不论其地位多高，都很平易近人，肯定会真诚而专注地倾听他人的意见。他们讨厌任何依仗地位来摆架子的作风。

◆ 澳大利亚人很重视办事效率，在谈判时不喜欢讨价还价，他们不想把时间浪费在这上面。谈判中，澳方派出的谈判人员一定都是具有决定权的人。因此对方也应该派出同样具有决定权的人，否则他们便会很不乐意。他们极不愿意把时间浪费在不能做决定的空谈中，而且在谈判中谈及价格时，不喜欢对方报高价，然后再慢慢地砍价。他们采购货物，大多采用招标的方式，根本不给予讨价还价的机会，所以必须以最低价格议价。

◆ 到澳大利亚进行商务活动的最佳月份是3~11月。12月至次年2月为休假期。此外，圣诞节和复活节前后一周不宜到访。

◆ 澳大利亚人在饮食上以英式西菜为主，其口味清淡，不喜油腻。他们注重菜品的质量，讲究菜肴的色彩。澳大利亚的食品素以丰盛和量大而著称。他们爱喝牛奶，喜食牛肉、猪肉等。他们喜喝啤酒，对咖啡很感兴趣。

奥地利

基本概况

　　奥地利（Austria），全称奥地利共和国（The Republic of Austria），是位于中欧南部的内陆国。东邻斯洛伐克和匈牙利，南接斯洛文尼亚和意大利，西连瑞士和列支敦士登，北与德国和捷克接壤。面积约为 8.4 万平方公里。属海洋性向大陆性过渡的温带阔叶林气候，年平均降水量约 700 毫米。

　　奥地利人口约为 821 万左右（截止到 2014 年），绝大多数为奥地利人。少数民族有斯洛文尼亚人、克罗地亚人和匈牙利人，约占人口的 0.52%。官方语言德语，98% 的奥地利人讲德语。78% 的居民信奉天主教。维也纳（Vienna）是奥地利的首都。

经济结构

近年来，奥地利经济发展较快，经济增长速度高于欧盟平均水平。奥地利的工业特点是国有化程度高，国有企业控制了 **95%** 的基础工业和 **85%** 以上的动力工业。矿产资源主要有石墨、镁、褐煤、铁、石油、天然气等。森林和水力资源丰富。主要工业部门包括钢铁、机械制造、化工、采矿、电子和汽车发动机制造等。农业发达，机械化程度高，主要农产品自给有余。服务业从业人员约占劳动力总数的 **56%**，其中旅游业是最重要的服务行业。

奥地利对外贸易在经济中占重要地位。主要出口产品是机械、钢铁、造纸、交通工具、木材加工和家具、工业半制成品和制成品。主要进口能源、燃料、机械、汽车以及初加工产品和工业制成品。

奥地利的货币为欧元（**Euro**）。

商务文化

近几年，奥地利与中国的经贸、科技、文化与民间交往不断增加。随着中国与奥地利经济往来不断增加，前往该国访问的商人逐年递增，与奥地利商人接触，必须特别注意各种礼节。

◆ 在前往奥地利之前，了解一下古典音乐及滑雪。几乎每一个奥地利商人都会滑雪。奥地利是莫扎特、施特劳斯的家乡，每年 7~8 月，连续 5 个星期的萨尔茨堡音乐节是一大盛事，许多国家著名的音乐家必来此聚会。在音乐之乡维也纳，人们除了去剧院听歌剧外，另外一个愉快的去处要数西班牙骑术学院了。在那里，可以欣赏到世界知名的"白马舞芭蕾"，该城是旅游胜地和艺术中心，古罗马的贸易中心。

◆ 奥地利男子平时着装随便，喜欢穿羊皮短裤或马裤，正式场合则穿西装。在山区，天气寒冷时，很多人穿着马裤和罗登尼料做的夹克。观看歌剧时着装特别正式，不穿便服和牛仔服之类的服装，而大都穿着高级礼服出入歌剧院。节庆时，男子爱穿白色礼服，女子多穿红色衣裙。

◆ 奥地利人热情、和蔼可亲。在公共场所，奥地利人即使是和陌生人相见，也打招呼。相见时，一般以握手为礼。说话时双方相距半米左右，声音不高。

◆ 奥地利人的姓名一般由两个词组成，第一个是名，第二个是姓。姓名如由三个词组成，一般为双名或双姓。平辈之间称呼时，一般相互称姓，只有在家庭内部和好朋友之间才称呼名字。有学识和地位的人一般喜欢人们称呼他们的学衔和官衔，如博士、部长等。

◆ 奥地利企业家注重头衔,讲究面子,也极守信誉。谈判前要搞清他们的职别、称号等,免得写信和称呼时不妥。如果奥地利人的名片上印着好几个头衔,则务必问清楚哪一个是最重要的。与奥地利人通信更是要小心,必须正确无误地冠上他们的真正头衔,有的人的姓名中夹有 "VON",表明他的家族历史上曾经是贵族。

◆ 无论拜会公私单位,均需提前预约。参加商务谈判一定要守时。见面或分手时,切记要与每个人亲切握手。

◆ 与奥地利人交谈,可谈历史,但不要谈战争;可谈文化,但不要谈荒唐淫秽的东西。不要主动议论钱、宗教或政治之类的话题。奥地利人喜欢别国人知道自己民族的特性和谈论自己的成就。

◆ 大多数奥地利人忌讳 "13" 和 "星期五"。奥地利人喜欢绿色,一般不喜欢黑色。

◆ 到奥地利从事商务活动一般在 2~4 月或 9~11 月为宜。7、8 两个月为全国度假期,圣诞节和复活节前后两周各大公司一般不举行商务谈判或其他活动。

◆ 在商务谈判中,奥地利一方参加的人员较多,无明确的商谈负责人。东方人总希望交易成立以前,索取对方公司业务情况的数据。但是,奥地利人不愿意在建立商业关系之前提供这类数据。

◆ 当地商人一般很乐意招待客商,如应邀去吃午餐,千万不要抢着付钱,否则会认为您瞧不起他们,最好找机会回请一次午餐。若应邀吃晚餐或餐后听歌剧、看戏,并不需要回请。若应邀到奥地利朋友家中做客,记得去时带一束鲜花或一盒巧克力以示对主妇的尊敬。

13

巴基斯坦

基本概况

　　巴基斯坦（Pakistan），全称为巴基斯坦伊斯兰共和国（Islamic Republic of Pakistan），位于南亚次大陆西北部，南濒阿拉伯海，东、北、西三面分别与印度、中国、阿富汗和伊朗为邻。面积约为 79.6 万平方公里（不包括巴控克什米尔）。巴基斯坦除南部属热带气候外，其余属亚热带气候。

　　巴基斯坦人口约为 1.97 亿（截止到 2013 年年底），是一个多民族国家，其中旁遮普族占 63%，信德族占 18%，帕坦族占 11%，俾路支族占 4% 等。97% 以上的居民信奉伊斯兰教（国教），少数信奉基督教、印度教和锡克教等。乌尔都语为国语，英语为官方语言。主要民族语言有旁遮普语、信德语、普什图语和俾路支语等。巴基斯坦首都伊斯兰堡（Islamabad）是世界上最年轻的现代化都市之一，也是具有传统的伊斯兰教色彩的都城。

经济结构

巴基斯坦是一个发展中国家，经济以农业为主。棉花是其主要经济作物，粮食基本自给自足。由于地处亚热带，水果资源非常丰富。巴基斯坦工业基础薄弱，以农业为基础的棉纺织业是巴基斯坦国民经济的支柱产业。

主要进口石油及石油制品、机械和交通设备、钢铁产品、化肥和电器产品。主要出口棉花、纺织品、大米、水果、渔产品、皮革制品、体育用品、医疗器械和地毯。

巴基斯坦货币为巴基斯坦卢比（**Pakistani Rupee**）。

商务文化

巴基斯坦是穆斯林世界中伊斯兰教最盛行的国家之一，绝大部分人都信奉伊斯兰教，居民的生活习俗和饮食起居都深受伊斯兰教的影响，如果去巴基斯坦开展商务活动，了解其国家的商务习俗是十分必要的。

◆ 巴基斯坦人很注重礼节，彼此见面时必须先要说"真主保佑"。若久别重逢时，还常以拥抱为礼，他们的拥抱礼很独特，双方通常要头靠左边拥抱一次，再靠右边拥抱一次，再靠左边一次，如此三遍，毫不马虎。对久别相逢的挚友、贵宾或亲人，他们通常还给对方戴上花环。见面时多以握手为礼，但男子见了女子不能握手，除非女子主动伸手，方可相握，也不要在公共场所碰到女人身体。对巴基斯坦人要称呼姓，并加上对方的头衔。

◆ 巴基斯坦人禁止吃猪肉，他们喜欢牛肉、羊肉和鸡鸭。一般不抽烟，不喝酒，不让女性见客人。很多传统食品是用手抓食，但须注意，只能用右手。吃饭时只邀请男客而不请其夫人，即使邀请巴基斯坦人和他的夫人进餐，夫人也常常不参加。他们更不喜欢让女性就业。女性也很少在街上行走，因而，购物也大都是男人办的事。

◆ 青年的婚事都由双方父母做主，而且在结婚前男女双方是不能见面的。甚至，婚礼的宴席，也是男女分开的。而且，男宾客和女宾客的入口，也各自分立，男宾客围着新郎，女宾客围着新娘。因此，男宾客根本就看不到新娘，女宾客也见不到新郎。至于商业宴请，则自然地变成清一色的男性了。不过也有例外，留学欧美，或习惯于和欧美商人交际的高级商人，或娶了白人为妻的高级商人等举行的宴会，就可以看到妇女了。

◆ 在巴基斯坦，一般流行鲜明的色彩，其中以翡翠绿最为盛行。在巴基斯坦，黄色会引起宗教界及某些政治性的嫌恶，因为婆罗门教僧侣们所穿的长袍（礼服）是黄色。绿色、银色、金色及鲜艳的颜色很受当地人们的欢迎。

◆ 由于巴基斯坦人多信仰伊斯兰教，所以他们严忌男女当众拥抱或接吻，并认为当众接吻是一种罪恶，须罚款并坐牢一周。另外，女子在街上时，严禁眼皮乱转或"飞眼"，并禁忌别人为自己拍照，否则，将被视为犯有淫荡罪。

◆ 巴基斯坦人洗澡一般习惯用壶冲洗或淋浴，不洗盆池澡，他们认为盆池澡是不洁净的。

◆ 处于管理部门的人，多是生长在上流社会的人，以留学欧美的居多。商业活动的对象，主要是处于经理职位以上的人。商谈是不可以用电话的，必须亲自访问对方，促膝而谈，才能有所进展。更须注意的是，口说无凭，因此任何约定，都必做成书面的字据。

◆ 参加商务活动，最好会讲一口流利的英语。否则，就会被认为没有受过教育，而被轻视。

◆ 在巴基斯坦办事，要有耐心。

14

巴拉圭

A Brief Survey of the World's Business Cultures

基本概况

　　巴拉圭（Paraguay），全称为巴拉圭共和国（The Republic of Paraguay），是位于南美洲中部的内陆国家。北与玻利维亚接壤，东邻巴西，西、南同阿根廷交界。面积约为 40.7 万平方公里。大部分地区属亚热带气候。南回归线横贯中部，北部属热带草原气候，南部属亚热带森林气候。

　　巴拉圭人口约为 668.3 万人（截止到 2013 年），印欧混血种人约占 95%，其余为印第安人和白人。西班牙语和瓜拉尼语为官方语言，瓜拉尼语为民族语言。主要宗教为天主教。亚松森（Asuncion）是巴拉圭共和国首都，全国最大的城市，全国的宗教、文化中心。

经济结构

巴拉圭以农、牧、林业为主，工业基础薄弱，是拉美最落后的国家之一。自然资源中盐矿和石灰石储量较大。水利资源丰富。出产珍贵的硬质木材。农业是巴拉圭国民经济的主要支柱。主要农作物有大豆、棉花、烟草、小麦和玉米等。旅游业不发达，国外旅游者主要来自阿根廷和巴西。

巴拉圭对外贸易出口以棉花、大豆、木材为大宗，其他有棉籽油、桐油、烟草、鞣酸、马黛茶、皮革等。进口机械、石油、车辆、钢铁、化工产品、食品等。巴拉圭的主要贸易对象国分别为巴西、阿根廷、乌拉圭、美国、日本、荷兰、意大利等。

巴拉圭货币为瓜拉尼（**Paraguayan Guarani**）。

商务文化

作为南美洲中部的内陆国家，巴拉圭表现出与南美大多数国家类似的文化习俗。在该国进行商务活动，需要注意以下几点。

◆ 如在旅游期间受邀到当地人家中做客，按照他们的习俗，客人一般都要在进屋前先作个简短的讲话向主人致意。当地的正餐是午餐，只要情况允许，一家人通常聚在一起吃午饭。一般情况下均要祝酒，但要先由主人祝酒。

◆ 巴拉圭人和朋友一起行走时，喜欢挽着胳膊，与人交谈时也喜欢靠得很近。在巴拉圭，如向后仰头，表示我忘了等。因此，要想与当地人沟通，就要学会这些肢体语言的含义。

◆ 巴拉圭为内陆国，缺乏海洋调节，夏季漫长而酷热，政府机构下午均不办公。巴拉圭人有睡午觉的习惯，民间单位下午也会到三点半或四点才开始再上班。

◆ 巴拉圭人在正式场合多穿西式服装。当地的印第安人有的仍保持着原始的服饰习俗。他们最普遍的饰物是唇饰。这是一种嵌在下唇上的小棍。妇女儿童则戴一种项圈。

◆ 巴拉圭人嗜饮马黛茶，常常一杯不断加水，大家轮流吸饮，也喜用此作为待客之物。客人喝得越多，主人会越高兴。

◆ 巴拉圭人善饮啤酒，常有递杯给友人的举动。他们的晚餐一般开始于晚上8、9点钟左右，傍晚5点左右则先吃小点心。

◆ 人们通常在正式社交场合行握手礼。对于亲朋好友，男子之间见面时互相拥抱，妇女之间则互相亲吻，女性如向男性伸手的时候，男性必须和她握手。

◆ 参加商务谈判活动应当注意着装整齐，最好是身着西装，打领带。拜会政府机关必须预先约会，最好持英文、西班牙文对照的名片。

◆ 在商务活动中互赠礼物是当地的习俗。在与巴拉圭人交谈时。应避免涉及政治性话题，恰当的话题是家庭、体育和天气。

◆ 商业界人士招待客人喜欢在夜间，大多在酒楼、饭店内举行。当受邀到巴拉圭人家中做客时，花或酒均是合适的礼品。不要过分热情地称赞对方的私人用品，否则他有可能将其作为礼物送给您。

15

巴林

基本概况

　　巴林（Bahrain），全称为巴林王国（The Kingdom of Bahrain），是位于波斯湾中部的岛国，界于卡塔尔和沙特阿拉伯之间，距沙特阿拉伯东海岸 24 公里，卡塔尔西海岸 28 公里。由巴林岛等 36 个大小不等的岛屿组成。面积约为 767 平方公里。属热带沙漠气候。夏季炎热、潮湿，凉季温和宜人。

　　巴林人口约为 119.5 万（截止到 2012 年）。外籍人占 49%，主要为印度、巴基斯坦、孟加拉、伊朗、菲律宾和阿曼人。阿拉伯语为官方语言，通用英语。85% 的居民信奉伊斯兰教，什叶派穆斯林占人口总数的 75% 以上，其余信奉基督教、犹太教。麦纳麦市（Manama）是巴林的首都，全国第一大城市，全国经济、交通、贸易和文化中心。同时也是海湾地区重要的金融中心、重要港口及贸易中转站，享有"波斯湾明珠"的美誉。

经济结构

巴林是海湾地区最早开采石油的国家。近年来，巴林开始向多元化经济发展，建立了炼油、石化及铝制品工业。工业主要有石油和天然气开采、炼油和炼铝业、船舶维修等。粮食主要靠进口。主要农产品有水果、蔬菜、家禽、海产品等。金融业发达是巴林经济的显著特点。巴林享有中东地区金融服务中心的美誉。

巴林对外贸易主要出口石油产品、天然气和铝锭。主要贸易伙伴是美国、日本、德国、英国、沙特、韩国、印度等。

巴林货币为巴林第纳尔（Bahrain Dinar）。

商务文化

巴林人以待客诚挚热情而闻名天下。绝大多数信奉伊斯兰教，有些文化礼仪需要注意，这将会使您的商务活动事半功倍。

◆ 巴林人在迎送宾客时，总乐于同客人并肩而行。为了表达亲密的情感，他们往往还要同来访客人拉着手一起走路。这是阿拉伯人的一种表达热情、友好、礼貌的特殊风俗习惯。

◆ 巴林人为人实在、讲究义气、慷慨大方、喜欢交友。客人一旦夸奖或赞赏他们的某种东西时，他们一定会把受赞美的东西送给客人。若客人不接受，他们会生气和反感。

◆ 巴林人绝大多数信奉伊斯兰教，极少数人信奉基督教和其他宗教。忌讳左手传递东西或食物。他们认为左手是下贱之手，所以用左手来递送东西或食物是极不礼貌的，有污辱人的意思。

◆ 巴林伊斯兰教徒恪守教规，他们禁止饮酒，禁食猪肉，也不吃一切怪形食物。他们忌讳使用猪制品，也忌讳谈论猪。忌讳以酒、女人照片或女人雕塑为礼品相赠，因为这是违犯他们教规的。

◆ 他们对当众接吻极为反对。若被发现轻则会罚款，重则还要被判刑。

◆ 他们特别喜欢以猎鹰或马为闲聊谈论话题，因为这是他们非常喜爱的两种动物。

◆ 在巴林人家中做客，在饭桌上吃得越多，主人会越高兴。因为这样才真正表达出客人喜欢主人做的饭菜，并满意主人的盛情欢迎之意。

◆ 他们时间观念较强，有按时赴约的传统。

◆ 巴林人在社交场合与客人见面时，习惯先向客人问候，首先说："撒拖泥带水姆·阿拉库姆"（您好），然后施握手礼并同时说："凯伊夫·哈拉克"（身体好）。他们在

与亲朋好友相见时，习惯施拥抱和亲吻礼（即拥抱的同时与客人相互亲吻面颊），
但这仅限于男性之间。

◆ 巴林人不喜欢与客人一起谈论有争议的中东政治问题。

◆ 冬天访问时，宜穿保守式样的西装。访问均须事先预约。按照当地的商业习惯，
上班时间，政府机关实施一班制（7~13时），民间为两班制，要注意拜会时间的安
排。另外，他们星期五休假，所以，每星期有三天即星期五、星期六、星期日无法
办事。

◆ 和其他中东国家一样，前往洽谈生意，须有礼貌和耐心。推销产品时姿态要放低。
巴林人喜欢直接和您谈生意，不要派遣您在沙特阿拉伯或其他邻国的商务代表前
往巴林代谈商务。因此，不妨在当地找一家专门进口商。

◆ 到巴林访问的商人宜持英文、阿拉伯文对照的名片。

◆ 巴林政府契约均规定："得标者须在巴林设有代理人"。销售最好用信用证方式收款。

◆ 斋戒、朝拜期间不要前往。最好于当年12月至次年4月到访，6月至10月巴林
的天气又热又湿。

◆ 食物几乎都是进口的，价格偏高。勿饮生水，淡化的海水约占二成，盐分仍较多，
不适于饮用，以饮矿泉水为宜。吃蔬菜务必洗净。

巴拿马

基本概况

A Brief Survey of the World's Business Cultures

巴拿马（Panama），全称为巴拿马共和国（The Republic of Panama），位于中美洲地峡。东连哥伦比亚，南濒太平洋，西接哥斯达黎加，北临加勒比海。连接中美洲和南美洲大陆，巴拿马运河从南至北沟通大西洋和太平洋，有"世界桥梁"之称。面积约为 7.5517 万平方公里。靠近赤道，属热带海洋性气候。

巴拿马人口约为 390 万（截止到 2014 年）。印欧混血种人约占 75%，印第安人约占 12.6%，黑人约占 9.2%，另有少量白人和亚洲人。西班牙语为官方语言。85% 的居民信奉天主教，4.7% 信奉基督教新教，4.5% 信奉伊斯兰教。首都为巴拿马城（Panama City）。

经济结构

巴拿马经济的四大支柱是巴拿马运河航运、地区金融中心、科隆免税贸易区和旅游业。服务业收入在国民经济中占有重要地位。巴拿马工业基础薄弱，无重工业。主要有采矿业、制造业、建筑业等。主要工业有食品加工、服装加工、造纸、皮革加工等。水稻、玉米、豆类为主要农作物，香蕉、糖、甘蔗和咖啡为主要经济作物。旅游业是巴拿马的重要经济支柱之一。

巴拿马主要出口对象为美国、德国、哥斯达黎加、意大利和波多黎各等，出口商品主要包括香蕉、蔗糖、海虾、咖啡、石油产品。进口主要来自美国、日本、哥斯达黎加、德国、委内瑞拉、厄瓜多尔等，进口商品主要包括工业制成品、石油及成品油、运输设备、机械及食品等。

巴拿马货币为巴波亚（Balboa），仅发行辅币，流通美元。

商务文化

巴拿马人无论其文化程度如何，在社交活动中，都热情好客。不管是谁，都可以随便到别人家去做客，主人会对客人热情款待，宾主毫无陌生之感。但在此国进行商务往来，也需注意以下几点。

◆ 巴拿马人的姓名构成与西班牙和墨西哥等拉美国家的居民相同，其顺序是：名字、父姓、母姓。社会上最常用的称呼是"先生"和"女士"。对成年男子称"先生"，对已婚妇女称"女士"或"太太"，对未婚的女性可称"小姐"。

◆ 巴拿马居民的禁忌和其他拉美国家的基本相同，妇女不喜欢别人问及她的年龄，人们厌恶打听男女的私生活情况和工资收入。巴拿马人认为每月的"13"这一天是最不吉利的日子。

◆ 巴拿马人的婚姻风俗基本上遵循着天主教的传统，国家法律规定实行一夫一妻制。大部分印第安人的婚姻和婚礼也是按照天主教习俗进行和操办，但仍有一部分印第安人保留着本民族的传统做法。

◆ 巴拿马的政治仪式是西方的，宗教仪式则完全是天主教的。只有部分印第安民族仍然保留着自己的民族仪式。有的部落在举行节庆和出征仪式时，首领要化装，用许多羽毛装饰自己，其他人则用野兽的爪子装饰自己。

◆ 巴拿马居民平时和节庆时都喜欢跳舞。"小鼓"舞是一种原始的民族舞蹈，一向为人们喜闻乐见，在各地狂欢节和大型庆祝活动中，这种舞蹈备受欢迎。此外，巴拿马人还经常开展斗鸡、斗牛和赛马比赛。他们也喜欢现代体育运动，如足球、棒球、橄榄球、篮球、排球等。

◆ 在巴拿马，朋友见面时，根据见面的时间问候"早安"、"午安"、"晚安"、"您好"、"见到您非常高兴"等等。问候的同时，男性朋友之间要彼此握手，女性朋友或异性朋友除握手外，还要拥抱和亲吻面颊。在正式社交场合，他们同宾客见面时常行握手礼，而在亲朋好友之间，见面时常行拥抱礼，在街头遇见熟人时，则以点头为礼。当地人接电话，往往先问"您是谁"，这与欧美国家先自报家门的习惯不同。

◆ 巴拿马人交谈时喜欢双方的距离近一些，他们认为这样才显得亲近自然，否则就有冷淡对方之嫌了。他们有一些手势语，如吻指尖表示赞美。

◆ 巴拿马人在商务活动中很看重对方的衣着，外国客商在谈判场合最好穿西装。当地人并不一定准时赴约，但作为外国客商最好按时到达。第一次商务会面，可递上印有英文、西班牙文对照的名片。

◆ 当地商人中午一般要回家吃午饭。现在，随着经济的发展，巴拿马商务活动的节奏正在加快，但他们不喜欢别人催促他们。

◆ 在与巴拿马人接触时，不要谈论政治、运河区的主权以及政府的外交政策等话题。

◆ 到巴拿马人家中做客，不宜过分赞美某一样物品。巴拿马人以大米和玉米为主食，巴拿马人很喜欢一种叫桑科乔的食品，当地人常以此宴请客人。

17

巴西

基本概况

    巴西（Brazil），全称巴西联邦共和国（The Federative Republic of Brazil），位于南美洲东南部，北邻法属圭亚那、苏里南、圭亚那、委内瑞拉和哥伦比亚，西邻秘鲁、玻利维亚、南接巴拉圭、阿根廷和乌拉圭，东濒大西洋。面积约为 851.49 万平方公里，是拉丁美洲面积最大的国家，世界第五面积最大的国家。国土 80% 位于热带地区，最南端属亚热带气候，北部亚马孙平原属赤道气候，中部高原属热带草原气候。

    巴西人口约为 2.01 亿（2013 年），是南美洲人口最多的国家。葡萄牙语为官方语言。居民大部分信奉天主教。巴西是世界上种族融合最广泛的国家之一，被称为"人种的大熔炉"。首都是巴西利亚（Brasilia）。

经济结构

巴西矿产资源丰富，铁矿砂储量、产量和出口量均居世界前列。铀矿、铝矾土和锰矿储量丰富。巴西是拉美第一经济大国，有较为完整的工业体系，工业基础雄厚。巴西农牧业发达，是世界蔗糖、咖啡、柑橘、玉米、鸡肉、牛肉、烟草、大豆的主要生产国。巴西是世界第一大咖啡生产国和出口国，素有"咖啡王国"之称。巴西又是世界最大的蔗糖生产和出口国、第二大大豆生产和出口国、第四大玉米生产国。巴西的旅游业久负盛名，为世界十大旅游创汇国之一。

巴西货币为雷亚尔（**Real**）。

商务文化

巴西人性格开朗豪放，待人热情而有礼貌，喜欢直来直去，他们的风俗也颇有趣，具体表现在以下几点：

◆ 巴西人感情外露，人们在大街上相见也会热烈拥抱。无论男女，见面和分别都以握手为礼。妇女们相见时脸贴脸，虽然唇不触脸，但双方都用嘴发出接吻时的声音。

◆ 巴西人忌讳棕色和黄色。他们以棕色为凶色，认为深咖啡色或暗茶色会招致不幸。认为人死好比黄叶落下，紫色配黄色为患病之兆。巴西的男人爱开玩笑，但忌以当地的民族问题作笑料。在巴西，因人种复杂，与人交往时，切勿轻易探问对方的种族。对当地政治问题也最好闭口不谈。巴西人忌用拇指和食指连成圆圈，其他三指向上伸出（即作美国人的"**OK**"手势），因为他们认为这是一种不文明的表示。巴西人特别喜爱孩子，谈话中可以夸奖他的孩子。

◆ 在巴西人家里做客后的第二天，应托人给女主人送一束鲜花或一张致谢的便条。鲜花千万不能送紫色的，紫色是死亡的象征。

◆ 巴西人在人际交往中喜欢直来直去，有什么说什么。坦率而豪放的巴西人对于中国人的含蓄委婉和喜怒不形于色，往往会难于理解。他们认定，一个人假如喜欢另外一个人，那么跟他打交道时，就应当面含喜色，并且在自己的举止言行上要表现得热情洋溢。与他人相处时，如果面无笑容，态度冷淡，那么就等于是在向对方暗示不喜欢对方。对于巴西人的这一讲究，中国人一定要加以注意，并且要在同对方进行交往时，努力把自己对对方的好感、热情、友谊，表里如一地统一起来，恰到好处地表现出来。

◆ 巴西人在人际交往中大都活泼好动，幽默风趣，爱开玩笑。在精力充沛、感情外露的巴西人看来，能说会道、妙语连珠、快人快语，是一种本领。有人曾戏言："巴西人所讲的三句话中，必定会有一句是笑话。巴西人如果说起话来失之于幽默，那么就不成其为巴西人了。"的确，在现实生活里，要让天性乐观、能歌善舞的巴西人讲起话来，从头到尾一贯严肃，是很不容易的。对巴西人乐于开玩笑的这一特点，中国人在与其交往时，心理上要有所准备。万万不可认为对方这样做，是嬉皮笑脸，不够正经。

◆ 在正式一些的商务交往场合里，巴西人的穿着打扮十分考究。他们不仅讲究穿戴整齐，而且主张在不同的场合里，人们的着装应当有所区别。在重要的政务、商务活动中，巴西人主张一定要穿西装或套裙。而在一般的公共场合，男人至少要穿短衬衫、长西裤，妇女则最好穿高领带袖的长裙。

◆ 在与巴西商人进行商务谈判时，要准时赴约。如对方迟到，哪怕是 1~2 个小时，也应谅解。像大部分拉美人一样，巴西人对时间和工作的态度比较随便。和巴西人打交道时，对方不提起工作时，不要抢先谈工作。谈话时要亲热，要离得近一些。

◆ 巴西人号称是有名的"难对付的杀价高手"，他们会非常直接地拒绝您的开价。然而，这样直率的风格并不是有意无礼或者企图发生冲突，他们只是想让您知道他们的观点。在整个谈判过程中，要尽量少沉默，因为巴西人似乎一直都在讲。

◆ 明智的谈判者在持续很久的谈判期间，会为社交花费大量的时间。招待巴西伙伴时，只能在一流的、有名气的地方，这点很重要。同样地，商务访问者在巴西应该只入驻一流的宾馆。

◆ 巴西人喜饮咖啡、红茶和葡萄酒。不仅自己天天离不开咖啡，而且还喜欢以之待客。

18

白俄罗斯

A Brief Survey of the World's Business Cultures

基本概况

　　白俄罗斯（Belarus），全称为白俄罗斯共和国（The Republic of Belarus），位于东欧平原西部，东邻俄罗斯，北、西北与拉脱维亚和立陶宛交界，西邻波兰，南接乌克兰。白俄罗斯是个内陆国家，没有出海口，是欧亚两洲陆路交通的必经之路。境内西北部多丘陵，东南部较平坦。白俄罗斯有"万湖之国"的美称。全国面积约为 20.76 万平方公里。以距波罗的海的远近不同而分属大陆性气候和海洋性气候。

　　白俄罗斯人口约为 950.4 万（截止到 2013 年），共有 100 多个民族，其中 81.2% 为白俄罗斯族，俄罗斯族占 11.4%。官方语言为白俄罗斯语和俄语。居民多信仰东正教，西北部一些地区信奉天主教及东正教与天主教的合并教派。明斯克（Minsk）为白俄罗斯的首都。

经济结构

依托良好的工业基础，白俄罗斯机械制造业、冶金加工业、机床、电子及激光技术发展迅速。农业和畜牧业较为发达，马铃薯、甜菜和亚麻产量在独联体国家中居于前列。

白俄罗斯水资源丰富，森林覆盖率达 36%，每年出口各种木材约 500 万吨。主要矿产资源有钾盐、岩盐、泥炭、磷灰石等，但能源和原材料绝大部分依靠进口。白俄罗斯拥有较为发达的铁路和公路交通网，是欧洲交通走廊的组成部分，有"交通枢纽国"之称。白俄罗斯还是俄罗斯通过管道向其他欧洲国家输送石油和天然气的重要途经地。

白俄罗斯的货币为白俄罗斯卢布（**Belarusian Ruble**）。

商务文化

白俄罗斯人社交习俗的特点可以用这样几句话来概括：白俄罗斯人直率，喜欢开诚布公；乐于相互交往，通情达理不见外；民族传统有特色，对于白色很崇拜；忌讳黄色蔷薇花，绝交才用其相待；数字"13"受厌恶，黑色沮丧没人爱。因此在与其进行商务往来时，要注意以下几点：

◆ 白俄罗斯人性格豪迈，心地实在，通情达理，善于同外界礼尚往来，并且非常重视礼貌待客，文明用语时常"挂在嘴边"。他们表示高兴时，往往爱开怀大笑，而表示轻蔑时，又总习惯微微地一笑。因此，中国人的礼貌微笑，对他们来说，往往会使他们感到莫名其妙。

◆ 他们有"女士优先"的良好传统，习惯在各种场合照顾优待女性。

◆ 他们对"7"这个数字倍加喜欢。认为"7"是个吉祥的数字。因此，他们无论做什么事情，总乐于同"7"这个数字打交道。他们对数字"13"很讨厌。认为"13"是个凶数，会给人以大祸临头的印象或给人带来灾难。

◆ 白俄罗斯民族崇尚、偏爱白色，认为白色纯真、洁净，也喜欢红色，认为红色象征着勇敢，并会给人以鼓舞。他们忌讳黑色。尤其见到黑猫，更会使他们感到沮丧。他们忌讳以黄色的蔷薇花为赠礼，认为这是断绝友谊的象征，是一种令人沮丧的花。

◆ 他们对盐十分崇拜，认为盐能驱邪除灾，故比较忌讳把盐碰撒，认为是不祥的预兆。

◆ 白俄罗斯的老人使用名字和父姓（其父亲的姓氏）来介绍自己，您在称呼他们时也应使用该姓名。

◆ 在社交场合与客人相见时，大多以握手为礼，也习惯以拥抱礼会见客人。他们对以左手搞社交活动的人很反感，认为使用左手是不礼貌的举止。

◆ 白俄罗斯人对于亲朋好友之间的相见，一般惯施亲吻礼：长辈对晚辈，一般以吻额头为最亲切；朋友之间，一般都吻面颊；男子对尊敬的女性，多施吻手礼；夫妇或情侣之间施吻唇礼。

◆ 在前往白俄罗斯之前，准备好一面印英语另一面印俄语的名片，并在会议开始之前发名片给会议室内的每个人。为便于沟通顺畅，在当地聘请一位优秀的翻译也是很有必要的。商务会议通常低调但正式，所以在着装上应灵活。与白俄罗斯政府官员见面要比与商人见面更为正式。您所见到的官员级别将取决于贵公司的状况。如果会晤进展顺利，您通常可以见到更高层的官员。

◆ 私人关系非常重要，所以根据信任程度建立合作关系是经商成功的关键所在。商务谈判过程中要有耐心，如果您有很好的产品以及合理的价格，那么您离成功也不远了，虽然这个过程可能要比在其他国家长一些。对价格和协议不要过于苛求，准备好谈判并做出让步。

◆ 白俄罗斯人爱吃黑麦糊和用面粉、土豆做成的薄饼，喜欢酸奶、奶渣、干酪，特别爱喝汤类，像凉杂拌甜汤、白菜汤每天都离不开。他们平时以俄式西餐为主，爱吃黑面包，惯于用刀叉作餐具。他们对中国的饭菜十分喜欢，认为中国的菜肴独具特色、味美适口。

19

保加利亚

基本概况

保加利亚（Bulgaria），全称为保加利亚共和国（The Republic of Bulgaria），位于欧洲巴尔干半岛东南部。北与罗马尼亚隔多瑙河相望，西与塞尔维亚、马其顿相邻，南与希腊、土耳其接壤，东临黑海。全境 70% 为山地和丘陵。巴尔干山脉横贯中部，以北为广阔的多瑙河平原，以南为罗多彼山地和马里查河谷低地。面积约为 11.1 万平方公里（包括河界水域）。北部属大陆性气候，南部属地中海式气候。

保加利亚人口约为 736.457 万（截止到 2011 年 2 月 1 日）。保加利亚族占 84%、土耳其族占 10%。保加利亚语（属斯拉夫语系）为官方语言和通用语言，土耳其语为主要少数民族语言。居民大多信奉东正教，少数人信奉伊斯兰教。索非亚（Sofia）为保加利亚的首都。

经济结构

保加利亚自然资源贫乏。主要矿藏有煤、铅、锌、铜、铁、铀、锰、铬、矿盐和少量石油。森林面积约为 388 万公顷，约占全国总面积的 35%。保加利亚在历史上是一个农业国家，主要农产品有谷物、烟草、蔬菜等。主要工业部门有冶金、机械制造、化工、电机和电子、食品和轻纺等。

外贸在其经济中占有重要地位，主要进口产品是能源、化工、电子等产品，出口产品主要是轻工产品、化工、食品、机械、有色金属等。旅游业比较发达。

保加利亚货币为列弗（Lev）。

商务文化

和其他东欧国家一样，保加利亚有一定的商务礼俗，同时也有自己的文化传统。

◆ 保加利亚人在正式社交场合与客人相见时，一般都施握手礼。亲朋好友相见，一般施拥抱礼和亲吻礼。保加利亚女子对特别尊敬的男子，一般施屈膝礼，并同时伸手给对方，以便对方施吻手礼。

◆ 保加利亚人一般在穿戴上都不十分讲究，他们的原则是简朴实惠、力求舒适和方便。

◆ 保加利亚男子有携带手杖以显示气派的特有习惯。

◆ 他们在宴请客人时，一般习惯请客人先入座。为礼貌起见，他们要请客人坐在长者身旁一同就餐。客人在这种情况下，一般都不要谢绝，否则，会辜负主人一片热情诚恳的心意。如果客人确实因故不能应邀就餐，则应表示歉意，并要说"请大家吃好"，然后再离开。

◆ 在保加利亚坐小车，一般都请客人坐到司机旁的位置上，以便让客人更清晰地欣赏一路上的风光。参观游览要遵守公共秩序，不能乱丢烟头。同时要注意不要对着军事设施、政府机构和黑海海岸拍照。

◆ 保加利亚人的时间观念较强，对约会惯于准时。他们认为这是一个礼节问题。他们与外宾交往语言不通时，爱用手语、头语表达意图。

◆ 到保加利亚进行商务活动，最好穿着保守式样的西装。拜会政府官员，绝对需要预约。一般来说，保加利亚官员对外国商人颇为友善并富有幽默感。

◆ 保加利亚工商界人士在初次见面时，一般要互换名片。

◆ 虽然保加利亚工商界人士对外国商人友好热情，但他们做出决策往往要经过长时间的思索，对此应有耐心。同时他们往往希望降低进口商品的价格。

◆ 在保加利亚，摇头表示是，点头表示不是。若是一时不能改变这一习惯，干脆"梗着脖子"，可别乱摇头、点头，搞错了会闹笑话。

◆ 面包和烤饼是保加利亚人的主食。习惯吃苏式西菜，并略带德国菜特色。他们的口味较重，喜辣，不怕油腻。多数人爱吃焖、烩、煎、烤的菜肴，如烤猪肉、菜肉包、煎肉饼、炸鸡、炸明虾、烤羊肉等。他们也爱吃中国菜。早餐时，人们通常喜爱小吃，喝酸牛奶，面包也吃得较多。午餐时，一般吃得多，不用汤，菜量要多些、辣些。晚餐时，一般吃得不多，常喝红茶。如被邀请去主人家做客，带上一束鲜花、一些糖果或一瓶酒会比较好。

比利时

基本概况

　　比利时（Belgium），全称比利时王国（The Kingdom of Belgium），位于西欧，北连荷兰，东邻德国，东南与卢森堡接壤，南和西南与法国交界，西北隔多佛尔海峡与英国相望。其中 2/3 为丘陵和平坦低地，最低处略低于海平面。面积约为 3.05 万平方公里，气候属海洋性温带阔叶林气候。

　　比利时人口约为 1 110 万（截止到 2013 年），其中讲弗拉芒语的弗拉芒大区约为 616.2 万，讲法语的瓦隆大区约为 345.7 万（包括讲德语的约 7.1 万），使用弗、法两种语言的布鲁塞尔首都大区约为 104.8 万。官方语言为荷兰语、法语和德语。80% 的居民信奉天主教。布鲁塞尔（Brussels）是比利时的首都。

经济结构

比利时是发达的工业国家，是世界十大商品进出口国之一。天然的地理优势使比利时成为西欧的"十字路口"。主要工业部门有钢铁、机械、有色金属、化工、纺织、玻璃、煤炭等行业。

外贸是比利时的经济命脉，主要进出口产品是原料制品、运输器材、化工产品和食品。主要贸易伙伴是德国、荷兰和法国，其次是其他欧洲国家及北美、亚洲、非洲。

比利时货币为欧元（Euro）。

商务文化

比利时文化中保留着浓郁的日耳曼文化和罗马文化相互交融的印迹，在这一点上，比利时是远胜于欧洲其他国家的。比利时文化的发展是同其几世纪以来在欧洲政治、军事舞台上所扮演的角色密不可分的。同时，比利时文化又拥有其鲜明的个性色彩。

◆ 比利时人忌讳"13"和"星期五"，认为这都是灾难的象征。他们最忌蓝色，视蓝色为魔鬼的色彩。因此，凡遇不祥之事，他们都惯用蓝色作为标志。他们还忌讳墨绿色，因为墨绿色会使他们联想起纳粹的军服。

◆ 语言一直是比利时社会政治中的一个敏感问题。在没弄清楚您所要接触的合作伙伴的民族背景之前，用英语交谈是最保险的。但是在首次见面的时候，带上一名翻译仍然是比较有礼貌的行为。在比利时北部谈生意的时候，讲法语的访问者最好要讲英语，这样可以避免激怒讲佛兰芒语的当地人。

◆ 大的银行、贸易协会和比利时的商业会所都可以帮助您与当地人建立联系。进行首次接触的时候，最好先写一封比较正式的使用正规商务英语的信件，然后打电话请求进行会面。不要在7月份或是8月份进行商务访问，因为大多数的家庭在这两个月习惯于出去度假，同样，在宗教节日和圣诞节假期的时候也不要到访。

◆ 比利时人的活动体现较强的计划性。当需要同比利时人打交道的时候，一般都要事先约好。按照约定的时间应邀会面时，应当提前5分钟到达。

◆ 无论是一次普通的约会，还是正式合同的签署，都应事先仔细考虑清楚。一经允诺，不可轻易毁约。即使是一次极为普通的约会，如遇紧急情况不能按时赴约，也要设法及时通知对方，并表示歉意。

◆ 商务会见时，男士应该穿深色西服，打领带，皮鞋要擦得发亮。即使天气很热，也不要松开领带。女士穿漂亮的套装或裙子和衬衣都是比较合适的。

◆ 相互介绍的时候，要迅速与对方握手，稍稍用力，并且清楚地说出自己的名字，并重复对方的名字。男士要等到女士先伸出手才可以握手，这样显得比较礼貌。在商务会见当中，和每个人握手是礼貌的行为，在到达和告别的时候都要这样，甚至包括秘书也要握手。

◆ 与欧洲其他一些国家的习惯不同，在比利时，通常不需要在称呼对方的时候加上头衔。然而，在称呼比利时人的时候，要在对方的姓之前加上先生、女士或是小姐。对于刚认识的人，不要称呼其名字的第一个字。如果您来自那些不拘礼节的国家，对方可能会在双方共事几个月之后允许您称呼其名字的第一个字。

◆ 对于谈话，历史、艺术以及您所参观过的这个城市的独特景观都是不错的话题。在出发之前，事先看一些相关的资料是相当必要的。比利时人也很愿意谈论欧洲的一些运动，尤其是自行车赛和足球。他们尤其喜欢和访问者讨论比利时的烹饪和啤酒，这在欧洲都是数一数二的。佛兰芒语和法语的分歧以及当地的政治等都是避免谈论的话题。

◆ 比利时人在谈话的时候，两个人之间的距离通常比欧洲南部地区所习惯的距离要远。比利时人所习惯的人与人之间的距离是一臂左右，这和欧洲北部地区的习惯差不多。比利时人认为用食指指着别人是不礼貌的行为。

◆ 比利时谈判者习惯于使用直接的语言。如果不同意您的观点，他们会直接表明，而不是用那些措辞谨慎的外交语言。他们喜欢坦率。

◆ 大多数比利时人说话比美国人和拉丁语族的人要温和。 他们不喜欢同时进行几个谈话，因此来自那些习惯于表达自己感情的国家的访问者要注意，一定要等到当地的谈判者说完之后才能说话。

◆ 比利时谈判者的时间观念似乎比较单一，他们习惯于守时而且不会打断商务会见。这种观念与欧洲南部地区不太一样，在那些地区，人们认为一分一秒是不重要的，当参加商务会见的时候，会议常常会被电话、秘书拿进签署的文件、闯入的访问者等等事情所打断。在比利时，参加会见的时候必须准时，而且谈判进程会严格按照日程安排进行，就像在德国和瑞士一样。

◆ 比利时人做出决策的过程比美国人要慢，但是比中东、拉丁美洲和南亚的人要快得多。注意不要表现出不耐烦。

◆ 由于大多数的比利时人愿意在家里和家人一起度过晚上，因此最好在午饭的时候宴请当地的谈判者或合作伙伴。但是在用餐的时候不要谈论商业话题，因为这个时间是用来放松以及对您的谈判对象加深了解的。

◆ 最好的商务礼物就是与双方所从事的行业相关的最新书籍。如果应邀参加宴会，可以带鲜花或是糖果作为礼物。等女主人入座之后客人再坐下，而且要等女主人先用餐。

21

秘鲁

基本概况

秘鲁（Peru），全称为秘鲁共和国（The Republic of Peru），位于南美洲西部，北与厄瓜多尔和哥伦比亚接壤，东同巴西毗连，南与智利交界，东南与玻利维亚毗连，西濒大西洋。面积约为 128.5 万平方公里。秘鲁西部属热带沙漠、草原气候，干燥而温和，东部属热带雨林气候。

秘鲁人口约为 2 946 万（截止到 2013 年年底），为南美人口第四多的国家。其中印第安人约占 41%，印欧混血种人约占 36%，白人约占 19%，其他种族占 4%。西班牙语为官方语言，一些地区通用克丘亚语、阿伊马拉语和其他 30 多种印第安语。96% 的居民信奉天主教。首都利马（Lima）被誉为"世界不雨城"。

经济结构

秘鲁为传统农、矿业国，经济属拉美中等水平。矿产丰富，石油自给有余。铋、钒储量居世界首位，铜占第三位，银、锌占第四位。森林覆盖率在南美洲仅次于巴西。水力和海洋资源极为丰富。秘鲁工业以加工和装配业为主。旅游资源丰富。

秘鲁实行自由贸易政策。主要出口矿产品和石油、农牧业产品、纺织品、渔产品等。进口工业原料、资本货物和消费品等。主要贸易伙伴为美国、中国、巴西、智利和加拿大。

秘鲁货币为新索尔（Nuevo Sol）。

商务文化

秘鲁人具有拉丁民族的热情、好客和强烈的民族自尊心。同他们进行商务活动，最要紧的是尊重他们的民族感情，对他们的商务习惯有所了解。

◆ 秘鲁居民中绝大多数人信奉天主教，特别忌讳"死亡"这个字眼，若以"死亡"来诅咒他人，必定会引起一场大殴斗。

◆ 秘鲁人喜食马铃薯和玉米，在高山地区，马铃薯是基本食物，平原地区则常以玉米为主食。秘鲁人特别喜欢吃烤肉串，在一些大中城市的街头巷尾常可看到印第安妇女摆的烤肉串摊，当地人虽然有时也烤阿拉伯式的牛羊肉串，但更多的是烤牛心串。牛心串是秘鲁人宴请宾客时常用的一道佳肴。

◆ 秘鲁人不习惯早睡，在秘鲁旅游观光者应当学会习惯这里的夜生活。

◆ 秘鲁人忌讳紫色，只有在举行一些宗教仪式时才用这种颜色。在交谈中应当避免涉及有关地方政治的话题。秘鲁人忌讳"13"和"星期五"，认为这都是不吉利的数字和日期。他们忌讳乌鸦，认为乌鸦是一种不祥之鸟，给人以厄运和灾难的印象，还忌讳以刀剑为礼品，认为送这些东西意味着割断友谊。

◆ 在现代社交生活中，秘鲁人穿着上比较注重个性，但商务活动中通常是身着西式服装。在同一场合，若在场的秘鲁人未脱掉自己的上衣，其他人也不可，因为这样做是不礼貌的。当地妇女还喜欢佩戴各种金属饰物，节日里通常佩戴银制或铜制耳环等。按照秘鲁的商务习惯和礼俗，宜穿保守式样的西装。

◆ 访问公私机构均须预约。秘鲁商人约会往往迟到，即使事前有约，届时仍然可能要等30分钟到1小时。对此应有一种宽容的态度，并且自己应当准时赴约。但是假如您迟到的话，他们会相当不满。会客商谈，最好上、下午各安排一次就行了。总之，在这里做生意要耐心地慢慢来。

◆ 到秘鲁从事商务活动，持有英文及西班牙文对照的名片较好。

◆ 秘鲁人在社交场合与客人相见和告别时，都惯以握手为礼。男性朋友之间相见，一般惯施拥抱礼，并互相拍肩。秘鲁女性之间相见习惯施亲吻礼（亲吻对方的面颊），嘴里都不停地发出表示友好的啧啧声或说问候的话。

◆ 秘鲁人谈话时，双方的距离很近，他们认为近些是亲近的表示。如果向您的身体做搂或抓的动作，表示我付钱的意思，他们还喜欢用飞吻的手势赞美一样东西。

◆ 秘鲁人不喜欢在刚见面后就进入严肃的话题，他们通常会请对方喝咖啡，当双方互相有所了解后，对方会主动谈起您所感兴趣的问题。

◆ 如果您准备宴请对方，通常应当同时邀请他的妻子。秘鲁人喜欢鲜花，任何情况下，都可用鲜花作为礼品。

波兰

基本概况

波兰（Poland），全称波兰共和国（The Republic of Poland），位于中欧东北部，西与德国为邻，南与捷克、斯洛伐克接壤，东邻俄罗斯、立陶宛、白俄罗斯、乌克兰，北濒波罗的海。大部分为低地和平原，地势北低南高，中部下凹。面积约为 31.3 万平方公里。全境属于由海洋性向大陆性气候过渡的温带阔叶林气候。

波兰人口约为 3 813 万（截止到 2012 年 4 月）。其中波兰族约占 98%，此外还有德意志、白俄罗斯、乌克兰、俄罗斯、立陶宛、犹太等少数民族。官方语言为波兰语。全国约90% 的居民信奉罗马天主教。华沙（Warsaw）是波兰的首都。

经济结构

波兰属中等发达国家，是中东欧地区经济发展最快的国家之一。加入欧盟后，波兰经济发展更为迅猛。主要矿产有煤、硫黄、铜、锌、铅、铝、银等。琥珀储量丰富，是世界琥珀生产大国。工业以采煤、机器制造、造船、汽车和钢铁为主。

波兰旅游资源丰富，是一个旅游大国。国内许多景点被列入世界文化遗产和世界自然遗产名录，如维利奇卡盐矿、奥斯威辛集中营及比亚沃韦扎森林等。

波兰的货币为兹罗提（Zloty）。

商务文化

在波兰，恰当的关系非常重要。您能认识谁起着很大的作用。波兰的商人正逐渐关注交易本身，换句话说，他们更像德国人、斯堪的纳维亚人和美国人了，而同时，他们还保持着依靠关系的方式。

◆ 波兰人忌讳"13"和"星期五"。他们认为"13""星期五"是不祥之数和日期，象征着厄运和灾难。

◆ 他们忌讳有人向他们打听个人的工资、年龄、宗教和社会地位等问题。

◆ 波兰商人通常在商业上表现出关系和交易两方面的特性。但同时，波兰的谈判人在说话时喜欢直截了当。

◆ 多数波兰商人很正式，而且办事相当拖拉。他们与人进行交流的特点是，在初次见面时有点腼腆，一旦认识以后就变得活跃了。

◆ 在人际交往中，波兰人的举止优雅，语言文明，彬彬有礼。同外人打交道时，波兰人对称呼极其重视，他们习惯采用郑重的称呼。在互相介绍时，要在姓氏前加专业或学术职称。只有亲戚和亲密朋友之间使用名字。要在名片上注明公司名称和最高的学位。

◆ 按照波兰人的习惯，自己在交际场合被介绍给他人之后，必须要主动同对方握手为礼，同时还要报上自己的姓名，不然即为失礼。在波兰，最常用的见面礼节有握手礼和拥抱礼。说再见时也握手。与女士见面时，要有礼貌地等女士先伸出手。男士不吻女士的手，而在握手时稍微弯一下腰。

◆ 在波兰的谈判桌上，多数情况下您看到的是直率，而不是有礼貌的闪烁其词。要避免首次见面以开玩笑的方式开始。演示要有背景信息、事实和详细的技术情况。

◆ 年轻的波兰商人都认识到了守时、日程表和期限的重要性。通常，会议比预定的时间晚 15 到 20 分钟开始，结束得比预定时间晚，而且会议期间常常被打断。

◆ 通常情况下，面对面交流要保持 25~40 公分的距离。除了握手，在商业场合中不要有任何身体接触。在谈判桌上，要紧盯着对方，目光比中东和南欧弱，但比东亚和东南亚要更直接。与政府或公共部门打交道时，谈判的过程通常比与私营部门打交道的过程长。

◆ 像多数其他东欧和中欧国家一样，波兰人一般在早上 7 点到 8 点进早餐，然后工作一整天，中间没有午餐和休息。所以，他们大都在下午 3 点或 4 点下班。午餐是一天里主要的一餐，如果被邀请去参加业务午餐，吃饭时间通常会安排在下午 4 点到 5 点之间。晚餐通常很简单，大约在晚上 8 点半。

◆ 应邀去当地人家里会餐时，带鲜花就可以。鲜花一定要为奇数，不要既有红玫瑰也有菊花，前者代表浪漫，后者代表追悼。其他合适的礼品有进口葡萄酒、巧克力、咖啡、香水和香烟。能被邀请去波兰人家里做客是一种荣幸，一定要接受，因为大多数商务活动都是安排在餐馆进行的。

23

玻利维亚

玻利维亚（Bolivia），全称为多民族玻利维亚国（The Plurinational State of Bolivia），位于南美洲中部的内陆国。西部通向智利和秘鲁，南部与阿根廷和巴拉圭为邻，东部和北部与巴西接壤。东部和东北部大部分为亚马孙河冲积平原，约占全国面积的 3/5，人口稀少。中部为山谷地区，农业发达，许多大城市集中于此。面积约为 109.9 万平方公里。西部为著名的玻利维亚高原，海拔 1 000 米以上，属温带气候。东部和中部属热带草原气候，西部山地则过渡到亚热带气候，内陆高原为山地气候。

玻利维亚人口约为 1 039 万（截止到 2012 年）。根据 2012 年官方人口普查，玻利维亚各民族中印第安人约占 41%，印欧混血种人约占 58%，白人约占 1%。但根据 2012 年玻利维亚人民族自我认同统计，印欧混血种人约占 68%，印第安人（主要是克丘亚人和艾玛拉人）约占 18%，白人约占 7%，其他民族（黑人、亚洲裔或是人口较少的印第安民族）占 7%。官方语言为西班牙语。主要民族语言有克丘亚语和艾玛拉语。多数居民信奉天主教。拉巴斯（**La Paz**）是政府、议会所在地。苏克雷（**Sucre**）为法定首都、最高法院所在地。

经济结构

玻利维亚是世界著名的矿产品出口国，工业不发达，农牧产品可满足国内大部分需求，为南美最贫穷的国家之一。矿产资源丰富，主要有锡、锑、钨、银、锌、铅、铜、镍、铁、黄金等。工业落后，以食品、纺织、皮革、酿酒、卷烟等加工业为主。农业较落后。渔业资源贫乏。主要经济作物有棉花、咖啡、烟草、甘蔗、向日葵和古柯等。主要农牧产品为玉米、水稻、小麦、薯类产品和大豆等。旅游基础设施相对落后。

玻利维亚对外贸易主要出口产品为燃油、天然气、矿产品及大蒜。主要进口原材料及中间产品、工业设备、消费品、运输设备和食品。主要出口对象国为巴西、美国、阿根廷、哥伦比亚、委内瑞拉。

玻利维亚货币为玻利维亚诺（**Boliviano**）。

商务文化

玻利维亚是个比较宽容的民族，没有太多的习俗与惯例，商务文化也没有太多突出的地方。但到该国做生意也需要注意以下几个方面：

◆ 该国居民在正式场合穿西装，平时着装比较随便。印第安人爱穿民族服装。

◆ 公私拜会须预约。没有事先约会径自前去拜访也不被视为失礼。事先以电话约会时，对方会说请等待通知见面时间，但音讯全无的情况也时而有之。即使主人迟到了，客人也应准时赴约。

◆ 商业访问、见面、告别分手时一定要握手。

◆ 到当地人家做客，要送鲜花等小礼品给男主人。他们通常在客人走后才打开礼品来看。

◆ 与玻利维亚人交谈，通常什么内容都可以谈，但是最好避免谈论政治和宗教。切忌赞美智利，因为两国从 1880 年开始，就不断有边界纠纷。

◆ 如果您会讲西班牙文，那就再好不过了。商品说明书也得有西班牙文对照才行。

◆ 在玻利维亚经商，销售态度必须放低，勿企图向对方施加压力。

◆ 每年的 4~5 月与 9~10 月最宜在玻利维亚开展商务活动。假期不宜洽谈商务。圣诞节、复活节前后两周不宜往访。3 月时，嘉年华会为期 5 天，此时不宜进行商务活动。

◆ 公事交往，一般在餐馆里招待客人吃午饭或晚饭。主人的夫人一般不参加这种宴会。

◆ 居民主要吃西餐。主食有大米、玉米、小麦、木薯、甘薯等。蔬菜副食类有豆类、水果和家禽肉类。山村和农村印第安人的主副食原料虽与城市的相同，但其做法和味道都是传统的。

24

丹麦

基本概况

　　丹麦（Denmark），全称丹麦王国（The Kingdom of Denmark），位于欧洲北部波罗的海至北海的出口处，是西欧、北欧陆上交通的枢纽，被人们称为"西北欧桥梁"。南部与德国接壤，西濒北海，北与挪威和瑞典隔海相望。面积约为4.3万平方公里（不包括格陵兰和法罗群岛）。气候温和，属海洋性温带阔叶林气候。

　　丹麦人口约为562.8万（截止到2013年）。其中丹麦人约占95%，外国移民约占5%。官方语言为丹麦语，英语为通用语。86.6%的居民信奉基督教路德宗，0.6%的居民信奉罗马天主教。首都哥本哈根（Copenhagen）是北欧最大的城市。

经济结构

丹麦是发达的西方工业化国家，人均国民生产总值长年居世界前列。自然资源较贫乏。农牧渔业及食品加工业高度发达，农牧业特点是农牧结合，以牧为主。丹麦也是世界上最大的貂皮生产国。工业在国民经济中占主导地位，旅游业是丹麦服务行业中的第一大产业。

对外贸易是丹麦经济命脉。主要原料靠进口，产品销售依赖国际市场。主要进口产品为运输设备、电信产品、纸张、原油、煤炭、钢铁、机械和饲料等。主要出口产品为乳制品、肉、鱼、家具、医药、电子产品、仪表、船舶、纺织品和服装等。JACK&JONES（杰克·琼斯）是丹麦 Bestseller 集团旗下的主要品牌之一。此品牌自 1972 年问世以来，以其简洁纯粹的风格吸引了全球追求时尚男士的目光，代表了欧洲时尚潮流的男装品牌。目前在全球 18 个国家和地区设有形象店。

丹麦的货币为丹麦克朗（Danish Krone）。

商务文化

丹麦的商业文化是以注重生意为主的，其注重程度比英国人更深，但却不如德国人，更不如美国人。丹麦谈判代表倾向于适度的不拘礼节、单一时间观念、而且相对比较保守的谈判方式。

◆ 丹麦人大多数信奉新教福音信义会（路德宗），此教会也是丹麦的国教会。他们忌讳"13"、"星期五"。他们忌讳用一根火柴同时给三个人点烟，认为这样是很不吉利的。他们忌讳盐，认为盐会给人带来灾祸。他们忌讳四人交叉握手。认为这样做是不吉利和有伤和气的。

◆ 丹麦人是很平等的，他们认为没有必要对那些地位很高的人表示过分的服从和明显的尊敬。在丹麦，访问者会遇到相对较少的礼节。丹麦人相互之间都是很随意的，他们通常使用大家都很熟悉的代词"他（她）"和名字，甚至是在第一次跟他们的合作伙伴见面的时候也是这样。

◆ 丹麦的商业人士习惯于在办公室里穿着相对随意的服饰，虽然这在各个公司有所不同。相比会见德国、法国或者英国合作伙伴，跟丹麦人谈生意，男士商业访问者很可能不用那么拘束。在大多数公司的商务洽谈中，丹麦人的穿着也是相对随意的，虽然在第一次见面时也要穿套装或者夹克和领带。女士谈判代表应该穿套装或者礼服。

◆ 丹麦人在社交场合与客人相见时，一般都行握手礼。丹麦的女士（特别是未婚女子）

与有身份的男子见面时，要轻轻将身上的长裙一边提起，一面施屈膝礼；有的一边施屈膝礼，一边将手送至对方，以使对方施吻手礼。

◆ 商业访问者可以在某些谈判上抢先对手一步。您可以直接跟一个丹麦公司联系来确定见面事宜，而不通过中介。正确的联系方式和私人关系是很有用的。

◆ 在第一次会面时，丹麦人通常在几分钟的简短谈话后就开始把话题正式转向所要谈的生意上。在谈生意的过程中他们开始逐渐了解合作伙伴，而在关系定位的文化中，像中国和阿拉伯国家，访问者则要首先多花点儿时间来建立友好的关系。

◆ 丹麦人是很直爽的，他们通常会直接说出他们想要什么和他们所说的是什么意思。很多丹麦人是不喜欢出风头的，也是很谦虚的，在自我介绍时他们经常含糊地说出自己的名字。而且很显然他们在有意地轻描淡写自己的成就，说很多自谦的话。他们很讨厌来自其他文化的人们身上的那种傲慢的自信和自夸。外国访问者如果让丹麦人觉得自己是很聪明的话，那么就会给丹麦人留下一个非常美好的第一印象。

◆ 大多数丹麦人跟交谈的对象保持一臂长的距离。比较而言，富有表情的拉丁人和阿拉伯人则要走得近一些，这使得不知道这种区别的丹麦人感到很不舒服，而且感到有压力。

◆ 会谈通常按时开始，商务访问者几乎不用等待。时间表和最终期限都是固定的。如果会议经常被电话或者其他的干扰打断是非常不礼貌的。

◆ 见面和问候时要紧紧地握手，并且镇定地、温和地注视对方。名片通常用一只手相互交换。要一直称呼合作伙伴的姓，直到他们建议您称呼他们的名字。

◆ 丹麦的经理人极其痛恨"强行推销"战略，他们更喜欢备好证明文件的、坦率而没有任何夸大声明的方式。

◆ 很多丹麦人不喜欢常见的国际谈判策略，丹麦的商业人士认为先提出一个比较切合实际的议价更加可取。

◆ 丹麦的公司认为书面协议是不可更改的，而且不管以后出现什么争执都要靠它来解决。对比而言，很多来自关系定位文化中的人们则认为合同是可以重新商议的。

◆ 在谈判桌上丹麦人通常会适当地注视一下对方，而阿拉伯人和拉丁人喜欢一直热情地看着对方。另一方面，日本人、大多数中国人和东南亚人却避免直视对方，他们认为这是鲁莽的、有敌意的，甚至是威胁性的。

◆ 大多数丹麦人很友好和慷慨。业务招待通常是在午餐或者晚餐，很少是在早餐的时候。

◆ 一份有质量标志的礼品、贵公司比较出名的产品或者介绍你的国家的好书作为商务礼物都是可以的。如果被邀请去丹麦人家里共进晚餐，那就带上一瓶好酒和一束鲜花。如果你是贵宾，将被安排坐在女主人的左边。贵宾在进餐之后应举杯向女主人致谢，赞美她所准备的精美菜肴。

25

德国

德国（Germany），全称德意志联邦共和国（The Federal Republic of Germany），位于欧洲中部，东邻波兰、捷克，南接奥地利、瑞士，西界荷兰、比利时、卢森堡、法国，北接丹麦，濒临北海和波罗的海，是欧洲邻国最多的国家。地势北低南高，可分为四个地形区：北德平原、中德山地、西南部莱茵断裂谷地区、南部的巴伐利亚高原和阿尔卑斯山区。主要河流有莱茵河、易北河、威悉河、奥得河、多瑙河。面积约为 35.7 万平方公里。西北部海洋性气候较明显，往东、南部逐渐向大陆性气候过渡。

德国人口约为 8 080 万（截止到 2013 年年底），主要是德意志人，有少数丹麦人和索布族人。有 725.6 万外籍人，占人口总数的 8.8%。居民中 30% 信奉新教，31% 信奉罗马天主教。德语为通用语言。柏林（Berlin）是德国的首都 。

经济结构

德国自然资源较为贫乏，在原料供应和能源方面很大程度上依赖进口。德国是高度发达的工业国，经济总量居欧洲首位。德国工业侧重重工业，汽车和机械制造、化工、电气等部门是支柱产业。食品、纺织与服装、钢铁加工、采矿、精密仪器、光学以及航空与航天工业也很发达。德国的农业发达，机械化程度很高，旅游业也很发达。

德国的货币为欧元（**Euro**）。

商务文化

德国人在人际交往方面对礼节非常重视，在待人接物方面所表现出来的独特风格，往往会给人以深刻的印象。

◆ 德国人一向以严谨著称。以做面包为例，德国人不仅会准备好所有做面包的原料，还会严格按照食谱上的步骤进行，甚至用天平来称面粉、食盐等原料以保证面包的美味和质量，力求完美。

◆ 德国人时间观念比较强，无论是在商务活动方面还是在私人交往上，特别注重准时。德国人重视商业信誉，一般不轻易更换合作伙伴。

◆ 德国人的思维具有系统性和逻辑性，考虑问题周到，思维缜密，计划性强。因此在谈判前往往准备得很充分、很具体。他们不仅要调查和研究所要购买或对方销售的产品，而且还要仔细研究对方公司，揣测其能否可以作为一个潜在的商业伙伴。德国人喜欢明确表示他希望做成的交易，准确地确定交易的形式，详细规定谈判中的议题，然后准备一份涉及所有议题的报价表。如果同德国人做生意，您应在德国人报价之前就进行摸底，并且陈述自己的立场、观点。如果洽谈对手的思维混乱，往往引起他们的反感和不满。

◆ 德国人十分讲求效率。他们认为拖拖拉拉的行为，对一个谈判者和生意人来说简直是耻辱。他们的座右铭是"马上解决"。在优秀的德国人的办公桌上，看不到搁了很久又悬而未决的文件。他们认为判断一个谈判者是否有能力的办法很简单，只要看看他桌上的文件是否快速有效地处理了就可以了。如果文件积了一大堆，那就可以由此断定此人至少不是一个称职的谈判人员。

◆ 德国人非常自信，他们对本国的产品极有信心。在商务谈判中，他们常常会用本国的产品作为衡量的标准。他们企业的技术标准极其精确，对于出售或购买的产品他们都要求最高的质量。如果同德国人做生意，一定要让他们相信本公司的产品可以满足交易规定的各方面的一贯高标准。

◆ 在谈判中德国人不太热衷于采取让步的方式。这种方式的威力是很强大的,这在报价阶段表现尤其明显。一旦让德国人提出了报价,这个报价就显得不可更改,而且讨价还价的余地会大大缩小。

◆ 德国人有"契约之民"的雅称。在谈判达成后,他们崇敬合同,严守合同信用。因此,他们对合同条文研究得比较仔细,要求谈判协议上的每字每句都十分准确。

◆ 一般说来,签订合同之后他们就绝对会履行,不论发生任何问题也决不毁约。例如,尽管有时他们在发票上未签字,但到了付款日期,也一定会汇款过来。他们之中很难找到一个背信弃约的人,如有的话那是要严格追究责任、承担赔偿损失的。正是由于德国人在谈判达成后能如此讲究信用,他们对谈判对手也有如此要求。在签订合同之后,对交货日期或付款日期应严格遵守,任何要求宽延或变更都是不会被理睬的。

多米尼加

A Brief Survey of the World's Business Cultures

基本概况

　　多米尼加（Dominica），全称为多米尼加共和国（The Dominican Republic），位于加勒比海伊斯帕尼奥拉岛东部。西接海地，南临加勒比海，北濒大西洋，东隔莫纳海峡同波多黎各相望。境内地势较高，多山。科迪勒拉山脉分中央、北部和东部三条横贯全国。面积约为 4.9 万平方公里。北部、东部属热带雨林气候，西南部属热带草原气候。

　　多米尼加共和国人口约为 1 013.5 万（截止到 2011 年）。其中黑白混血种人和印欧混血种人占 73%，白人占 16%，黑人占 11%。官方语言为西班牙语。90% 以上居民信奉天主教，其余信奉基督教新教和犹太教。圣多明各（Santo Domingo）为多米尼加共和国的首都。这座城市拥有历史悠久的圣多明各大学和多处名胜古迹，是加勒比地区的旅游胜地。

经济结构

多米尼加共和国是拉丁美洲较大的市场之一。矿产资源较丰富，主要有金、银、铁、铝、矾土等。近年来矿业生产锐减，水力资源缺乏，主要依靠进口石油作为燃料。以旅游业、农业、农产品加工为主。沿海渔业与畜牧业也比较发达。

农业是国民经济的重要部门，全国半数人口从事农业，以种植甘蔗、烟草、咖啡、可可为主，另有水稻、香蕉、水果等。工业以烟草加工、制糖、化肥、水泥生产为主，另有纺织、食品等加工业。主要出口糖（占出口总值一半以上）、咖啡、可可、烟草、矿产品等。主要进口车辆、机器、化学品、食品、纺织品、石油等。

多米尼加的货币为多米尼加比索（**Dominican Peso**）。

商务文化

多米尼加民族性格豁达，让人有一种极易亲近做朋友的感觉。在这个国度里生活，就是神经紧张的人也自然而然地会缓和下来，原本就温和的人会变得更亲。唯一的顾虑是人可能变得松散下来。

◆ 多米尼加共和国的城市建筑和欧洲国家相似，首都圣多明各的新建筑大都是高层楼房。农村的建筑也是这样的规划，不同的是房屋都是平房，没有楼房。

◆ 居民喜欢跳舞，梅林盖舞蹈是多米尼加共和国的国舞，这种舞节奏欢快。

◆ 城市居民在正式场合穿西装，平时着装则比较简单。一般是上身穿衬衫，下身着长裤，妇女一般穿白色衬衫，下身穿红色或白色的裙子。

◆ 出入境须注意：入境时，机场海关会给您一张停留天数的申请表。填写时最好多填几日，以免万一有事情耽搁。与美国之间的往来班机行李件数很多，有时无法一起装运而会推迟抵达。在纽约机场要特别吩咐，务必让行李同机装运才好。

◆ 多米尼加共和国的居民十分热情，男士见面时，除了问候"您好"以外，还要握手。女士见面时，除了问候外，根据友谊的程度，还要握手或拥抱亲吻。告别时的礼节和见面时相似，多说"再见"、"祝您幸福"等礼貌用语。

◆ 社会上使用最多的是"先生"和"夫人"。对未婚女子可称"小姐"。在外交场合他们还在称呼前加上行政和学术职称。女性不愿别人询问年龄。

◆ 当地没有特殊的禁忌，但人们普遍忌讳摸孩子的头。

◆ 琥珀、黑珊瑚戒指和妇女身上的配饰等为当地特产。

◆ 在交通工具方面，除了饭店和机场之外，没有计程车载客。旅馆里，自来水不能生喝，要喝的水需另外购买。旅行时注意，圣多明各市以外的旅馆，投宿时要带蚊香。

◆ 多米尼加的商业习惯为别惹对方不高兴，要懂得开点善意的玩笑。

◆ 在拜访客人时，若同一房间内有其他人在，要一并打招呼，否则会得不到他们的帮助。

◆ 居民的饮食是大米、鸡肉和豆类。人们还喜欢吃用已蒸熟的大米饭加鸡肉、沙丁鱼、干鱼、盐等炒成的一种饭。居民的食物还有对虾、海蟹、牛肉、辣椒、蔬菜和龙酒等。饮料有奈森诺尔牌啤酒，当地的人还喜欢喝一种用菠萝、柠檬做的叫"马比"的饮料。

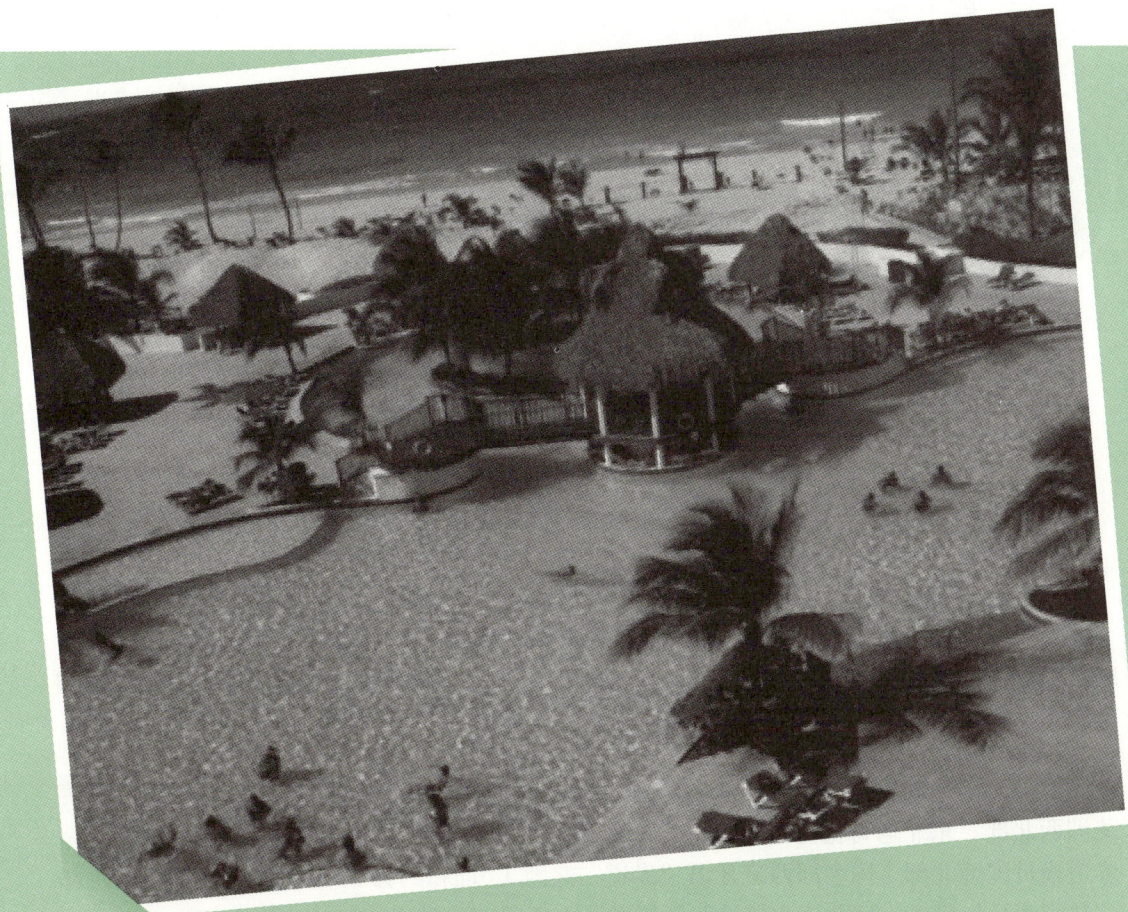

27

厄瓜多尔

基本概况

厄瓜多尔（Ecuador），全称为厄瓜多尔共和国（The Republic of Ecuador），位于南美洲西北部。东北与哥伦比亚毗连，东南与秘鲁接壤，西濒太平洋。海岸线长 930 公里。赤道横贯国境北部（国名即西班牙语"赤道"之意）。面积约为 25.6 万平方公里。东西部属热带雨林气候，山区盆地为热带草原气候，山区属亚热带森林气候。

厄瓜多尔人口约为 1 596 万（截止到 2013 年）。其中包括印欧混血人、印第安人、白人、黑白混血人、黑人和其他人种。官方语言为西班牙语，印第安人通用克丘亚语。94%的居民信奉天主教。基多（Quito）为厄瓜多尔的首都。

经济结构

厄瓜多尔是南美地区经济相对落后的国家，工业基础薄弱，农业发展缓慢。经济发展分为三个时期，即可可时期、香蕉时期和石油时期。厄瓜多尔以"香蕉之国"闻名于世，自然资源较丰富，石油是其经济重要支柱，水力和渔业资源丰富。工业主要有石油和采矿业、制造业、建筑和电力工业等。粮食不能自给。香蕉、可可、咖啡为传统出口农产品。旅游业已成为其第四大创汇行业。

主要出口石油、香蕉、池虾和鲜花。主要进口机械设备、工业原料、燃料和消费品等。主要贸易伙伴是美国、欧盟、日本和拉美国家。

厄瓜多尔的货币为美元（U.S. Dollar）。

商务文化

厄瓜多尔没有特殊禁忌，欧美社会的基本礼节亦适用于厄瓜多尔。但在进行商务交往时，也有一些细节需要注意。

◆ 当地人在交谈时喜欢距离很近，说话时将嘴凑到对方耳边。但他们在大街上行走时，男人之间或妇女之间都不能手拉手。

◆ 厄瓜多尔人与客人相见时，以握手为礼。亲朋好友相见，女士之间亲脸，男子之间则拥抱。

◆ 当地人对头衔很重视。可不称呼对方的名字，而直呼头衔（名片上务必标明职务）。此地没有因人种差别而形成社会阶层（人口大半是混血种），但依职务所造成的阶级身份却俨然存在着。厄瓜多尔企业代表喜欢追求形式上的称谓，习惯在称呼时冠以学术或专业职称，如"博士"（doctor）、"律师"（abogado）、"工程师"（ingeniero）、"上校"（coronel）等，并有交换名片的习惯，见面时可递上印有英文或西班牙文的名片。

◆ 厄瓜多尔人中信奉天主教的占 94%，信奉基督教新教的占 1.9%。他们每月忌讳"13"和"星期五"的日子。

◆ 到厄瓜多尔从事商务活动的最佳月份是每年 1~6 月与 10~12 月。

◆ 他们有送礼的习惯，见面多送小礼物，此举很受欢迎。他们尤其喜欢具有中国传统特色的工艺品。

◆ 到大公司洽谈业务必须事先预约，准时到达。但当地的商界人士有时会迟到。因为厄瓜多尔商人的时间观念比较淡薄，以办事拖拉闻名，而且不习惯事先告知当事人可能迟到的原因，也不会为迟到道歉。但是作为外国人，还是应尽量按时赴约。因时间观念淡薄，班机抵达时刻的报道不可靠，所以要预留出一定的时间来。

◆ 厄瓜多尔商人轻松、友善，比其他拉丁美洲国家商人开放。随时可穿保守式样的薄西装。他们习惯在正式会议开始或结束时讲明会议目的并做出会议决议，非正式会谈则在正式会议前后或社交活动中进行。

◆ 参加会谈要友好，要和颜悦色。厄瓜多尔人只要一谈起政治或其他社会话题往往滔滔不绝，但在出现意见分歧时也不会有过激反应。总体上，厄瓜多尔人喜欢在会谈中坚持己见，但比较注重礼节，以避免伤害对方感情。

◆ 厄瓜多尔人习惯在会谈中说"是"，通常只是为了表达对谈话感兴趣，并不表示同意了对方的建议或会谈所涉及的内容。

◆ 在厄瓜多尔，人际关系极其重要。了解和认识合作方或当地合作伙伴的诚信是生意成功的关键，建立与政府及企业各层的关系网就是一笔宝贵的财富。因此，感情投资显得非常重要。厄瓜多尔人建立个人友好关系的特点是相互邀请，如邀请到对方住宅、真诚交换个人信息等。

◆ 讨价还价是厄瓜多尔人的传统。几乎每一个厄瓜多尔人都喜欢讨价还价，以获得交易的良好条件。因此，讨价还价是交易中的一个必不可少的环节。

◆ 尽管厄瓜多尔吸烟的人越来越少，但在会议或其他社会活动中吸烟还是可以被接受的。有一点需要注意的是在吸烟前须征求对方的意见，否则最好不要吸烟。在餐桌上吸烟一般不受欢迎。

28

俄罗斯

基本概况

  俄罗斯（Russia），全称俄罗斯联邦（The Russian Federation），横跨欧亚大陆，邻国西北面有挪威、芬兰，西面有爱沙尼亚、拉脱维亚、立陶宛、波兰、白俄罗斯，西南面是乌克兰，南面有格鲁吉亚、阿塞拜疆、哈萨克斯坦，东南面有中国、蒙古和朝鲜。东面与日本和美国隔海相望。面积约为 1 709.82 万平方公里，是世界上领土面积最广大的国家。俄罗斯地域辽阔，境内有多种气候带，由北往南从北寒带到亚热带，从西北端的海洋气候到西伯利亚的剧烈大陆性气候再到远东的信风气候。但大多数地区属温带和亚寒带大陆性气候。冬季漫长严寒，夏季短暂凉爽，春秋季节甚短。

  俄罗斯人口约为 1.43 亿（截止到 2014 年 1 月）。有 130 多个民族，其中俄罗斯人约占 82.95%。俄语是官方语言。主要宗教为东正教，其次为伊斯兰教。莫斯科（Moscow）是俄罗斯的首都。

经济结构

俄罗斯地大物博，自然资源丰富。有丰富的森林、天然气、石油及煤炭资源，其中天然气储量居世界第一位，煤炭储量居世界第二位。此外，铁、铝、铀、黄金等的蕴藏量也均居世界前列。丰富的资源为俄罗斯工农业发展提供了坚实的后盾。俄罗斯工业基础雄厚，部门齐全，以机械、钢铁、冶金、石油、天然气、煤炭、森林工业及化工等为主。主要农作物有小麦、大麦、燕麦、玉米、水稻和豆类，畜牧业主要为养牛、养羊、养猪业。

其主要出口商品是石油和天然气等矿产品、金属及其制品、化工产品、机械设备和交通工具、宝石及其制品、木材及纸浆等。主要进口商品是机械设备和交通工具、食品和农业原料产品、化工产品及橡胶、金属及其制品、纺织服装类商品等。

俄罗斯的货币为俄罗斯卢布（Russian Ruble）。

商务文化

一个国家的商业文化是当地全面文化的反映。俄罗斯的商业文化显示出了不同于其他国家的一些特色，几个世纪以来，俄罗斯始终是在与西方和中欧相隔绝的情况下不断发展的。

◆ 俄罗斯人天生好酒，尤爱浓烈的国酒伏特加。但俄罗斯人不劝酒，能喝多少就喝多少。喝酒时，人们会想出各种理由干杯，从爱情到友谊，常常将烈酒一次一杯或半杯地喝下，有时再喝一口果汁，防止醉酒。喝酒时一定不要作弊。

◆ 在社交场合与客人相见时，大多以握手为礼，也习惯以拥抱礼会见客人。亲朋好友相见，一般施亲吻礼，长辈对晚辈，一般以吻额为最亲切。朋友之间，一般都吻面颊。男子对尊敬的女士，多施吻手礼。夫妇或情侣之间施吻唇礼。

◆ 俄罗斯商人有着特有的冷漠与热情的两重性。商人们初次交往时，往往非常认真、客气，见面或道别时，一般要握手或拥抱以示友好。俄罗斯商人非常看重自己的名片，一般不轻易散发自己的名片，除非确信对方的身份值得信赖或是自己的业务伙伴时才会递上名片。

◆ 与东亚和东南亚的一些国家不同，俄罗斯的谈判代表习惯于使用较为直接的语言来表达自己的意思，甚至有时候会有些生硬。俄罗斯商人十分注重建立长期关系，尤其是私人关系，在酒桌上，这种关系最容易建立。

◆ 俄罗斯人的礼节表现在人们的穿着、会见以及问候礼仪方面。在那些组织管理严密的公司当中，等级观念十分明显。访问者们在衣着和在公众面前的行为等方面都需要遵守特定的礼仪。

◆ 在商业交往时宜穿庄重、保守的西服，而且最好不要是黑色的。俄罗斯人较偏爱灰色、青色。衣着服饰考究与否，在俄罗斯商人眼里不仅是身份的体现，而且还是此次生意是否重要的主要判断标志之一。

◆ 如果来访的是女性管理人员，她们将会受到特殊的礼遇。由于在俄罗斯，很少有女性能够担任商业组织的重要职位，因此男士们还不太习惯在平等的基础上与女士们交往。

◆ 在俄罗斯，大部分业务都是面对面开展的。经常进行业务上的访问，并且经常打电话进行联系是十分必要的。在亚洲、中东、非洲、拉丁美洲和东欧的一些国家都是这样的。

◆ 在进行商业谈判时，俄罗斯商人对合作方的举止细节很在意。站立时，身体不能靠在别的东西上，而且最好是挺胸收腹，坐下时，两腿不能抖动不停。在谈判前，最好不要吃散发异味的食物。在谈判休息时可以稍微放松，但不能做一些有失庄重的小动作，比如说伸懒腰、掏耳朵、挖鼻孔或修指甲等，更不能乱丢果皮、烟蒂和吐痰。

◆ 许多俄罗斯商人的思维方式比较古板，固执而不易变通，所以，在谈判时要保持平和宁静，不要轻易下最后通牒，不要想着速战速决。

◆ 俄罗斯商人认为，商品的质量及用途是最重要的，买卖那些能够吸引和满足广大消费者一般购买力的商品是很好的生财之道。

◆ 签订书面合同是非常重要的，您需要做好准备，俄方的谈判代表很可能在合同签署不久以后就要求就其中的某些条款进行再次谈判。

◆ 俄罗斯商人认为礼物不在贵重而在于别致，太贵重的礼物反而使受礼方过意不去，常会误认为送礼者另有企图。俄罗斯商人对喝酒吃饭一般不会拒绝，但他们并不在意排场是否大、菜肴是否珍贵，而主要看是否能尽兴。

29

法国

基本概况

　　法国（France），全称法兰西共和国（The Republic of France），位于欧洲西部，与比利时、卢森堡、瑞士、德国、意大利、西班牙、安道尔、摩纳哥接壤。南临地中海，西濒大西洋，西北隔英吉利海峡与英国相望。本土面积约为55.1万平方公里。西部属海洋性温带阔叶林气候，南部属亚热带地中海式气候，中部和东部属大陆性气候。

　　法国人口约为6 600万（截止到2014年1月），是欧洲第二人口大国。64%的人信奉天主教，27%的人自称无宗教信仰。法国民族以法兰西人最多，约占总人口的90%，其他少数民族有布列塔尼人、巴斯克人、科西嘉人、日耳曼人、斯拉夫人、北非人等。官方语言为法语。巴黎（Paris）是法国的首都。

经济结构

法国经济发达。钢铁业、汽车业、建筑业为三大支柱产业。法国是欧盟最大的农业生产国，也是世界主要农副产品出口国。粮食产量占全欧洲粮食产量的三分之一，农产品出口仅次于美国居世界第二位。法国是世界著名的旅游国，也是世界贸易大国。进口商品主要有能源和工业原料等，出口商品主要有机械、汽车、化工产品、钢铁、农产品、食品、服装、化妆品和军火等。法国葡萄酒享誉全球，酒类出口占世界出口的一半。法国时装、法国大餐、法国香水都在世界上闻名遐迩。

法国货币为欧元（**Euro**）。

商务文化

法国人以浪漫著称，比较随性，被认为是"边跑边想的人种"。

◆ 法国商人大多性格开朗、十分健谈，他们喜欢在谈判过程中谈些新闻趣事，以创造一种宽松的气氛。多了解一些法国文化、电影文学、艺术摄影等方面的知识，非常有助于沟通交流。在就餐的时候谈谈法国的烹饪或是酒类话题也是不错的选择。

◆ 法国人天性浪漫、重视休闲、时间观念不强。他们在商业往来或社会交际中经常迟到或单方面改变时间，而且总会找一大堆冠冕堂皇的理由。但法国人对于别人的迟到往往不予原谅，对于迟到者，他们都会很冷淡地接待。

◆ 法国商人的人情味较浓，在与其洽谈生意时，不能只顾及生意上的事务，否则会被认为枯燥乏味，没有谈判气氛。有意地添加一些文化、艺术等方面的话题，有助于谈判者之间的交流与沟通，增强依赖与友谊。

◆ 在商务交往中，法国文化的谈判方式与美国人逐个议题的谈判方式正好相反，他们具有戴高乐的依靠坚定的"不"字以谋取利益的高超本领：第一，立场极为坚定。第二，坚持在谈判中使用母语——法语。第三，喜欢先为协议勾画出一个轮廓，然后再达成原则协议，最后再确立协议上的各个方面。谈判的重点在于整个交易是否可行，不太重视细节部分。主要问题谈妥后，他们便急于签约。他们认为具体问题可以以后再商量或是日后发现问题时再修改。经常出现昨天签订的协议今天就要修改的情况。同时，法国商人谈判时思路灵活、手法多样，为促成交易，他们常会借助行政、外交等手段介入谈判。法国商人大多专业性强，熟悉产品，知识面广，同时个人拥有较大的办事权限，在进行商务谈判时，多由一个人承担并负责决策，很少有集体决策的情况，谈判效率较高。

◆ 和法国人建立友好关系，需要做出长时间的努力。如果您和法国公司建立了多年的友好关系，互惠互利，并且未发生纠纷，那么您会发现他们是容易共事的伙伴。他们会热忱地与您交往，以美酒佳肴招待您，使过去的不愉快烟消云散。

◆ 法国商人对商品的质量要求十分严格，条件比较苛刻，同时他们也十分重视商品的美感，要求包装精美。法国人从来就认为法国是精美商品的世界潮流领导者，巴黎的时装和香水就是典型代表。因此，他们在穿戴上都极为讲究。在他们看来，衣着可以代表一个人的修养与身份。所以在谈判时，稳重、考究的着装会带来好的效果。一般而言，男士应该穿深色西服，女士应该选择一些美观大方或者相对保守一些的服装和饰品。

◆ 访问公私单位，绝对要预约。在法国，礼节上要求您把自己的身份列在名片上。客人在拜访并参加晚宴的前夕，总是喜欢送花给主人。

◆ 法国商人保守而正式，尤其是在较小城市您得表现得格外正式，处处勿忘握手，多握几次更好。别问对方隐私或家事，法国人对"商业机密"也很敏感。

◆ 法国人忌讳数字"13"，他们不住13号房间，不在13日这天外出旅行，不坐13号座位，更不准13个人共进晚餐。

◆ 法国烹饪誉满全球，法国人非常讲究饮食，就餐是法国人的一大快事，一般喜欢晚宴，不喜欢午餐会谈。若应邀到对方家里共进晚餐，应先叫花店送些花去。进餐时法国人对味道很敏感，所以，每当有客人夸奖菜肴很好吃的时候，他们就会很高兴。有这么一种说法，即法国人"夸奖着厨师的技艺进餐"，英国人"注意着礼节进餐"，德国人"考虑着营养进餐"，而意大利人则"痛痛快快地进餐"。

菲律宾

基本概况

A Brief Survey of the World's Business Cultures

　　菲律宾（Philippines），全称菲律宾共和国（The Republic of the Philippines），位于亚洲东南部，西濒中国南海，东临太平洋，是一个群岛国家，陆地面积约为 29.97 万平方公里。菲律宾属季风型热带雨林气候，高温多雨，植物资源十分丰富，热带植物多达万种，素有"花园岛国"的美称。

　　菲律宾人口约为 1 亿（截止到 2014 年 7 月），是一个多民族国家，马来族占全国人口的 85% 以上。菲律宾有 70 多种语言，国语是菲律宾语，英语为官方语言。国民约 84% 信奉天主教，4.9% 信奉伊斯兰教，少数人信奉独立教和基督教新教，华人多信奉佛教，原住民多信奉原始宗教。首都为马尼拉（Manila）。

经济结构

　　菲律宾自然资源丰富。主要粮食作物是稻谷和玉米。椰子、甘蔗、马尼拉麻和烟草是菲律宾的四大经济作物。目前，菲律宾还是一个较为贫穷的国家。出口导向型经济是菲律宾的经济模式，第三产业在菲律宾经济中占有突出的地位，同时农业和制造业也占有很大比重。旅游业是其外汇收入重要来源之一，主要旅游点有：百胜滩、蓝色港湾、碧瑶市、马荣火山、伊富高省原始梯田等。

　　主要出口产品为电子产品、服装及相关产品、电解铜等。主要进口产品为电子产品、矿产、交通及工业设备。主要贸易伙伴有美国、日本和中国等。

　　菲律宾货币为菲律宾比索（Philippine Peso）。

商务文化

　　在南亚国家中，菲律宾的商业文化很独特。菲律宾人虽然与东南亚国家联盟各国具有相同的基本价值观、态度和信仰，但经过西班牙400年的殖民统治，又接受了美国将近一个世纪的强烈影响，菲律宾的文化中已融合了其他重要的特征。

◆ 菲律宾人的主食是大米、玉米。城市中上层人士大多吃西餐。按照伊斯兰教教规，穆斯林不吃猪肉，不喝烈性酒。进食时用手抓。咀嚼槟榔的习惯在菲律宾穆斯林中非常流行。

◆ 菲律宾人很尊重老人，尤其是老年男子。对职位高的人表示尊敬也很重要。年轻的外国商人应当听从菲律宾人士的安排，尤其是当后者是买方或潜在的客户时。像亚洲其他地方一样，在菲律宾，客户是上帝。

◆ 在菲律宾勾着食指招呼别人是不礼貌的。如果叫服务员，把手举起来，或伸出右手，手心向下，做勺状挥舞。站着时不要把手放在臀部，这表示生气、傲慢或挑战。菲律宾人通常通过快速抬起或压低眉毛来向对方表示问候，并伴有微笑。在公共场合，同性朋友通常握手，以表示友好。

◆ 商务礼仪方面，男士应该穿西服，打领带。女士应穿礼服、薄的套装或裙子和衬衫。在菲律宾，尊重当地的习俗、保持密切的私人关系是商业成功的基础。

◆ 在菲律宾，职称很重要。正如拉美国家，专业人员往往在姓氏前使用职称。没有专业职称的就使用"先生、女士"或"小姐"，然后加姓氏。如果有两个姓氏，则使用第一个（父亲的姓氏）。

◆ 许多上层菲律宾人采用西班牙的习惯，使用两个姓氏，父亲的姓氏后还有母亲的姓氏。如果菲律宾伙伴请您使用他的或她的昵称，就用昵称来称呼他们，并请他们用昵称来称呼您。如果您没有昵称，就起一个。

◆ 谈论的话题可以是家庭、食品、文化、体育和菲律宾的历史。避免谈论当地的政治、宗教或腐败。在建立关系的过程中，交换礼品起着很重要的作用。菲律宾人通常不喜欢在其他人面前拆看礼品。

◆ 菲律宾人与其他东南亚国家的人们一样，对表现在脸上的怠慢和表情很敏感。外国商人在与各级别或各种菲律宾人打交道时，应密切注意这一点。菲律宾人总是尽力保持与别人的平和关系，即便事情仅仅是表面上很顺利。不耐烦、发怒或生气等负面情绪会破坏会见的和谐。即便内心感到很沮丧或生气，谈判人也应注意保持外表的冷静。

◆ 菲律宾人很有礼貌,总是尽量避免冒犯别人。他们尽量不使用"不"这个生硬的词。菲律宾人有很多方式可以表达"不"，却不直接说出"不"这个词。他们习惯于用含蓄的说法和迂回的语言，来避免冒犯别人。多数菲律宾人说话很轻柔，且很少打断别人的讲话。他们对大声的讲话会感到很惊讶，如果讲话被打断了，他们会认为受到了冒犯。

◆ 通常情况下，面对面交流时要保持大约一臂长的距离。除了握手和偶尔轻轻拍一下后背，菲律宾人总是避免与不认识的人有身体接触。强烈的注视在菲律宾会被认为是"紧紧盯视"，会让人感到不舒服。用食指指向别人或物体是不礼貌的行为。

◆ 大量使用视觉材料和小册子是必要的，尤其在涉及数字时。避免"硬性销售"。很多菲律宾人喜欢讨价还价，所以，一定要记住，报价时多留些余地。在这种环境下做出的最后决策比以交易为中心的情况要花更多的时间，因此，耐心是在这个国家进行谈判的重要条件。

◆ 如果被邀请去菲律宾人家里做客，要给女主人带上鲜花或巧克力，不要带酒类。带葡萄酒或其他酒类会意味着主人没有足够的酒来招待客人。请注意，菲律宾人在吃饭时，通常左手拿叉，把食物放到勺上，用右手拿勺。在当地人家里吃饭时，要在盘子里剩下一点食物。这表明主人招待得很好，已经吃饱了。

31

芬兰

芬兰（Finland），全称芬兰共和国（The Republic of Finland），位于欧洲北部，北面与挪威接壤，西北与瑞典为邻，东面是俄罗斯，南临芬兰湾。面积约为33.8万平方公里。地势北高南低。属温带海洋性气候。

芬兰人口约为555万（截止到2013年）。芬兰族约占90.9%，瑞典族占5.4%，还有少量萨米人。77.7%的居民信奉基督教路德宗，1.2%信奉东正教。其余包括了少部分基督教新教其他教派的教徒、罗马天主教徒、穆斯林和犹太教徒。芬兰有两种官方语言：93%的人口使用芬兰语，6%的人口使用瑞典语。首都赫尔辛基（Helsinki）素有"波罗的海明珠"之称，是一座花园般的现代化都市。

经济结构

芬兰森林资源极其丰富，森林覆盖率居欧洲第一位。芬兰的木材加工、造纸和林业机械为其经济支柱。其在能源、电信、生物和环保等领域的技术及设备均处于世界领先地位，信息产业发达。服务业发达，主要包括商业、贸易、旅馆、饭店、银行、保险、社会性服务业和公共服务业。

芬兰货币为欧元（Euro）。

商务文化

严峻的气候条件以及特殊的地理位置和历史，使芬兰人形成了极富北欧特色的民族性格和文化。芬兰人性格内敛，行事低调，但实际上内心充满民族自豪感。在全球化的今天并不随波逐流，而是坚定地维护着自己的传统文化，同时也形成了富有特色的商务文化。

◆ 芬兰人发明了桑拿浴，号称芬兰的国粹。芬兰全国有上百万间不同大小的桑拿房，平均每三个人就拥有一间桑拿房，密度居全球之冠。对到芬兰旅游的人来说，如果没有洗过桑拿，就等于没到过芬兰。

◆ 首次接触应先以信件或传真方式，用英语介绍您的公司、产品或服务，然后打电话进一步接触。如果您的潜在客户、供应商或合作伙伴对此感兴趣，约定一个时间登门拜访，然后以书面方式签订协议。

◆ 在相识之初，芬兰人通常显得有点保守。但是，熟识之后，他们就不那么保守了。

◆ 参加商务活动，对男士而言，穿西装打领带是基本的要求，而女士则是穿套裙或套装。

◆ 在您的芬兰伙伴提出使用名字的要求之前，称呼对方时，请使用对方的姓和其学术或职务头衔。

◆ 守时对社交活动和商务会见同等重要。闲聊时，交谈话题不要涉及政治、工作和金钱，对天气不要有太多微辞。

◆ 与人讲话时，应该有礼貌地保持眼神交流。坐着时，男士不应将一只脚交叉搁在另一条腿上。站立时，手放在兜里或两臂交叉都是不礼貌的，前者太随意而后者表示傲慢。

◆ 由于芬兰人在公共场合感情不外露，当您介绍您的产品或项目时，他们不会表示出极大热情。应当循序渐进、有条不紊地演示，附以大量事实、数据和证书文件，切勿夸大其词。散发一些印刷宣传品，使用幻灯片或投影仪给出数据和最重要的关键点也是有必要的。

◆ 在初步报价中含有太大的砍价余地并非明智之举。芬兰人不喜欢集市上的讨价还价，应该给出切合实际的报价，然后根据对方对价格和条款的还价做出适当调整。芬兰人做决定是一个循序渐进、深思熟虑的过程，他们可能需要更长的时间来考虑。

◆ 讲究商业道德是同芬兰人做生意时感觉愉悦的原因之一，很难遇到贿赂或"好处"费的要求。

◆ 会见和告辞之时，同在场的男士、女士及年龄稍大一些的孩子握手，不要有其他身体接触。芬兰人不喜欢被抓住胳膊或拍后背。他们也相对比较沉默寡言、轻言细语，谈话时打断对方是无礼的，在公共场合感情不易外露。

◆ 芬兰人的午餐和晚餐都比较讲究礼仪。除非主人脱下外套，在用餐时，男士都穿着外衣。在主人或女主人开始用餐之前，请不要动叉，在主人祝酒之前，请勿动杯。此外，与其他欧洲文化不同的是，不要向主人或女主人祝酒。切勿用手掂取食物，甚至是水果。

◆ 虽然在餐桌上芬兰人比较正式，但并不意味着他们会显得呆板或不友善。他们总是和蔼好客。发出邀请时，总是请对方携配偶及孩子一同前往。他们喜欢客人多吃点，但一定得将饭盘中的食物吃干净。记住付账单时，无需各自付账，邀请方会结清账单。

◆ 芬兰的进口白酒很昂贵，因此可以带上一两瓶白酒作为礼物。如果应邀到对方家中共进晚餐，奇数目的鲜花是给女主人的好礼物。需要注意的是鲜花不要用白色和黄色的，因为它们常用于葬礼。花束也不宜太大，太大了就会显得有些张扬。

刚果（金）

基本概况

刚果（金）（Congo），全称刚果民主共和国（The Democratic Republic of Congo），位于非洲中西部，赤道横贯其中北部，东接乌干达、卢旺达、布隆迪、坦桑尼亚，北连南苏丹、中非共和国，西邻刚果共和国，南接安哥拉、赞比亚。地形分 5 个部分：中部刚果盆地区，东部南非高原大裂谷区，北部阿赞德高原区，西部下几内亚高原区，南部隆达—加丹加高原区。面积约为 234.5 万平方公里。南纬 5°以北属热带雨林气候，以南属热带草原气候。

刚果（金）人口约为 6 870 万（截止到 2013 年）。全国有 254 个民族，分属班图、苏丹和尼洛特三大语系。班图语系各部族占全国人口的 84%，主要分布在南部、中部和东部，其中刚果族为全国第一大族。苏丹语系各部族多居住在北部，人口最多的是阿赞德和孟格贝托两族。尼洛特语系各部族是最早生活在刚果（金）境内的土著居民，大多已被其他部族同化，仅余俾格米和阿卢尔等少数部族现生活在赤道密林里。法语为官方语言，官方承认的民族语言为林加拉语（**Lingala**）、斯瓦希里语（**Swahili**）、基孔果语（**Kikongo**）和契卢巴语（**Kiluba**）。居民50%信奉罗马天主教，20%信奉基督教新教，10%信奉伊斯兰教，10%信奉金邦古教，其余信奉各种本土原始宗教。金沙萨（**Kinshasa**）是刚果民主共和国的首都与最大城市。

经济结构

　　刚果民主共和国是联合国公布的世界最不发达国家之一。农业、采矿业占经济主导地位，加工工业不发达，粮食不能自给。加工业主要有食品、纺织、制鞋、化学、制药、电器、汽车装配、木材加工和建材等。刚果（金）主要粮食作物有玉米、稻米、木薯、豆类等，主要经济作物有咖啡、棕榈、棉花、可可、橡胶、烟草、茶叶等。对外贸易在国民经济中占有举足轻重的地位。主要出口钴、铜、原油、钻石、农林产品，进口粮食、日用消费品、机电产品、各类原材料供需配件等。主要出口目的地国为中国、比利时、芬兰，主要进口来源国有南非、比利时、赞比亚等。刚果（金）对外贸易保持较快增长，进、出口基本平衡。

　　刚果（金）货币为刚果法郎（**Franc Congolais, FC**）。

商务文化

　　刚果（金）是一个民族众多的国家，到这里开展商务活动时，首先要了解当地的民情、风俗习惯以及地形地貌等情况，必要时应请向导。

- ◆ 这里的男子大都穿衬衫和带领扣的上衣。女子多穿印有小花、蜡染的大花等图案的裙服。因为政府规定：政府男性官员不能穿西装，女性只能穿裙子，不能穿长裤。居住在热带森林的班图族妇女服饰特点是：在腿上戴着厚厚的铜护腿。这里的女子发型多样。当她们还是女孩的时候，她们的母亲经常将其头发梳成一个个小圆圈，并用线固定。

- ◆ 刚果（金）是一个尊敬老人的国家，人们在称呼老人时，都在名字上冠以长者的尊称。日常生活中，要按照传统礼仪行半跪式礼问候老人。在公共场合，一般称男士为"先生"，对女性称"夫人、女士、小姐"等。

- ◆ 一般情况下见面都要热情握手，寒暄一阵，问候的内容十分广泛。关系亲密的朋友，除了握手之外，还用右手掌轻轻拍打几下对方的胸脯，并拥抱亲吻。平民百姓见到有地位的人，总是马上站立，双腿双脚并立，右手握拳，曲举过肩，面部严肃，大声说"阁下健康"等。被问候者多举拳晃晃，以示回礼致意。当地妇女见到男性客人，多为两腿曲跪、两眼直视地面、轻声问候。女性相见，大多握手、拥抱。

◆ 刚果（金）人感情丰富，性格外向，注重仪态美。他们喜欢用各种姿态、手势、动作传达他们的内心世界。如果他们拉起客人的手，用右手掌不停地拍打客人的手掌，表明他们与客人谈得很投机；如果他们用食指轻轻地敲打桌面，表明商务谈判进行得很顺利；当他们忽然想到一个解决谈判难题的方案时，往往会高举拳头不停地挥动；当他们无法与客人交流时，往往会不停地指手画脚；他们不会主动同女性握手，也不会拍打上司的肩膀；他们要表达强烈感情时，往往加快手势速度；要表达委婉感情时，会放慢手势的速度。这里男女的顶技都很高明，他们能以非常敏锐的感觉去保持重物平衡，而且身子一点也不弯曲。

◆ 手势语在刚果（金）十分重要。在与当地人谈话时，最好不要凭空做一些手势，以免弄巧成拙。谈话时用食指指点对方，是粗俗的行为。美国人所喜爱的用食指和大拇指联搭成圈，表示"好"的手势，在刚果则表示"肛门"的含义，是最恶毒的骂人的语言；用食指敲打自己的脑门，在当地则是"靠边站"不受欢迎的意思；用手轻抚小孩的头，则表示"这个孩子像个傻瓜"；伸出手指，向下比画，在当地的意思是诅咒这个孩子快快死去；伸出大拇指的含义是要阻止他人继续讲话的意思。

◆ 在刚果（金）公开场合不准男女亲吻，外来人员也应遵守这个习俗，否则会引起麻烦。在这里，亲族通奸是最严重的罪行之一，而且已婚男子禁止同他的岳母接触，来访的客人切不可打听这些习俗的由来。

◆ 特别要注意的是：在野兽经常出没的地方，在森林附近地带或乡村住宿时，务必关好房门。不必害怕手中拿着箭的人，这里的人们热情好客，人们会热情地为迷路的游客指路。

◆ 与当地商人打交道，可探访其家庭，但要事先联系。应以右手或双手递送名片，名片上要印有法文。可以包装漂亮的副食品作为商务馈赠。

◆ 刚果（金）人的主食有大米、玉米、木薯、香蕉等。高原地带以红薯和马铃薯为主食。副食品有牛羊肉、鸡、鱼、蔬菜等。他们的红焖猴子肉、油炸昆虫等是极具民族特色的美味佳肴。刚果（金）的咖啡产量很高，饮用量也大，一般家庭盛行用其待客。啤酒和茶叶也深受居民喜爱。除上层人士外，大都保留用手抓食的习俗。

33

哥伦比亚

基本概况

　　哥伦比亚（Colombia），全称哥伦比亚共和国（The Republic of Colombia），位于南美洲西北部，东邻委内瑞拉、巴西，南接厄瓜多尔、秘鲁，西北角与巴拿马相连，北临加勒比海，西濒太平洋，东接大西洋，是南美唯一的两洋国家。哥伦比亚既是南、北美洲往来的门户，也可通过海路同时连接欧洲和太平洋沿岸国家，战略位置十分重要。面积约为114.1748万平方公里。地处热带，气候因地势而异。东部平原南部和太平洋沿岸属热带雨林气候，一千至二千米的山地属亚热带森林气候，西北部属热带草原气候。

　　哥伦比亚人口约为4 696.4万（截止到2013年3月），其中印欧混血种人占60%，白人占20%，黑白混血种人占18%，其余为印第安人和黑人。约70%的人口居住在城市。官方语言为西班牙语。多数居民信奉天主教。首都波哥大（Bogota）是哥伦比亚第一大城市以及政治、经济、文化中心。

经济结构

　　历史上哥伦比亚是以生产咖啡为主的农业国，是位居巴西之后的世界第二大咖啡生产国，咖啡是哥伦比亚的主要经济支柱，被称为"绿色的金子"，是哥伦比亚财富的象征。哥伦比亚自然资源丰富，绿宝石储量世界第一。工矿业以制造业为主。主要农作物有水稻、玉米、香蕉、小麦、高粱、土豆、大豆、甘蔗、可可豆、咖啡。哥伦比亚交通运输以公路为主，是拉美重要的旅游国之一。

　　哥伦比亚对外贸易主要出口产品有石油和石油产品、化工产品、煤炭、咖啡、农副产品和纺织品等。其中，绿宝石、鲜花、咖啡出口均居世界前列。主要进口机械设备、化工产品、农副产品、纺织品和金属材料等。

　　哥伦比亚货币为哥伦比亚比索（**Colombian Peso**）。

商务文化

　　哥伦比亚的商务文化是一个多元文化的混合体，既有印第安原住居民文化深深的烙印，还融汇着西班牙殖民文化的特点，同时又受近代西方特别是法国文化和美国文化的影响。

◆ 哥伦比亚传统上是天主教信徒比例较高的国家。虽然信仰天主教的人数有所减少，但宗教节日仍占据重要地位。另外，在哥伦比亚很多地方还有许多带有宗教色彩的商业和文化节日。

◆ 哥伦比亚人举止安详，不急不躁，凡事喜欢慢慢来，请当地人做一次饭，常常需要等上个把小时。他们召唤人时，流行的手势是掌心向下，手指与整只手一同摆动。交了好运则用食指与小拇指伸直做牛角状。

◆ 哥伦比亚人的主食是大米和玉米，也常吃各类面食，爱吃猪肉、牛肉，喜爱中国的苏菜、沪菜和京菜。当地人在宴请时，很注意餐桌的布置，认为把餐桌布置得美观能显示主人的热情和雅趣。他们用餐时使用刀叉。

◆ 哥伦比亚城市居民衣着已经基本欧化，他们在正式社交场合穿西装，打领带。女孩从小就开始佩戴用白色珠子串起来的挂链，随着年龄的增长逐年增加。

◆ 您若对体育运动（特别是英式足球 soccer）、艺术、哥伦比亚的咖啡和美丽的乡村景色感兴趣，哥伦比亚人会很高兴。斗牛在哥伦比亚受到普遍喜爱，来访者对此如有任何不利的评论都会引起哥伦比亚人的不快。请记住，在哥伦比亚商务活动中应尽量避免谈论政治话题。

◆ 去哥伦比亚之前，务必带好所有需要的文件和西班牙语的展示材料，直观教具在传达意思中也非常重要。产品销售说明书也须印有西班牙文对照才行。

◆ 在哥伦比亚各地并非必须做到严格遵守时刻，但在较大的城市里，准时就较为重要。

◆ 哥伦比亚人在社交场合与客人相见，一般习惯以握手为礼。男性在见面或离别时，要与在场的所有人握手，女士一般只和女性握手。打哈欠等事情无论男女都是不太好看的动作，因而当众打哈欠是不礼貌的。

◆ 递名片时，让印有西班牙语的一面朝上，确保对方很容易便可以看到。对哥伦比亚人称呼时要用他们的姓氏加头衔。

◆ 在任何生意达成交易之前，哥伦比亚商人总喜欢慢吞吞地思考，喜欢一边啜饮着哥伦比亚的清咖啡，一边轻声地讨论问题。在任何一次商务谈判前，留出点时间与对方"闲聊"一会儿是很有必要的，这会让对方觉得双方之间的关系比做生意更重要。

◆ 在商务谈判过程中最好不要更换代表，否则信誉就要重新建立，甚至会使谈判中止。选择一个第三方作为双方联系的纽带十分重要，可以有效缩小双方之间的文化差距。

◆ 和哥伦比亚政府打交道时，需要使用西班牙语或有口译人员陪同。提前打听好会谈过程中是否有翻译协助是很有必要的。

◆ 通常情况下，哥伦比亚人依靠感觉而非事实做决定。一个决定的产生需要小组成员的一致通过，因而过程缓慢，必须保持耐心。会谈之后，最好向对方递送一张感谢条和一份谈判会议记录。

◆ 应邀到哥伦比亚人家里做客时，如果时间许可，习惯上要在到达之前送去水果、鲜花或巧克力之类的礼物。如果来不及，事后送也可以，同时还要附上一封感谢信。礼品一般不应该是个人用品，除非您与对方非常熟悉。如果是这样的话，可以给男士送领带，给女士送香水。

34

哥斯达黎加

基本概况

A Brief Survey of the World's Business Cultures

哥斯达黎加（Costa Rica），全称为哥斯达黎加共和国（The Republic of Costa Rica），位于中美洲地峡，属于北美洲。东临加勒比海，西靠北太平洋，北部与尼加拉瓜接壤，东南偏南与巴拿马接壤。海岸边是平原，而中部被崎岖的高山所隔绝。面积约为 5.1 万平方公里。哥斯达黎加的气候条件截然不同，彻底颠覆了一年四季的分类。这里只有两个季节，4 月到 12 月为冬季，降雨多，12 月底到第二年 4 月为干季，也称为夏季。气候属于热带和亚热带，还有一部分是新热带。

哥斯达黎加人口约为 466.7 万人（截止到 2013 年）。白人和印欧混血种人占 95%，黑人占 3%，印第安土著居民约 0.5%，其他民族占 1.5%。官方语言为西班牙语。95% 的居民信奉天主教。首都为圣何塞（San José）。

经济结构

哥斯达黎加经济发展水平在中美洲名列前茅，被誉为"中美洲瑞士"。外贸、旅游和服务业在国民经济中占重要地位。以轻工和制造业为主，主要有纺织、电子产品、机械、食品、木材、化工等。原材料依赖进口，产品主要用于出口。石油全部进口，主要来自委内瑞拉。以生产咖啡、香蕉、甘蔗等传统产品为主。哥斯达黎加是世界上第二大香蕉出口国，仅次于厄瓜多尔。咖啡和香蕉是该国的主要出口商品。

对外贸易在国民经济中占重要地位。主要出口电子芯片、集成电路、纺织品、香蕉、菠萝、咖啡、医疗器械、加工食品、机械和电子配件等。主要出口对象国为美国、中国、欧盟和中美洲邻国。主要进口原材料、消费品、燃料、润滑油和资本货物。主要进口来源国为美国、欧盟、委内瑞拉和墨西哥。

哥斯达黎加货币为哥斯达黎加科朗（Costa Rican Colon）。

商务文化

哥斯达黎加人坦诚朴实，性格乐观，态度和蔼，为人谦逊，讲究信用，热情好客。要想在当地做生意取得成功，尊重当地的商务习俗是十分必要的。

◆ 在哥斯达黎加，他们常用的见面礼节是握手、拥抱和亲吻，告别时也是这样。男士见面，一般行握手礼，关系非同一般的，还要拥抱。男士见到较熟悉的女士有的是轻吻她的右手，有的是吻脸。

◆ 跟初次见面的人打交道，不能哈哈大笑，也不能询问对方的年龄、种族。

◆ 哥斯达黎加人对外来客人十分友好，无论在什么场合，他们都会主动打招呼，热情问候，握手致意。

◆ 哥斯达黎加人非常注重得体的称谓。在社交场合，对成年男子一般称"先生"，对已婚妇女称"夫人"或"太太"，对未婚男女青年分别称为"少爷、小姐"。同其他美洲国家一样，哥斯达黎加人喜欢他人称他们的学衔或职衔，并同上面的称呼连用，如"博士先生"、"硕士先生"、"局长先生"等。

◆ 哥斯达黎加人待人热情诚恳，他们的言谈举止总让人觉得是发自内心的。

◆ 一般情况下，男子不重装饰，不修边幅。大都上着衬衫，下穿黑色或深色裤子。女子则非常重视妆饰，打扮入时。平时喜穿袒胸式裙服或紧身裤，肩披叫雷波诺的彩色长披巾。

◆ 哥斯达黎加的禁忌与西班牙等欧美国家一样。人们普遍忌讳"13"和"5"这两个数字，认为它们是不吉利的。人们喜欢 "3" 和 "7"，认为这两个数字是吉利的。

◆ 哥斯达黎加人喜爱和朋友聚会聊天，常常将知心好友邀请到家中，喝着咖啡，吃着水果和甜食，海阔天空地侃。如果是周末，侃到兴趣浓时，还要唱歌跳舞，一直持续到次日天明方才罢休。

◆ 他们同外国朋友初次交往，如果客人言谈举止礼貌，熟悉当地的风俗习惯并能够讲几句当地的民族语言，他们会视为故友相逢，显得格外亲切热情，甚至会主动邀请至家中做客。对于哥斯达黎加人的盛情邀请，外来客人不可出自客气或其他考虑而谢绝，那样会引起主人的不快。应邀到哥斯达黎加朋友家中做客，应带一束鲜花、一盒蛋糕、一瓶好酒之类的物品送给主人。客人进门，主人要用饮料、酒类、点心、甜食、水果等招待，热情谈话。晚餐是哥斯达黎加人的正餐，他们多爱请客人到家中共进晚饭。正式吃饭时间一般是晚上 10 点以后。他们待客的主要食物有大米、玉米、豆类、蛋类、牛奶、蔬菜、水果等。

35

哈萨克斯坦

基本概况

　　哈萨克斯坦（Kazakhstan），全称为哈萨克斯坦共和国（The Republic of Kazakhstan），地处中亚的内陆国，是中亚地区幅员最辽阔的国家。北邻俄罗斯，南与乌兹别克斯坦、土库曼斯坦和吉尔吉斯斯坦接壤，西濒里海，东接中国。面积约为 272.49 万平方公里。属严重干旱的大陆性气候，夏季炎热干燥，冬季寒冷少雪。

　　哈萨克斯坦人口约为 1 716.52 万(截止到 2014 年 1 月 1 日)。哈萨克斯坦是多民族国家，由 131 个民族组成，主要有哈萨克族（53%）、俄罗斯族（30%）、日耳曼族、乌克兰族、还有乌兹别克、维吾尔和鞑靼族。居民主要信奉伊斯兰教、东正教、基督教和佛教。哈萨克语为国语，俄语与哈萨克语同为官方语言。哈萨克斯坦首都为阿斯塔纳（Astana）。

经济结构

哈萨克斯坦的重工业较为发达，轻工业较为落后，大部分日用消费品依靠进口。自然资源十分丰富，铀产量现居世界第一。耕地大部分种植以春小麦为主的粮食作物，也种植棉花、甜菜、烟草等。畜牧业极发达。

哈萨克斯坦主要的贸易伙伴有：瑞士、俄罗斯、英国、德国、意大利、美国、中国、乌克兰、土耳其。主要的出口商品有矿产品、金属及其制品、食品及其原料、化工产品、塑料、橡胶、机械设备、运输工具、仪器仪表等。主要进口商品有机械设备、交通工具、仪器仪表、矿产品、化工产品、塑料、橡胶、金属及其制品等。

哈萨克斯坦货币为哈萨克坚戈（**Kazakhstani Tenge**）。

商务文化

作为游牧民族的后代，哈萨克族人保留着草原文化特有的基本精神和价值取向，如英雄乐观主义精神、自由开放精神和崇信重义精神等。同时，由于近现代历史和政治的原因，哈萨克民族呈现多元化的格局，这种多元性，体现了哈萨克民族文化宽容的一面。与哈萨克商人进行商务往来，必须了解他们的文化历史和习俗，他们很尊重和欣赏那些对他们的礼俗了解的人。

◆ 哈萨克族曾经是马背上的民族。他们能歌善舞，爱运动，喜欢集体活动，保留着豪爽开朗、热情奔放的民族性格。在哈萨克斯坦，稍大的宴会（官方非常正式的那种除外），其间只要有音乐，大家就会跳起来。这种场合，您也别害羞，加入进去尽情摇摆。在稍正式的宴会上，一般都要祝酒。哈萨克族人一般不单对单敬酒，不离开座位到其他地方给某个人敬酒。

◆ 哈萨克族人对生日看得很重，不少人宁愿请假一二天不要工资不上班，也要与亲朋好友一起庆贺自己的生日。在您的哈萨克族朋友生日那天，对他说一声"生日快乐"，准备一份礼物，并参加其生日聚会，将会使他非常高兴和感动。需要注意的是，哈萨克族人忌讳在生日前任何时间向他们祝贺生日，哪怕提前一天祝贺也不行。但如果您忘了或者不在，在其生日之后弥补，向他（她）表示祝福是可以的。

◆ 在哈萨克斯坦的工作场所，上下级关系非常严格。无论是在政府还是在企业，"官大一级压死人"在该国得以体现。在正式场合，对上级一定要用尊称或头衔（尽管可能是熟人或老朋友），对于老人也尽可能用尊称，对于下属和年轻人，则可以直接叫名字或简称。

◆ 哈萨克族人的家族观念很强，他们重亲情和友情。子女会定期探望父母，家族所有人在主要节假日时要相聚。因此在该国从事商务活动，人脉是十分重要的。节假日不能忘记他们，要去哈萨克族朋友家里拜访看望，请他们集体聚会，并准备一些小礼品祝福他们。

◆ 在衣着方面，哈萨克族男女，无论有没有经济条件，出门参加正式场合的衣物都十分考究。有身份的人，经常从头到脚都是名牌。

◆ 公共场合如会场、餐馆、办公室等一律禁止吸烟。如果要吸烟就要到户外。另外，哈萨克族人没有让烟的习惯，自己从怀里拿出来自己抽。跟熟人要支烟，或者给他让支烟，他也不会介意。和俄罗斯族相似，哈萨克族男人爱喝酒，但聚会时不劝酒。若坐到一起能够喝到尽兴，朋友之情往往就能更进一层。

◆ 哈萨克族人有"以右为上"的民族传统观念，出门进门皆要先迈右腿。他们也不喜欢见到有人用脚踢羊或踢其他动物以及用脚踏食盐等。

◆ 哈萨克族人在社交场合与客人相见时，多行握手礼。面见尊长和宾客，则右手按胸，躬身施礼。

◆ 当地商人讲究经商的灵活性，无论您的开盘报价多么低，他们也不会轻易就接受您第一次所报的价格，所以在商务谈判时对此应有准备，留有必要的余地。

◆ 受俄罗斯影响，哈萨克族人的饮食习惯与西方人的用餐方式类似。他们吃饭采用分餐制，习惯用刀叉勺盘等，碗（深碟）只用于盛汤。餐桌上，面包是一定要有的，一般人如果没有面包吃，会感觉吃不饱。所以当请哈族人吃饭时，最好要有面包或囊饼之类的食物上桌。

◆ 邀请您到家里拜访或者在家里接待您，是出于对您的尊敬或好客。哈萨克族人的传统食品是羊肉、羊奶及其制品，最流行的菜肴是手抓羊肉。主客相见，男女要分开坐，最主要的客人坐左首，按地位或辈分依次而坐。主人在最右首。家里的男主人或成年孩子与客人围坐，女主人上菜倒酒端茶等，有时候女主人也陪坐，小孩不上桌。要想体现对主人热情的感谢，不仅要吃、要喝，还要说祝酒辞，一般饭后都有甜点和茶水。无论吃得习惯还是不习惯，都要尽可能表现出喜欢主人准备的饭菜。到家里拜访带上礼品，主人会更高兴。

◆ 如果家里来了尊贵的客人，主人一定要宰羊招待。哈萨克族是很讲礼仪和面子的民族。主人在宰羊之前，先要把羊牵给客人看并客气地说些"羊虽然不太肥，略表心意，敬请赏光"等客气话。在宴席上吃羊肉有一定规矩。主人与客人要先吃羊肝夹羊尾巴油，再吃羊肉。羊头被视为最好的部分，一般劈为两半，放在盘子的最上面，用来招待最高贵的客人。接下去是吃不带骨的羊肉，最后吃带骨的羊肉和羊肉汤。在吃羊肉的过程中，客人要从盘中取些肉请主妇吃，以示尊敬和感谢，否则就被认为是失礼。吃完之后，主人要客气地说"菜不多，吃得不好，请原谅"等一类的话。客人要举起双手，从两颊往下摸，直到胸前为止，并说："愿真主保佑饮食丰盛。"

韩国

基本概况

　　韩国（South Korea），全称为大韩民国（Republic of Korea），位于亚洲大陆东北，朝鲜半岛的南半部。北部以军事分界线与朝鲜民主主义人民共和国相邻。其余三面被黄海、朝鲜海峡和日本海所环抱。面积约为 10.02 万平方公里。韩国属温带的东亚季风气候。

　　韩国人口约为 5 000 万（截止到 2014 年 1 月），全国为单一民族，通用韩国语。约 50% 的人口信奉基督教、佛教等宗教。在韩国，外国侨民如西方人、华人及日本人只占极少数，并多为短期居留。首都是首尔（Seoul，旧译"汉城"）。

经济结构

韩国经济实力雄厚，钢铁、汽车、造船、电子、纺织等已成为韩国的支柱产业，其中造船和汽车制造等行业更是享誉世界。韩国的电子工业发展迅速，IT 技术水平和产量均居世界前列。农产品主要依赖进口。主要工业原料均依赖进口。工业主要部门有钢铁、汽车、造船、电子、化学、纺织等。旅游业较发达。

韩国的货币为韩元（**Korean Won**）。

商务文化

韩国的商业文化在东亚是独特的，韩国人的商务谈判方式在很多方面与邻近的中国和日本相似，但是又有差异。最大的差异就是韩国商业人士可以比中国谈判者、尤其是日本谈判者更加直接，有时候更有对抗性。

◆ 韩国人待人热情，情绪丰富。但是同时他们又极其正统，只有在要好的朋友之间才可以散漫一些，不在对方允许的情况下，不要直呼他的名字。

◆ 第一次会面时，男士可以穿深色套装和白衬衫，打条较保守的领带。然后，可以当地合作者为参照来穿衣。女商务访问者应该穿着保守一些。

◆ 在韩国去见当地合作伙伴时要考虑带上礼品。如果被邀请到韩国人的家中去做客，通常也要带礼物。合适的礼物包括具有您自己国家或者地区特色的东西，以及昂贵的白兰地或者威士忌酒。要用双手呈上礼物，接收者或许会把礼物放在一边，等散会后再打开。同样，您也应该用双手接过礼物，以后再打开。

◆ 宴请和被宴请是和韩国商业伙伴建立亲密关系的必要部分。对一个困难的谈判而言，酒是很好的润滑剂。通常，韩国人不希望女士饮酒，所以也不希望她们喝醉。在韩国做生意的女士，因为不能加入到男士的饮酒活动中去，或许会对商务活动造成小障碍。不喜欢喝酒的男士可以道歉，并说明是健康原因或者宗教原因。

◆ 开始接触时，最好安排一个正式的介绍会，想直接与不认识的公司或者个人取得联系，很少能够成功。最好的介绍者是双方都认识的有威望的人或者有地位的组织，在韩国有合适的联络人是非常关键的。

◆ 建立良好的关系对生意的成功是必要的。充分了解您的伙伴可以为成功的谈判打下基础。保持融洽的个人关系是非常关键的。广泛的谈话、一起喝酒、进餐和其他娱乐活动是达到此目的的好方法。

◆ 交换名片很重要，要用双手从您的伙伴那里接过名片。用双手或者用右手呈上您的名片，但用右手呈上名片时要用左手托着右肘。仔细地看对方的名片，然后把名片装到您的皮制名片包中。在正式的会议中，可以把名片放在面前的会议桌上，等散会后，很尊敬地把名片装到您的皮制名片包中。您自己的名片上应该清楚地写明您的头衔和职务，还有学历和专业背景。在初步的谈话中，找机会提到您的职位、头衔、经验和专业能力，可以使对方加深印象。当然在谈这些话题时，不能表现出傲慢或者夸耀。在韩国文化中，背景和经验会得到尊重。

◆ 韩国人对对方的怠慢非常敏感。即使您的韩国合作伙伴偶尔会使用对抗策略，您还是要保持冷静，不要做出过激反应。相反，应当在任何时候甚至在激怒的情况下，都要试图保持表面的和谐。虽然通常韩国谈判者比大多数的中国谈判者和日本谈判者更加具有冲突性，但是保持表面的和谐会使事情朝着希望的方向发展。

◆ 遵循当地的风俗和传统，对有地位的人使用恰当的称呼形式，这些对面子都是有益的。如果您失礼，通常简单的道歉就行了，如果您让别人严重地丢面子，那么损失或许是不可挽回的。但是具有较高地位的第三方，例如介绍您的个人或者组织，或许可以介入并把问题解决。

◆ 韩国人比大多数西方人士更加习惯于沉默，在开会时可能有很多次停顿。韩国谈判者尽量避免打扰对方，因为这会被认为是非常无礼的行为。同样，访问者在韩国合作者结束谈话之前，应该等待其结束后，然后再开始讲话。

◆ 韩国社会是个垂直等级的社会，具有严格的等级制度。记住要对地位高的人，包括年长者和处于较高职位的公司管理人员，表示尊重。年轻的、职位低的人要服从年长的、职位高的人。因为在韩国当地的公司，很少有妇女达到高层管理职位，所以大多数韩国男士在商务场合不习惯与女士平等地打交道。

◆ 大多数韩国公司重视准时性和遵照计划表，但是，由于交通拥挤，您的当地合作者可能有时候会开会迟到，如果对这样一个无法避免的拖延表现出生气，那将是无礼的。

◆ 不要用一个笑话或者幽默的故事开始您的销售陈述，因为这会表现出对谈论的主题和出席的人缺乏尊重。应尽量多地使用直观教具的帮助，尤其是当涉及数字的时候。

◆ 在计算您最初的出价时，留些讨价还价的空间。那样的话，在需要做出让步时，可以得体地让步，当然同时也要以对方做出相同价值的让步作为交换条件。

◆ 在谈话过程中，大多数韩国人会在一半的时间中观察您的眼睛。不要用强烈的、直接的眼神盯着对方，这将意味着生气或者敌意。韩国人的微笑通常用来掩饰不同意甚至生气。身体语言很有限，并且比较正式，手势也很少。要避免挥舞胳膊，或者做其他鲁莽的、有力的手势。

◆ 个人之间的距离也是有差异的。在大街上，即使是有足够的空间，韩国人也经常挤在一起，然而，在商务活动中，人们希望保持适中的距离。

◆ 在谈判桌上要有足够的耐心。因为韩国公司的重大决定都是由公司高层来做出的，而高级执行官都是些大忙人。

◆ 大多数韩国公司认为，最终写出来的合同没有双方之间关系的力量重要。对他们而言，法律协议和意愿的表达是相似的。所以，在情况发生变化的任何时候，您的韩方合作伙伴或许会试图重新谈判合同。要记住，重新谈判条款可以对双方都有利。如果韩方坚持要为了他们自己的利益而修改合同条款，那么一个有效的应答，就是要他们为了你方的利益而修改其他条款。通常韩国公司尽量避免诉讼，而是靠漫长的谈判来解决分歧。

荷兰

A Brief Survey of the World's Business Cultures

基本概况

荷兰（Netherlands），全称荷兰王国（The Kingdom of the Netherlands），位于欧洲西北部，东面与德国为邻，南接比利时。西、北濒临北海，地处莱茵河、马斯河和斯凯尔特河三角洲。其西部沿海为低地，东部是波状平原，中部和东南部为高原。面积约为4.15万平方公里。荷兰的气候属海洋性温带阔叶林气候。

荷兰人口1 680万（截止到2013年1月），90%以上为荷兰族，此外还有弗里斯族。官方语言为荷兰语，弗里斯兰省讲弗里斯语。居民约31%信奉天主教，21%信奉基督教。荷兰是第一个法律认可同性婚姻的国家。首都是阿姆斯特丹（Amsterdam）。

经济结构

荷兰是发达的资本主义国家，经济属外向型。自然资源相对贫乏，但天然气储量丰富。农业高度集约化，农产品出口额居世界前列。电子、化工、水利、造船以及食品加工等领域技术先进，工业发达。服务业发展迅速，旅游业发达。鹿特丹是欧洲最大的炼油中心。荷兰是世界主要造船国家之一。

荷兰货币为欧元（Euro）。

商务文化

历史上，荷兰曾成为叱咤世界的海上霸主，一度统领世界贸易，成为"海上马车夫"，执世界经济牛耳。虽然近现代的荷兰商业贸易并没有中世纪那样辉煌，但其毕竟也是发达的资本主义国家，西方十大经济体之一。像荷兰皇家壳牌集团、荷兰皇家飞利浦电子公司、联合利华这样的巨型企业在世界上依然有着举足轻重的地位。荷兰有着其独特的商务文化，其中包括基本的礼仪、交往方式和谈判风格。

◆ 荷兰人忌讳"13"和"星期五"。在相互交往中，他们不愿谈论别国的政治、经济和物价等问题。

◆ 在官方场合，荷兰人与客人会面时，通常行握手礼。而在日常生活中，朋友相见时，大多施拥抱礼。与亲密的好友相见时，也有施吻礼的，他们不喜欢交叉着握手，认为这是不吉利的行为。

◆ 尽管大多数荷兰商业人士都讲一口流利的英语，在第一次见面的时候带一位翻译还是很有礼貌的，以防万一。

◆ 就像其他的注重交易的人们，荷兰人是很乐意跟陌生人做生意的，包括外国人，这就意味着一旦您知道了他的名字，您就可以直接跟一个潜在的客户或者合伙人联系，而不需要安排某个人来引见您。

◆ 进行商务活动时，男士应该穿套装或者夹克和宽松的裤子，女士则要穿优雅的商务服饰。

◆ 荷兰人具有很强的时间观念，所以在商务活动中，对约会都很讲信义。如果您觉得自己要迟到了，一定要打电话给约好时间要见面的那个人，并且跟他解释到底出了什么问题。

◆ 需要被人引见的时候，一定要在握手的同时清楚地重复您的名字。在聚会的时候，自我介绍只要说出您的姓就可以了。在离开的时候一定要再次握手。男士要等着女士先伸出手才能与之相握。在社交聚会中，跟孩子们和成年人都要握手，这是比较礼貌的。

◆ 在您逐渐了解荷兰合作者之前，要用一种冷静的、有点儿保守的方法，而不是极富表现力的方式跟他们交流。

◆ 荷兰人重视直爽的、坦率的语言。他们喜欢非常扼要地进入正题，而避免礼貌的迂回的表述。交流时您总是可以清楚地知道他们优先考虑的事情。

◆ 在成为好朋友之前，不要拍荷兰人的背或者抓住他们的手臂以表示友好。事实上，一个很好的办法就是除了握手以外，尽量不要有任何身体上的接触。

◆ 在会议桌上要保持平和的、适度的目光接触。有些来自东亚的访问者可能会发现荷兰人的目光接触要比他们习惯的程度还要频繁。

◆ 跟很多其他的商业人士一样，荷兰人讨厌强行推销策略和大做广告。准备一份言简意赅的介绍，确保您做的每一项声明都有充分的事实支撑。另外，没必要故意地轻描淡写或者低估您的提议的优点。

◆ 荷兰人以他们的顽强和坚持不懈而闻名，有时候甚至有点儿顽固。当谈判桌上的形势很紧张时，一定要注意不要抬高嗓门，这肯定是没有什么好处的。

◆ 荷兰谈判代表很少做仓促的决定，但是他们也未必不会对商业决策过程感到烦恼。

◆ 荷兰的商务文化中不流行馈赠礼品。如果想要送点小礼品，那您一定选择自己国家或地区享有盛名有标志性的或贵重礼品，并且要在会议结束前赠送。

◆ 记住"Go Dutch.（各人付各人的钱）"，这种说法反映了当地的风俗。除非您是明确地作为客人被邀请的，否则不论在哪个餐馆就餐都要随时准备好付自己的账。

◆ 荷兰人通常在午餐或者晚餐的时候要喝葡萄酒，中餐、意大利餐或者印度尼西亚餐时不喝葡萄酒，这时通常选择啤酒。

38

加纳

基本概况

加纳（Ghana），全称为加纳共和国（The Republic of Ghana），位于非洲西部、几内亚湾北岸，西临科特迪瓦，北接布基纳法索，东临多哥，南濒大西洋。地形南北长、东西窄。面积约为 23.85 万平方公里。沿海平原和西南部阿桑蒂高原属热带雨林气候，沃尔特河谷和北部高原地区属热带草原气候。加纳不仅因盛产可可而赢得"可可之乡"的美誉，还因盛产黄金而被赞誉为"黄金海岸"。

加纳人口约为 2 470 万（截止到 2012 年 6 月），全国有 4 个主要部族：阿肯族占全国人口 52.4%，莫莱—达戈姆巴族占 15.8%，埃维族占 11.9% 和加—阿丹格贝族占 7.8%。官方语言为英语。另有埃维语、芳蒂语和豪萨语等民族语言。居民 69% 信奉基督教，15.6% 信奉伊斯兰教，8.5% 信奉原始宗教。阿克拉（Accra）为加纳的首都。

经济结构

加纳自然资源丰富，主要有黄金、钻石、铝矾土、铁和锰等矿产资源以及渔业、森林和旅游资源。渔业资源丰富。加纳盛产可可，是世界上最大的可可生产国和出口国之一。加纳经济以农业为主，主要农作物有玉米、薯类、高粱、大米、小米等，主要经济作物有油棕、橡胶、棉花、花生、甘蔗、烟草等。加纳工业基础薄弱，原材料依赖进口，主要工业有木材和可可加工、纺织、水泥、电力、冶金、食品、服装、木制品、皮制品、酿酒等。

加纳的货币为加纳塞地（**Ghana Cedi**）。

商务文化

加纳人感情真挚、极为好客，还特别富有感激之情。在此国进行商务往来时，尊重该国的商务文化，是十分必要的。

◆ 在加纳，色彩有着不同的寓意。他们视金黄色或黄色象征着高贵、富足、荣耀及成熟，视白色象征纯洁、美德、欢乐及胜利，视绿色象征新生、活力与强壮，视蓝色为爱情和温柔的色彩，视黑色象征忧郁、魔鬼、死亡及衰老，视红色象征悲愤、灾难、死亡与战争，视灰色象征落魄及耻辱。

◆ 他们打招呼的习俗很特殊。客人到访时，客人应先向主人致意。老师进教室应先向学生致意。两人相遇时，先看到对方者应先打招呼。如果一个人站着，一个人走来，走来的人应先打招呼。但是埃维族人却与上述的方式不同，须由主人、站着的人和后看见的人首先打招呼。忽视了上述规矩，很容易被对方误解成您污辱他，或是在故意找麻烦。

◆ 加纳人与客人相互见面或告别时的习惯礼节是握手。当他们同列队人员握手时，无论这些人谁年长、年幼、地位高低，他们一般都习惯从右向左一一按顺序进行。

◆ 加纳人很重视名誉，有的人甚至把名誉看得比生命还重要。他们特别忌讳有人拿他们开玩笑，或用过头的语言来讽刺或讥笑他们，认为这是对其人格的污辱，有的甚至会因此而与对方纠缠不休。

◆ 他们视左手为"肮脏""无礼"之物。因此，他们是不用左手接别人送上的东西的。他们认为，无论谁用左手向人指点或打手势，或传递东西及食物，都是极不礼貌的。

◆ 他们对"13""17""71"这三个数字没有好感。认为这些都是消极的、不吉祥的数字。因此，人们都不愿意与这些数字打交道。

◆ 他们对馈赠的礼物也很重视。收礼者若有毫不在意之感，他们会很为恼火，认为这是对送礼人的轻蔑及污辱。

◆ 加纳信奉伊斯兰教的人禁食猪肉和忌讳使用猪制品，也反对有人谈论猪。

◆ 他们时间观念不强。对事先联系好的约会，有时可能不准时到达，有时甚至可能不去赴约。

◆ 主人家的凳子不能随便坐。在加纳凳子是代表神圣意味的，有的凳子代表权力，不能随便坐。如果商务谈判谈得好，加纳人可能会送给您一个凳子，代表了他对您的信任和尊敬。

◆ 加纳是个盛产木薯、大蕉、玉米以及少量大米的地方。他们平时多用上述原料加工成不同的主食品种。他们爱吃烤全羊，因其肉质鲜嫩、味道甚佳深受欢迎。加纳上层人士的生活饮食，一般都倾向于英、法人的方式。所以，在社交场合他们大多都喜欢西欧菜式，但他们对中餐菜肴也倍加欣赏。他们一般用餐都习惯使用刀叉等西式餐具，但绝大多数的平民却都习惯以右手抓食用饭。

39

加拿大

基本概况

　　加拿大（Canada）位于北美洲北部（除阿拉斯加半岛和格陵兰岛外，整个北半部均为加拿大领土）。东临大西洋，西濒太平洋，南接美国本土，北靠北冰洋。西北与美国的阿拉斯加州接壤，东北隔巴芬湾与格陵兰岛相望。面积约为 998 万多平方公里，居世界第二位。因受西风影响，加拿大大部分地区属大陆性温带针叶林气候。东部气温稍低，南部气候适中，西部气候温和湿润，北部为寒带苔原气候。北极群岛终年严寒。

　　加拿大人口约 3 502.5 万（2013 年）。城市人口占总人口的 69.1%。英语和法语同为官方语言。居民中信奉天主教的占 45%，信基督教新教的占 36%。渥太华（Ottawa）是加拿大的首都。

经济结构

加拿大地域辽阔,森林、矿藏、能源等资源丰富。制造业和高科技产业较发达,资源工业、初级制造业和农业也是国民经济的主要支柱。工业以石油、金属冶炼、造纸为主。农业以麦类为主,主要种植小麦、大麦、亚麻、燕麦、油菜子、玉米等作物。渔业很发达,75%的渔产品出口,是世界上最大的鱼产品出口国。加拿大以贸易立国,对外资、外贸依赖很大,旅游业也十分发达,在世界旅游收入最高的国家中排名第九。

加拿大的货币为加拿大元（Canadian Dollar）。

商务文化

加拿大的多元化文化对访问者来说有点复杂。您必须清楚将要和您打交道的商人的文化背景,他的母语是英语、法语还是其他语种。

◆ 英裔加拿大谈判者往往是生意导向型的,他们办事作风直接、不太讲究礼仪,待人非常平等、保守并且时间观念较强。多数的法裔加拿大人则更讲究礼仪,属于相对关系导向型文化。他们等级观念强烈、善于表达情感,并且时间观念不很强。他们不愿和他们不熟悉的人做生意,会议期间会采取迂回方式解决问题,而不是直接进入话题,有时感情激动。

◆ 海外讲英语的访问者会发现很容易与英裔加拿大人进行交流。流利的法语在魁北克省做生意是一笔财富。在主要的商业中心您也会很容易找到优秀的翻译。

◆ 与法裔加拿大人进行接触是很重要的。冷酷的电话通常得不到好的效果,因此应该在商务展览会上安排引见或者会见潜在的客户。

◆ 英裔加拿大商人更开放一些,与他们能够进行直接接触,当然引见介绍也是很有用的。在和英裔加拿大人接触时,使用英语发信或传真介绍您的公司和产品,这就表明了您很有意向。然后,打电话约定个日期,由对方定下时间和地点。

◆ 初次会见时,生意导向型的英裔加拿大人一般很快就和新的商务伙伴进入谈判,而法裔加拿大人则喜欢更长时间的准备。他们想要在详细谈判前更多地了解供应商或者合作伙伴。

◆ 两种加拿大的主流商业文化都要求约会准时。然而,其他很多方面,法裔加拿大人不如英裔加拿大人时间观念强。魁北克省的会议议程往往很灵活,计划多少有些随意。

◆ 对英裔加拿大人来说,平等是重要的价值观,许多人面对地位、级别的差异会觉得不舒服，这显然与他们的英国兄妹们不同。法裔加拿大人是分等级的，他们的价值观与他们祖国的文化比较接近。

◆ 商务会面时，男士应该穿套装或者夹克，系领带。女士可以穿套装和衬衣。

◆ 初次见面，访问者应该用力握手，眼睛直视对方。一些加拿大人相信无力的握手代表软弱，眼睛不直视对方意味着不够可靠或不诚实。英裔加拿大人握手的频率低于大多数欧洲人。他们握手时间比拉丁美洲人短，但是要比东亚和东南亚人长。法裔加拿大人握手频率比英裔加拿大人高，在进行介绍时、打招呼时、分手时都要握手。

◆ 英裔加拿大人会议一开始会称呼"博士、先生、夫人、小姐"或"女士"，但是使用尊称或头衔，多数英裔加拿大人会不习惯，他们常常希望迅速地称呼对方的名字，即使是对刚刚见面的人。法裔加拿大人则更正式一些。

◆ 不含蓄的英裔加拿大人比含蓄的法裔加拿大人更直接。英裔加拿大人可能没有意识到这样会冒犯诸如东亚和东南亚的客人。但魁北克人比英裔加拿大人更外向，他们使用语言和非语言行为表达情感。例如，法裔加拿大人在会议期间经常互相打断谈话，很近地站在一起，互相触摸，使用肢体语言或表面化的表达，这些都比英裔加拿大人随意。加拿大人会对亚洲和中东谈判者诸如间接、迂回、含蓄的礼貌方式感到困惑。

◆ 常常与北美国家做生意的出口商应该注意到，上述两种主流文化的加拿大人更喜欢缓和的推销方式。他们不喜欢过分进攻、激进的推销方式。要避免夸大和贬低产品的宣传。

◆ 不要过高抬高您的产品的最初价格。许多加拿大购买商会厌烦高低价策略。有必要在进入市场时预留一定的盈利空间，保证未来的发展，但是，不要留得过多。

◆ 商务馈赠经常在宴会结束时进行。但是要记住贵重和表面装饰豪华的礼品在加拿大不适宜，最好是选择您的城市或地区的特色礼品。如果您的伙伴当面打开礼品，亚洲人不要感到惊奇，这是北美的风俗。送给女主人最好的礼物是鲜花、糖果、葡萄酒和您从家乡带来的特色礼品。

40

捷克

基本概况

　　捷克（Czech），全称捷克共和国（The Czech Republic），是位于欧洲中部的内陆国家。东连斯洛伐克，南接奥地利，北邻波兰，西与德国相邻，由捷克、摩拉维亚和西里西亚三个部分组成。面积约为 7.9 万平方公里。捷克属海洋性向大陆性气候过渡的温带气候。

　　捷克人口约有 1 029 万（截止到 2013 年），主要民族为捷克族，占 90%，其他民族有摩拉维亚族、斯洛伐克族、德意志族和波兰族等。官方语言为捷克语，主要宗教是罗马天主教。布拉格（Prague）是捷克共和国的首都和最大的城市，位于该国的中波希米亚州。

经济结构

捷克是工业化程度与经济情况较好的国家之一。捷克自然资源中褐煤、硬煤和铀矿蕴藏丰富。石油、天然气和铁砂储量甚小，依赖进口。捷克主要产业有汽车、钢铁、化学、造纸及举世闻名的玻璃水晶工业。旅游也是捷克经济收入的重要来源。捷克为中欧地区最主要的钢铁供应国。

捷克进口商品主要有：石油、天然气、计算机、轿车及配件、机械设备、医药产品和器械、铁矿石、载重汽车和家用电器等。出口商品主要有：轿车及配件、钢材、机械设备、玻璃制品、木材、化工产品、轮胎、家具等。主要贸易对象为：德国、斯洛伐克、奥地利、意大利、波兰、法国、英国和美国。

捷克货币为捷克克朗（Czech Koruna）。

商务文化

捷克人是最西化的斯拉夫人，他们常被称为是"东中欧的德国人"。其价值观、态度和信仰在许多方面受到德国的深刻影响。由于地理和历史上的综合影响，捷克人成为了所有东中欧国家中最具生意导向型特征的商人。

◆ 捷克人在穿着上比较讲究，正式场合都是西装或长大衣，天气寒冷时戴帽，围较长较宽的漂亮的围巾。妇女爱穿具有传统风格的黑色或深红色裙装。

◆ 捷克人认为可以没有好衣服，不可没有好风度。他们不但在与别人打交道时谈吐文雅，彬彬有礼，而且独处时也不随便。他们对举止轻浮的人非常讨厌，对公众场合搂肩搭背的现象也没有好感。在家里，对长辈恭敬，在外面，扶老携幼者随处可见。

◆ 捷克民族将玫瑰花视为国花，人们普遍忌讳红三角图案。

◆ 受欢迎的谈话内容是体育运动等，比较好的话题有足球、冰上曲棍球、远足、骑自行车和各种各样的音乐。不受欢迎的话题是政治问题和家庭琐事等。将捷克看作中东欧国家是可接受的，不要泛泛地谈及政治，更不要谈论社会主义时期。

◆ 相对而言，他们更愿意同陌生人谈论商务，通常很快就能进入生意阶段。同那些更外向、更善于表达自己的波兰人和匈牙利人相比，他们的沟通方式显得保守一些。

◆ 捷克人比北美人、北欧人和澳大利亚人更正式一些。捷克人的商业行为比不太正式的国家（如丹麦）更接近法国、德国和英国等国的风格。正式性表现在会见和问候的仪式以及商务人士的服饰方面。社会等级价值观在从上至下的管理方式和很少有女性最高管理人员上表现得很明显。

◆ 大多数捷克公司对待外国人主动接洽的态度比较开放。不会有那些关系导向型文化中常见的小心谨慎的预备工作，他们倾向于直接进入生意谈判。

◆ 在当地进行商业会晤时，一般要提前多日约定。谈判前应有足够准备，谈判过程中应有耐心。首次接触可通过电话、传真或电子邮件，提前两周左右，约定会见。用英语进行通信很常见。但是如果将您的信件翻译成捷克语将令您的未来客户或商业伙伴印象深刻。

◆ 会见时，来访的客人应该准时到场，主人一方也会准时出现。商务会谈期间通常不会出现长时间的中断现象。另一方面，谈判通常比在美国和德国进行的时间长。会见结束离开时，要握手言别。在社交场合，见面时口头问候即可，无需握手。但要注意，与许多男士坐等女士将手伸出递给他们的文化不同的是，在捷克共和国，通常男士首先将手主动递给女士。

◆ 对方向您做完自我介绍后，您可以以其职业或学术称号冠以其姓来称呼对方。只有亲朋好友之间才相互直呼其名。您的名片上应该写明您的工作职务和其他任何高级身份。

◆ 如果在谈判桌上，您的捷克商业伙伴突然变得沉默寡言或不愿进行眼神交流，那么，您就要明白您已经冒犯他们了。为了挽回局面，可以讲点轻松的话题，也许是自我解嘲一番。

◆ 来到捷克要轻声讲话。捷克人厌恶大声喧嚷，不要惺惺作态，不要敲桌子。人与人之间的身体距离最好保持在25~40厘米。尽量不要发生身体接触。除了握手，捷克人不喜欢其他身体接触。

◆ 要进行适度的眼神交流。在谈判桌上，您会遇到直接的注视，也许没有中东和南欧那么强烈，但比东亚所认可的礼貌程度的眼神交流多一些。

◆ 谈判将会进展缓慢、有条不紊。您给出的初步报价最好是符合实际的，因为在许多商业文化中司空见惯的"先高后低"策略在捷克很可能会适得其反。耐心、温和的方式将取得最好的成效。

◆ 捷克人很乐于接受价值不高的礼物。登门拜访之时，可带上一瓶苏格兰威士忌或科涅克白兰地，或别的小礼物，如优质的钢笔或雪茄烟打火机。应邀去某人家中用餐时，带上一瓶进口葡萄酒或白酒是最佳选择。

喀麦隆

基本概况

　　喀麦隆（Cameroon），全称为喀麦隆共和国（The Republic of Cameroon），位于非洲中西部，西南濒几内亚湾，南部靠近赤道，北抵撒哈拉沙漠南沿。境内大部分地区为高原，平原仅占国土的 12%。面积约为 47.5 万平方公里。西部沿海和南部地区属典型的赤道雨林气候，终年湿热，往北过渡到热带草原气候。

　　喀麦隆人口约有 2 070 万（截止到 2013 年）。约有 200 多个民族，主要有富尔贝族、巴米累克族、赤道班图族（包括芳族和贝蒂族）、俾格米族、西北班图族（包括杜阿拉族）。法语和英语为官方语言。约有 200 种民族语言，但均无文字。南部及沿海地区信奉天主教和基督教新教（占全国人口的 40%）；内地及边远地区信奉拜物教（占 40%）；富尔贝族和西北部一些民族信奉伊斯兰教（约 20%）。首都为雅温得（Yaounde）。

经济结构

喀麦隆农业和畜牧业为国民经济主要支柱。主要粮食作物有小米、高粱、玉米、稻谷、薯类、芭蕉等。主要经济作物有可可、咖啡、棉花、油棕等。木材是喀麦隆第二大创汇产品。喀麦隆水力资源丰富,矿产资源也较为丰富。主要工业部门有食品、饮料、卷烟、纺织、服装、造纸、建材、化工、炼铝、电力、石油开采与加工、木材开采与加工等。喀麦隆旅游资源得天独厚,既有迷人的海滨沙滩,又有茂密的原始森林和清澈的湖泊河流,素有"微型非洲"之称。对外贸易主要出口原油、木材及木材制品、可可豆、棉花等。主要进口机械设备、汽车和拖拉机、钢铁制品、电器等工业产品。主要贸易伙伴为西班牙、意大利、法国和英国。

喀麦隆货币为中非法郎(Central African Franc)。

商务文化

喀麦隆是位于非洲中西部的一个滨海国家,因地处中非和西非十字路口的位置,是非洲中部和西部政治、经济、文化交流的枢纽地带,故人们常称这个国家为"小非洲"或者"非洲的缩影"。此国拥有悠久的历史、古老的文化,200多个民族信奉着拜物教、天主教、基督教和伊斯兰教,保持着撒哈拉沙漠以南非洲地区传统的风俗礼仪。

◆ 纹面艺术在非洲有着悠久的历史,不同的图案具有不同的含义。在同喀麦隆人交往时,不可对当地人脸上或者手上的刀痕指指点点,评头论足,大发议论,更不可紧紧盯着对方看。

◆ 喀麦隆人讲究礼仪,注重礼节。两人相遇,即使是初次相逢,总是相互热情握手,表示问候、祝愿和友谊。关系亲密的朋友相遇,双方常要相互拥抱并贴对方的面颊,热情地问寒问暖,显得异常亲近和友好。在一些少数民族地区,当地居民遇见外国客人时,总是真诚友好地鞠躬致意,鼓掌表示欢迎,同时讲一些令人愉快与祝福的话。喀麦隆女性遇见外国客人,大多行弯腰屈膝礼。

◆ 喀麦隆人乐善好施,视无偿帮助朋友是传统的美德。如果外国客人遇到什么困难,喀麦隆居民总是慷慨相助,不索取任何报酬。即使外国客人主动向他们付一些小费,他们总是语气坚定地给予谢绝,因为喀麦隆没有收取小费的风气,这一点在非洲地区是十分少见的现象。

◆ 喀麦隆人很善于经商。在喀麦隆人看来,商务人员政治的、经济的等等公务活动必须是严肃的。不仅礼仪举止要庄重,而且待人接物要庄重、严肃、得体,让人产生好感，产生敬慕心情，产生信赖心理。在喀麦隆的经商活动中，容貌端庄，姿态优美，服饰得体，备受欢迎；言谈放荡，表情冷淡，不修边幅等，会令人讨厌；而点头哈腰，奴颜婢膝也会令人瞧不起。

◆ 到喀麦隆从事商贸活动，应当注意保持良好的商务风度，以真诚面对对方，以热情广交朋友。真诚谦逊，是首先必须具备的风度。温文尔雅的举止，爽直豪放的性格，含蓄深沉的言谈，潇洒气派的作风，同样会受到喀麦隆商务人员的喜爱。

◆ 喀麦隆人非常好客，尤其是对外来客人格外热情和友善。同外来客人稍稍熟悉便会真诚地邀请到家做客，倾其家中的所藏招待。常见的待客膳食是将牛肉、羊肉、鸡块、鱼块油炸后，拌上西红柿、辣椒或者蔬菜，再用火炖得烂烂的，浇在米饭上或者用面饼卷着吃，别有风味。

◆ 除了正式场合的宴请外，大多数喀麦隆人喜爱用手抓饭吃。进餐时，每个人面前备有两杯水，一杯供饮用，另一杯是用来饭前洗手的。一盆主食，一盆菜肴，往一张席子上一放，宾主围坐四周，每一个人用左手按住饭盆边沿部位，用右手食指、中指和大拇指将主食捏成团状，放进菜盆里滚一下，夹着一块肉或者一块鱼，放进嘴里吃。动作要干净利落，做到饭菜不沾手指，不洒在席子上。

42

卡塔尔

基本概况

卡塔尔（Qatar），全称卡塔尔国（The State of Qatar），位于波斯湾西南海岸的卡塔尔半岛上，与沙特阿拉伯和阿拉伯联合酋长国相邻，北面隔波斯湾与科威特和伊拉克遥遥相望。国土面积虽然仅有约1.15万平方公里，却有约550公里的海岸线，战略位置相当重要。全境多平原与沙漠，西部地势略高。属热带沙漠气候，炎热干燥，海沿岸潮湿。

卡塔尔人口约为212万（截止到2013年年底），卡塔尔人占40%，其他为外籍人，主要来自印度、巴基斯坦和东南亚国家。阿拉伯语为官方语言，通用英语。居民大多信奉伊斯兰教，多数属逊尼派的瓦哈比教派。首都为多哈（Doha），是全国第一大城市和经济、交通和文化中心，波斯湾著名港口之一。

经济结构

石油、天然气是卡塔尔的经济支柱。工业主要为石油和天然气部门及能源密集型工业。农牧产品不能自给,粮食、蔬菜、水果、肉、蛋、奶等主要依赖进口。只有鱼、虾类海产品产量可基本满足本国需求。

卡塔尔主要出口产品为石油、液化气、凝析油合成氨、尿素、乙烯等,主要进口产品是机械和运输设备、食品、工业原材料及轻工产品、药品等。主要贸易伙伴有日本、韩国、新加坡、美国及欧盟国家。

卡塔尔货币为卡塔尔里亚尔（**Qatar Riyal**）。

商务文化

对于即将前往卡塔尔的人们来说,了解卡塔尔的民风民俗,是非常必要的,卡塔尔的风俗习惯整体来说,可以用以下几句话来说明:卡塔尔人心诚挚,性格爽快讲理智;会客习惯很古怪,两眼与客喜对视;伊斯兰教为国教,政府宗教相一致;妇女羞体禁社交,不得践犯或倒置;脚掌冲人无礼貌,使用左手受抵制。如何尊重他们的文化及他们的商务习俗,是交易成功与否的关键。

◆ 卡塔尔人在生活中严格地遵守《古兰经》的训诫,严禁饮酒,不吃猪肉,同时也忌用猪的形象作为装饰图案。外形丑陋和不洁之食物,如甲鱼、螃蟹及死动物,均属忌吃之物。他们忌讳初次见面就送礼。尤以酒或女人照片为礼物,更是他们所不能接受的。他们忌讳有人把脚掌对着他们,认为这是一种对人侮辱的动作。他们忌讳左手递送东西或食物,认为左手为下贱、肮脏之手。他们用餐不喜欢吃红烩和带汁的菜肴。当地人喜欢吃甜、香、油腻食物。斋月被认为是一年中最吉祥、最如意的月份。

◆ 卡塔尔青年男女的婚姻,一般都是由家长挑选配偶,双方家长中意,即协商彩礼、婚宴等费用,达成协议后,便商定订婚日。婚礼通常持续两个星期,男女分开进行庆祝活动,双方在各自的家里举行一系列宴席与民间歌舞,盛情款待亲友与四邻。

◆ 穆斯林妇女一般都深居简出,如需外出,须戴上盖头或面纱。伊斯兰教认为,妇女全身除手脚外都是羞体,而男人窥见陌生妇女的面容,则被认为是不吉利的事。因此,戴面纱就成了该国妇女的一大特征。卡塔尔女子一般从小就不剪头发。

◆ 卡塔尔人对早餐十分讲究色味结合。他们在吃早餐的干酪或酸乳酪时,一般都要滴上些金黄透绿的橄榄油,还要配上绿色的、黑色的小橄榄作点缀。卡塔尔人中、晚餐一般都是以蔬菜、水果为主。制作菜肴喜用大量的香味调料相配。他们喜欢中国菜肴，用餐习惯与其他伊斯兰国家一样，也是以手抓饭取食。

◆ 卡塔尔人在与客人交谈时，有个习惯很特别，他们总愿意用目光直勾勾地看着对方，认为只有这样才能算做尊敬客人的举止。他们待客十分热情，每逢宾客临门，总要为客人煮浓香的咖啡，有时还要在咖啡中拌些芳香的桂花、豆蔻或滴些玫瑰水，以使味道更加甘美可口。

◆ 卡塔尔人时间观念不强，对约会一般不准时，总乐于迟到一会儿。他们认为这是自己的礼节风度。在社交活动中，他们特别喜欢以金色的钢笔为互赠的礼品。

◆ 卡塔尔人在社交场合与客人相见时，一般都习惯以握手为礼。在与亲朋好友相见时，也习惯施亲吻礼（即亲吻对方的双颊，对方同样也应还之以礼，以示相互尊敬）。

43

克罗地亚

基本概况

克罗地亚（Croatia），全称为克罗地亚共和国（The Republic of Croatia），位于欧洲中南部，巴尔干半岛的西北部。西北和北部分别与斯洛文尼亚和匈牙利接壤，东部与塞尔维亚和黑山（即以前的南斯拉夫）、波斯尼亚和黑塞哥维那为邻，南濒亚得里亚海。地形分三部分：西南部和南部为亚得里亚海海岸，岛屿众多，海岸线曲折，长 1 777.7 公里；中南部为高原和山地，东北部为平原。面积约为 5.65 万平方公里。气候依地形相应分为地中海式气候、山地气候和温带大陆性气候。

克罗地亚人口约有 433 万（截止到 2013 年）。主要民族为克罗地亚族（89.63%），其他为塞尔维亚族、波什尼亚克族、意大利族、匈牙利族、阿尔巴尼亚族、捷克族等。官方语言为克罗地亚语。主要宗教是天主教、东正教。首都为萨格勒布（Zagreb）。

经济结构

克罗地亚森林和水力资源丰富，还有石油、天然气、铝等资源。主要工业部门有食品加工、纺织、造船、建筑、电力、石化、冶金、机械制造和木材加工业等。克罗地亚旅游资源得天独厚，旅游业发达，是国民经济的重要组成部分和外汇收入的主要来源，旅游业收入约占国内生产总值的 19%。

克罗地亚最大的贸易伙伴是斯洛文尼亚、意大利和德国。在克罗地亚的商品进出口中，工矿业产品出口占 90% 以上，进口占 85% 以上。其中，原材料比重最大，其次是消费品，机器设备等投资品的比重最小。主要进口商品：汽车和运输工具、机械制造品、矿物燃料、化工产品、食品、原材料。

克罗地亚货币为库纳（**Kuna**）。

商务文化

克罗地亚人以热情好客而著称，讲究文明、注重礼貌。在该国进行商务活动时，尊重该民族的商务习俗，一定会让您的商务活动事半功倍。

◆ 克罗地亚人在对人的礼节称呼上，一般情况下，都习惯对男士礼貌地称"先生"，对女士则要按身份的不同称"夫人"或"小姐"等。一般亲密的朋友之间才用名字称呼对方。在较为正式的场合，应用头衔称号加姓氏来称呼别人。

◆ 在访亲会友时，特别喜欢送鲜花，平时他们以送单数为吉利，但有人过生日时却又例外。为祝贺朋友的生日，餐桌上若放两枝鲜花，是会受到格外欢迎的。

◆ 特别喜爱绿色，并对其怀有极深的感情。该国人民把绿色看成是给人间带来美好和幸福的源泉。他们对白色也倍加喜爱，认为白色为纯洁之色，象征着光明。

◆ 不习惯喝开水，人人都乐于饮生水（即自来水），即使他们在国外，喝生水的习惯也固守不变。

◆ 忌讳"13"，认为这是个不吉祥之数，是令人厌恶的数字。

◆ 最忌讳"过堂风"，如在客厅和餐厅有人同时打开两边的窗子通风，一定会有人出来干涉的。他们认为"过堂风"容易使人得病。

◆ 不愿谈论政治问题，以及有关克罗地亚的任何消极的方面。他们喜欢在聊天中谈论体育、旅游、音乐、服装以及书籍方面的话题。

◆ 克罗地亚人把招待客人视为极大的荣幸，所以经常邀请客人外出。如被邀请到克罗地亚人家里做客（虽然这是很少有的），别忘了给女主人送鲜花（但不要送红玫瑰）。送给东道主家里人的礼物可以是香水、化妆品、牛仔裤或咖啡之类。送给商界人士的礼物可以是不太昂贵的、印有名字的钢笔或打火机。

◆ 他们时间观念很强，事先约会是必要的。对约会或宴请习惯遵守时间，从不拖延或失约。

◆ 克罗地亚人在社交场合与客人相见，一般都惯以握手为礼。握手时要尊敬地目视对方。男性朋友间相见时，还常以相互抱一抱肩膀为礼，女性一般要轻轻搂一搂并亲吻双颊。

◆ 他们以吃西餐为主，也乐于品尝中餐。他们对早餐要求简单，午餐很重视，晚餐可以从简。一年四季都爱喝清凉饮料，并喜欢冰镇。他们喜欢在餐桌上备用酱油、醋之类的调味品。他们偏爱食牛肉，认为牛肉营养最为丰富。他们爱吃煮老玉米。不过他们吃法特别，总喜欢蘸点细盐一起吃，据说放盐是为了消毒。他们对中国的茶也有一定的兴趣，有人愿意品尝似地喝上一小杯茶水，但很少有人连喝几杯。他们不喜欢吃米饭，忌食油腻大的食品，尤其不爱吃肥肉。

44

科特迪瓦

基本概况

　　科特迪瓦（Cote d'Ivoire），全称为科特迪瓦共和国（Republic of Cote d'Ivoire），位于非洲西部，西与利比里亚和几内亚交界，北同马里和布基纳法索为邻，东与加纳相连，南濒几内亚湾，海岸线长约550公里。地势由西北略向东南倾斜。面积约为32万多平方公里。属热带气候，北纬7°以南为热带雨林气候，北纬7°以北为热带草原气候。

　　科特迪瓦人口约为2 110万（截止到2013年）。全国有69个民族，主要分4大族系：阿肯族系（约占42%）、曼迪族系（约占27%）、克鲁族系（约占15%）和沃尔特族系（约占16%）。各部族均有自己的语言，全国大部分地区通用迪乌拉语（无文字），官方语言为法语。全国人口的40%信奉伊斯兰教，27.5%信奉天主教，其余信奉拜物教。亚穆苏克罗（Yamoussoukro）为科特迪瓦的政治首都，阿比让（Abidjan）为科特迪瓦的经济首都。

经济结构

在科特迪瓦食品加工业是主要工业部门，其次是棉纺织业，还有炼油、化工、建材和木材加工工业。粮食不能自给，主要有玉米、小米、高粱、稻米、木薯、山药等。该国森林资源丰富，木材曾是第三大出口产品。畜牧业不发达，禽蛋基本自给，肉类一半靠进口。重视发展旅游业和开发旅游资源。外贸连年顺差，在国民经济中占重要地位。

主要出口可可、原油、咖啡、木材、金枪鱼、棕榈油、棉花、橡胶等。主要进口机械设备、交通工具、化学制品、石油制品、建筑材料、电器、食品等。主要贸易伙伴是法国，其次为荷兰、意大利、尼日利亚、美国、德国、马里、比利时和卢森堡等。进出口贸易98%以上通过海运。

科特迪瓦的货币为西非法郎（**West African Franc**）。

商务文化

科特迪瓦人素以朴实诚恳、注重礼仪、热情好客、善交朋友著称，他们从小就受到道德、礼仪、宗教、文化等多方面知识的传统教育。在该国进行商务活动，要注意尊重该国的商务礼俗。

- ◆ 科特迪瓦社会历来有尊老敬长的习俗，把是否尊老敬长作为衡量一个人是否有修养、讲礼貌的基本道德标准。冒犯长者是大逆不道的事情，在家会受到长者们的责骂或者棍打，在公共场合会受到众人的斥责和咒骂，绝不会有任何人出来袒护或者为被斥责者辩解。

- ◆ 科特迪瓦是一个非常讲究称谓的国家，认为得体的称谓可以给人留下一个文明礼貌的最初印象。在科特迪瓦，对男士一般称"先生"，对已婚或者戴着结婚戒指的女士称"夫人"，对未婚女子统称"小姐"，对那些婚姻状况不明的女人称"女士"。上述这些称谓也可以同姓名、职务、职称、军衔连起来称呼。例如，"贝迪先生""贝迪夫人""局长先生""上校先生""护士小姐"。对部长以上的政府高级官员，一般称"阁下"，也可以同职务或者"先生"联称，如"总理阁下""总理先生阁下"。对医生、律师、教授、法官等人士的称谓，可以同其姓氏、学位、先生联称，也可以同其学位、姓氏联称，如"贝迪教授先生""贝迪教授"。对宗教界人士，可以称对方的职务，也可以同姓氏、职务或者先生联称，如"神父""贝迪神父""神父先生""阿訇""贝迪阿訇""阿訇先生"。

- ◆ 科特迪瓦人见面时，总是主动热情地打招呼，一般情况下握手相互致意，相互热情地说一些表示友好和祝福的话语。彼此熟悉的朋友见面，一边相互用右手热情握手问候，一边用左手搂住对方的腰，直到谈话结束时才松手道别。

◆ 在科特迪瓦，同朋友约会，必须事先联系，确定时间地点，并准时赴约。

◆ 应邀到朋友家中做客，主人都会在家中或者门外恭候。进入主人家时，如见客厅里铺有地毯，最好一进门就脱去鞋子。如果是赴宴，一般都带些礼品。科特迪瓦人常用咖啡、茶水、果汁等饮料招待客人。宴会上，穆斯林家庭一般用矿泉水等饮料招待客人，而非穆斯林家庭则多用啤酒、威士忌等酒类招待客人。

◆ 科特迪瓦人一般不劝酒，但敬酒的方法比较特殊。主人开启瓶盖后，往酒杯里斟入八分满的酒，先将酒杯奉送给客人，然后将酒瓶放在客人的旁边，说声"请"。随后，主人回到自己的位置上，启开另一瓶酒，也往酒杯里斟八分满的酒，坐下来，说声"请！干杯"。宾主边饮酒边进行友好的交谈。在饮酒过程中，没有你给我倒、我给你斟的场面，而是把一瓶酒全交给客人，由客人自己自饮自斟，客人喝多喝少全由自己定。如果喝的是加冰块或者加凉水的酒，客人不必自己动手做。若客人自己动手，是一种失礼的举动。

◆ 在科特迪瓦，人们交谈时，一般都注意聆听对方的言谈，不宜打断对方正在谈论的话题，不贸然评论对方的谈话内容，如有不明白的地方要有礼貌地提出来，这样才能取得对方的信任，赢得对方的好感。在科特迪瓦，人们在交谈中经常用比较幽默风趣的语言。但是对于初次见面的官员或者长辈，一般慎用幽默风趣的语言，不然会让对方感到唐突，或者认为你在要小聪明或者故意制造笑料，认为你不实在。另外，科特迪瓦人交谈中一般不谈论对方的工资、对方的年龄、对方夫人的情况以及男女之间的特殊关系。

科威特

A Brief Survey of the World's Business Cultures

基本概况

　　科威特（Kuwait），全称科威特国（The State of Kuwait），位于亚洲西部波斯湾西北岸，西、北与伊拉克为邻，南部与沙特阿拉伯交界，东濒波斯湾。海岸线长 213 公里。东北部为冲积平原，其余为沙漠平原，一些丘陵穿插其间。地势西高东低，无常年有水的河流和湖泊。面积约为 1.781 8 万平方公里。大部分地区为热带沙漠气候，炎热干燥。

　　科威特人口约为 382 万（截止到 2014 年 3 月底）。其中科威特籍人口占总人数的 38%。外籍侨民占 62%。阿拉伯语为官方语言，通用英语。伊斯兰教为国教，居民中 95% 信奉伊斯兰教，其中约 70% 属逊尼派，30% 为什叶派。科威特城（Kuwait City）是科威特国的首都和港口，位于科威特湾南岸，是阿拉伯半岛东岸最重要的深水港，也是全国政治、经济中心。

经济结构

科威特石油和天然气储量丰富，石油是科威特财政收入的主要来源和国民经济的支柱。近年来，政府在重点发展石油、石化工业的同时，强调发展多种经济，减轻对石油的依赖程度，不断增加国外投资。工业以石油开采、冶炼和石油化工为主。农牧业产品主要依靠进口。渔业资源丰富。

科威特对外贸易在经济中占有重要地位。出口商品主要有石油、天然气和化工产品，石油出口占出口总额的 95%。进口商品有机械、运输设备、工业制品、粮食和食品等。

科威特货币为科威特第纳尔（Kuwaiti Dinar）。

商务文化

科威特人大多数信奉伊斯兰教，并严格遵从伊斯兰教的教规。因此在商务习俗以及文化风俗方面有自己独特的风格。

◆ 科威特人忌讳左手递送东西或食物。他们认为右手洁净，左手为肮脏、下贱之手，所以使用左手是令人不能接受的举动。他们忌讳初次相见就送礼，尤其是以酒或女人照片为礼物，这是他们所不能接受的，认为这是违犯教规的，同时也是极不礼貌的。他们忌讳有人把脚掌朝向他们。认为脚掌朝人是一种的对人侮辱动作。在社交活动的闲谈中，忌讳有人提及中东有争议的话题。

◆ 科威特属禁酒国家，所以他们是不饮酒的。科威特人禁食猪肉及动物内脏，他们也不吃怪形食物，并且忌讳谈论猪，也忌讳使用猪制品。

◆ 由于宗教的影响，科威特青年男女的婚事亦多具宗教色彩。按照传统的教俗，婚事必须由男女双方的父辈包办，由媒人说合而成。婚礼通常要举行 10 天，前 7 天在女方家，后 3 天在男方家，故有人称之为"马拉松式"的婚典。

◆ 科威特人喜欢养鹰。当然只有富有的人家才能养得起鹰。有时，为了物色到上好的鹰，他们不惜远程旅行，到世界各地花重金购买。如果送给科威特人一只好鹰，那可算是极为昂贵的礼物了。

◆ 科威特人待人友善、感情真挚，乐于同朋友亲密无间。一般在走路时，总习惯拉着友人的手一起并肩而行。他们认为这样更亲近更友好，对友人有忠厚实在之情。

◆ 按照科威特的商务礼俗，冬季往访，宜穿保守式样西装。商务活动，最好于 11 月至翌年 4 月天气凉爽时前往，避免圣月节前去拜访。当地假日年年不同，行前宜先查询。

◆ 当地商人不高兴接受您从沙特阿拉伯等邻国派来的商务代表。他们喜欢直接与制造商打交道。

◆ 科威特人与客人相见时，习惯首先对客人问好，说"撒拉姆·阿拉库姆"（您好），然后施握手礼并同时说："凯伊夫·哈拉克"（身体好）。为了表示更加尊敬，除握手外，有时还要吻鼻子和额头。与亲朋好友相见时，一般习惯施用拥抱礼和亲吻礼（即拥抱的同时相互亲吻对方的双颊）。但这种礼节仅限于男性之间。

◆ 他们有遵守时间的良好习惯。对事先定好的约会，是一定要准时赴约的。

◆ 他们酷爱大海，尤其对海上俱乐部感情最深。他们最喜欢谈论的话题就是动物中的猎鹰和马。

◆ 拜会政府机关或大公司须先预约。和其他中东国家一样，每次见面，至少得喝两杯土耳其咖啡或两份饮料。

◆ 做生意时，销售姿态宜低。宜持印有阿拉伯文对照的名片。

◆ 当地商人邀您赴宴，一定全是男性。带个礼物去，但不要送给有关其太太的任何礼物，更不要询问其太太、小孩的事。鱼是科威特人的重要生活食用品，他们很喜欢吃中餐。他们把中餐视为世界上最好的饭菜。他们用餐习惯席地而坐，用手抓饭吃。但近年来受外界的影响，很多人也开始使用起饭桌和椅子。

46

肯尼亚

基本概况

肯尼亚（Kenya），全称为肯尼亚共和国（The Republic of Kenya），位于非洲东部，地跨赤道。东与索马里为邻，北与埃塞俄比亚、苏丹接壤，西与乌干达交界，南与坦桑尼亚相连，东南濒印度洋。面积约为 58.264 6 万平方公里。大部分属热带草原气候。西南部高原区除大裂谷谷底地区干热外，都属亚热带森林气候。东部沿海平原区炎热湿润，北部和东半部半沙漠区，气候干热少雨。

肯尼亚人口约为 4 553 万（截止到 2014 年 6 月底）。全国共有 42 个民族，主要有基尤族（21%）、卢希亚族（14%）、卢奥族（13%）、卡伦金族（12%）和康巴族（11%）等。此外，还有少数印巴人、阿拉伯人和欧洲人。斯瓦希里语为国语，和英语同为官方语言。全国人口的 45% 信奉基督教新教，33% 信奉天主教，10% 信奉伊斯兰教，其余信奉原始宗教和印度教。首都内罗毕（Nairobi），坐落在海拔 1 700 多米的中南部高原上。它四季如春，花开不断，被誉为"阳光下的花城"。

经济结构

肯尼亚是撒哈拉以南非洲经济基础较好的国家之一。农业、服务业和工业是国民经济三大支柱。茶叶、咖啡和花卉是农业三大创汇项目。肯尼亚是非洲最大的鲜花出口国。肯尼亚矿物资源丰富，是东非地区工业最发达的国家。主要农作物有：玉米、小麦、咖啡等。咖啡和茶叶是主要出口换汇产品。肯尼亚是非洲著名的旅游国家，旅游业是主要创汇产业之一。

对外贸易在国家经济中占有重要地位，出口总额占国内生产总值的 27%。主要出口商品为茶叶、咖啡、花卉、水泥、剑麻、除虫菊、纯碱、皮革、肉类和石油产品等；主要进口商品为原油、机械、钢铁、车辆、药品、化肥等。主要贸易伙伴是东部和南部非洲国家以及阿联酋、英国、美国、荷兰、日本、巴基斯坦等国。

肯尼亚货币为肯尼亚先令（**Kenya Shilling**）。

商务文化

肯尼亚是人类的发祥地之一，拥有一些著名的早期人类活动遗迹。一些土著民族很早就在此定居。公元 7 世纪起，随着阿拉伯人的迁入，外来文化和当地习俗相融合，形成独特的斯瓦希里文化。15 世纪末起，西方殖民者陆续侵扰肯尼亚。1920 年，肯尼亚被正式划为英国殖民地，西方文化影响不断扩大。1963 年独立后，肯尼亚政府开始发展自己的文化事业。独特的地理位置和发展历史，使其成为一个融合斯瓦希里文化、西方文化、伊斯兰文化甚至印度文化的多元文化国家。肯尼亚文化传统有其独到之处和鲜明特色，一些反映各部族人民日常生活、重要庆典的传统音乐、舞蹈以及木雕、石雕、珠饰制作等传统工艺得以保存发扬，位于东北海滨的拉穆镇以其保存完好的斯瓦希里文化特征被联合国教科文组织列为世界文化遗产。到肯尼亚经商，应当注意遵守当地的风俗和礼仪习惯，这对生意的成功至关重要。

◆ 肯尼亚人很讲礼貌，朋友见面必须打招呼，点头致意或行握手礼，还要加一连串的问候语。肯尼亚有尊敬老人的良好社会风气。他们见到年长的外国人，要鞠躬致意，用敬语问候，然后毕恭毕敬为客人让路。女性见到外国人，一般行半跪腿礼。

◆ 肯尼亚社会交往中，十分讲究称谓，他们认为得体的称谓是一个人良好修养的体现。对肯尼亚人可称为"先生""女士""小姐"等。肯尼亚等级观念明显，他们对那些有身份、有地位者，将其职衔、官衔、学衔等与"先生""小姐"连起来称呼。在他们认为，直呼其名是极不礼貌的行为。

◆ 肯尼亚人喜欢穿色彩鲜艳的服装，他们的民族服装宽大凉爽。

◆ 肯尼亚人大多喜爱动物，妇女们多喜欢用兽状装饰物。肯尼亚有 9 个天然动物园，从事狩猎时要严守规定。参观的旅客并不携枪猎兽，而是搭上狩猎车，驰骋于草原，拍野生动物的照片。旅客必须绝对遵守他们的规定，这是保护自身安全的需要，也是一种礼貌。

◆ 在肯尼亚勿谈肤色问题，不可触犯国旗和总统。他们部族意识强烈，排外情绪强。由于部族主义盛行，到该国开展商务活动时必须对其国内复杂的政治、人事背景等有所了解。

◆ 7 和以 7 组合的任何数字都被认为是不吉利的。

◆ 接待来访的肯尼亚客户时，要热情礼貌，不可盛气凌人，以大国自居，态度傲慢，说话口气生硬。商务宴席上的膳食要根据肯尼亚的风俗习惯安排。客户告辞时还需要适量地赠送一些礼物。如果有新产品要推广的话，最好先去拜访劳工部的首席采购员。

◆ 肯尼亚的商业习惯、法律、规章等都以旧宗主国英国为准。官僚机构繁多，机关部门的事务有很多的繁文缛节。有关的公职人员都需一一打点来建立人际关系，这方面很重要。

◆ 肯尼亚人非常好客，亲朋好友到家，主人总是热情招待。如果客人一点不吃主人的食物，则被认为是一种失礼的行为。临别时主人还要送一份礼物给客人，这时客人一定要收下，并要表示感谢。外国人到肯尼亚朋友家中拜访，需事先联系，准时抵达。迟到或违约都是失礼的，主人对此很难谅解。去做客访问时应带一样小礼物，例如曲奇饼干或糖果之类。除了表示慰问之外，一般不要送鲜花。在肯尼亚，公务交往或商业宴请，一般在大饭店吃西餐。

拉脱维亚

基本概况

　　拉脱维亚（Latvia），全称为拉脱维亚共和国（The Republic of Latvia），位于东欧平原西部，西临波罗的海，北邻爱沙尼亚，东界俄罗斯，南接立陶宛，东南与白俄罗斯接壤。全境地势低平，东部和西部为丘陵。面积约为 6.46 万平方公里。气候属海洋性气候向大陆性气候过渡的中间类型。

　　拉脱维亚人口约为 199.18 万（截止到 2014 年 10 月 1 日），民族有拉脱维亚族、俄罗斯族、白俄罗斯族、乌克兰族、波兰族，另外还有立陶宛人、犹太人、吉普赛人、爱沙尼亚人、德国人等。城市人口占 69%。居民主要信奉罗马天主教、基督教路德宗、俄罗斯东正教、旧教、浸礼教。官方语言为拉脱维亚语，95% 以上居民懂俄语，约 10% 居民懂德语、英语。里加（Riga）为拉脱维亚的首都。

经济结构

拉脱维亚经济基础较好，以工业和农牧业为主，是波罗的海沿岸经济发达的国家。在波罗的海三国中，其工业位居第一，农业位居第二。主要资源有泥炭、石灰石、石膏、白云石、石英砂等少量矿产。主要工业部门有食品加工、纺织、木材加工、化工、机械制造、修船等。农业包括种植业、渔业、畜牧业等行业，农牧业十分发达。畜牧业在农业中占主导地位，主要饲养奶牛和猪。养蜂业十分普遍。旅游业等服务业产值在国内生产总值中所占比重较大。

拉脱维亚的货币为欧元（Euro）。

商务文化

每个国家都有自己独特的风俗习惯，许多移民拉脱维亚的人士都表示当地的一些风俗使他们能感受到当地人的热情，使他们的拉脱维亚移民生活十分丰富。因而在该国开展商务活动，需要了解其中的一些民俗风情，这样更便于取得生意上的成功。

◆ 在民族服装方面，男士身着衬衫、长裤、长外衣，扎腰带、戴呢帽。女士喜欢穿绣花短袖白衬衫、方格或条纹裙子，系绣花围裙，扎头巾。已婚妇女戴亚麻布帽子，姑娘戴穿珠刺绣的花箍。饰物有银手镯、胸针。现在的拉脱维亚人普遍穿城市服装，民族服装主要用于节日和文艺演出。

◆ 在拉脱维亚，不同宗教信仰的国民各自信守不同的教规。

◆ 在国际场合行握手礼。采用国际通用的称谓，即称男士为"先生"，女士为"夫人""小姐""女士"。

◆ 如果拉脱维亚人对某人特别尊敬，习惯上赠送柞木叶子做成的桂冠。在当地，对于老年人和地位较高的人表示适当的尊敬是十分重要的。

◆ 德语、俄语和波兰语都比较常见。但是即使北欧对于拉脱维亚的影响很大，还是很少有拉脱维亚人会讲斯堪的纳维亚的语言。当预约会面的时候，一定要询问对方是否需要翻译。波罗的海诸国的谈判代表通常都希望安排一位翻译。

◆ 波罗的海诸国的谈判代表的着装和行为举止都比大多数的斯堪的纳维亚人要正式。受到等级制度严明的文化的影响，拉脱维亚人在处理业务的时候比美国人和加拿大人都要正式得多。

◆ 商务会面一般会准时开始，访问者们必须准时参加。与有些国家不同，在拉脱维亚，会议通常不会被打断。这是当地的商业文化当中更贴近德国而不是拉丁民族国家的另一个方面。人们一般会遵守日程安排和最后期限，当然，这些常常受到当地不够发达的基础设施的影响。

◆ 与重视关系的亚洲人、阿拉伯人和拉丁美洲人相比，大多数拉脱维亚人更以生意为重。也就是说在这里，谈判者通常很快进入谈判状态。并不像在欧洲南部和地中海沿岸的国家那样，需要事先谈论一些小的话题以便加深了解。商务谈判就像在德国一样，一点一点地逐步进行，而不像在法国，经常偏离主题。

◆ 与目标顾客和生意伙伴进行直接的接触并不十分有效，这一点与以生意为重的北美和北欧一些国家又有所不同。如果有人推荐或是介绍的话，外国访问者将会比较幸运。如果在贸易展销会或是有组织的贸易使团当中认识一些目标顾客的话那就再好不过了。

48

黎巴嫩

基本概况

　　黎巴嫩（Lebanon），全称为黎巴嫩共和国（The Republic of Lebanon），位于西亚南部、地中海东岸。东部和北部与叙利亚交界，南部与巴勒斯坦为邻，西濒地中海。面积约为1.04万平方公里。黎巴嫩属热带地中海型气候，沿海地区夏季炎热潮湿，冬季温暖。

　　黎巴嫩人口约为588万（截止到2013年），绝大多数是阿拉伯人，还有亚美尼亚人、土耳其人、希腊人等。阿拉伯语为国语，通用法语和英语。居民约54%信奉伊斯兰教，主要是什叶派、逊尼派和德鲁兹派；46%信奉基督教，主要有马龙派、希腊东正教、罗马天主教和亚美尼亚东正教等。贝鲁特（Beirut）为黎巴嫩的首都。

经济结构

黎巴嫩矿产资源少，且开采不多。工业基础相对薄弱，以加工业为主。主要行业有非金属制造、金属制造、家具、服装、木材加工、纺织等。农业欠发达，农产品以水果和蔬菜为主。主产柑桔、苹果、葡萄和香蕉。黎巴嫩粮食生产落后，主要靠进口。经济作物有烟草、甜菜、橄榄等。黎巴嫩原为中东旅游胜地。但近年黎以冲突及安全形势不稳再次影响了该国旅游业的振兴。

黎巴嫩的货币为黎巴嫩镑（Lebanon Pound）。

商务文化

黎巴嫩的社会风尚主要受宗教影响，提倡宽厚、仁慈、平等、博爱。居民主要信奉伊斯兰教，在日常生活中严格遵守伊斯兰教的各种教规。在该国进行商务活动，一定要尊重该民族的文化习俗及礼仪。

◆ 人们见面总要热情地打招呼，流行握手礼。在国际场合，采用国际通用的称谓。

◆ 黎巴嫩人喜欢别人赞美他们的家庭。可以谈论买卖、孩子、教育和旅行。他们爱听笑话，避免谈论政治、宗教和男女关系。

◆ 他们忌黄色。妇女忌暴露肌肤，同时忌给妇女拍照。禁止侮辱公务员、国旗和宗教信仰。在大庭广众面前要避免吃猪肉和喝酒。

◆ 他们性情很固执、脾气很倔强，不轻易地相信别人，比较保守，家族观念很重。

◆ 在阿拉伯人的社会里，等级制度依然根深蒂固，主人绝对不做佣人干的事，即使这个工作十分轻而易举，封建主义色彩十分浓厚。

◆ 饭后是谈公事的合适时机，鲜花和糖果是比较好的礼物，不要送酒和香烟。

◆ 商务活动要事先约会，但黎巴嫩人不太注重准时。

◆ 关系很重要。在阿拉伯国家做生意，不可能通过一个电话就可以谈妥一桩买卖。想推销某种货物而访问客户时，第一、第二次是绝对不可以谈生意的，第三次才可以稍微提一下。再访问一两次后，方可进入商谈。就是说，要先建立朋友关系，否则，不管条件有多成熟，他们也不会理睬您。

◆ 从事商业活动之前，必须首先了解宗教。在伊斯兰教教规中，最重要的是礼拜、献金、绝食、朝圣四项。朝圣季节是生意最好的时期。因为按他们的习惯，在前往麦加参拜时，都会购买家庭用品及衣服之类。所以当地的商人就会赶在朝圣季节之前，办妥货物，一般以日用消费品为主，所以要记住这个季节。

◆ 在黎巴嫩的商业活动中，有一个经常出现的语句 IBM。I 指的是神的意志，B 指明天再谈，而 M 的意思是不要介意。比如在商谈中订立了契约，但后来情况有所变化，对方想取消契约时，就可以名正言顺地说这是神的意志，而很简单地取消。在商谈中，好不容易谈出苗头，正想进一步促成交易时，他们会突然耸耸肩说："明天再谈吧。"这样一来，话头就只好打断。到下回再谈时，必须从头开始。最后是当碰到前面 M，I 与 B 的情形，或其他令人恼怒的事情，他们会拍拍你的肩说不要介意，令人哭笑不得。所以在黎巴嫩从事商业活动时，重要的是要记住"IBM"，配合对方悠闲的步伐，慢慢地向前推进才是上策，绝对不可急促从事。

◆ 阿拉伯人相互交往中有赠送香片、香枝、香水的习惯。如果送给主人一瓶香水或一盒香料，主人会高兴地接受，会视为珍贵礼物，客人也显得自然而得体。主人接受礼物后，常常会当场回赠一份更为珍贵的礼物，客人要欣然接受并表示谢意。如果不接受，则可能引起主人生气。

利比亚

A Brief Survey of the World's Business Cultures

基本概况

利比亚（Libya），全称为利比亚国（State of Libya），位于非洲北部，北临地中海，东、南、西三面分别与埃及、苏丹、乍得、尼日尔、阿尔及利亚和突尼斯接壤。全境 95% 以上地区为沙漠和半沙漠。面积约为 175.9 万平方公里。北部沿海属亚热带地中海型气候，冬暖多雨，夏热干燥。内陆广大地区属热带沙漠气候，干热少雨，季节和昼夜温差均较大。

利比亚人口约为 715 万（2014 年预测），主要是阿拉伯人（约占 83.8%），其他为埃及人、突尼斯人、柏柏尔人。绝大多数居民信仰伊斯兰教，逊尼派穆斯林占 97%。阿拉伯语为国语，在主要城市也使用英语和意大利语。首都是的黎波里（Tripoli），是利比亚的最大港口，位于地中海南岸，是全国的政治和经济中心。

经济结构

利比亚为非洲经济最发达国家之一。经济原以农牧业为主，现在利比亚是北非重要的石油生产国，是世界重要的石油生产与输出国之一，石油是它的经济命脉和主要支柱。粮食不能自给，大量依靠进口。主要农作物有小麦、大麦、玉米、花生、柑橘、橄榄、烟草、椰枣、蔬菜等。畜牧业在农业中占重要地位，牧民和半牧民占农业人口的一半以上。

主要出口铁矿石、花生、皮革等。主要进口锰、磷酸盐、铜等。

利比亚的货币为利比亚第纳尔（Libyan Dinar）。

商务文化

利比亚人信奉伊斯兰教，并以伊斯兰教为国教，有一些伊斯兰教普遍的禁忌。在该国开展商务活动时，一定不可忽视他们的商务习俗与禁忌。

◆ 利比亚人的衣着较邻国而言，要稍开放些。一般都是男子穿阿拉伯大袍或西服，妇女可以不戴面纱。

◆ 他们忌讳左手传递东西或食物，视左手传递东西或食物为不礼貌或污辱人。如果您摆出这样的架势，他们会误认为您瞧不起或是在侮辱他们。利比亚人还忌讳男宾给女主人送礼物，认为这是有不轨之嫌的行为。他们禁止妇女穿着超短裙，也禁止男子留长发，若有违犯必将受到严厉的制裁。

◆ 利比亚人忌讳狗。认为狗是一种肮脏的动物，给人以厄运、瘟疫、灾难的印象，尤以狗作商品的商标更使人厌恶。

◆ 他们喜爱绿色。他们视绿色象征着和平和欣欣向荣，认为它可以给人们带来美好与幸福。

◆ 他们偏爱石榴花，把它看作富贵吉祥的象征，并喻之为国花。

◆ 利比亚的阿拉伯人，姓名一般由三或四部分组成，分别为本人名、父母名、祖父名、姓。一般口头称呼可简称本人名。

◆ 当地男子与不相识的女子一般不搭话。对一般的阿拉伯老人，可称呼他们阿蒙（大叔）。

◆ 到宾馆住宿或到办公楼等公共场所，须注意楼梯、门及工作间，男女均分开使用。

◆ 参观时，不能随便进入未经人领进的房间，不要东张西望。女性用房与男性用房是严格分开的。

◆ 在当地的阿拉伯人看来，男子手拉手并行是一种友好的表示。见到漂亮女子，他们会习惯地抓住自己的胡子。

◆ 利比亚是个禁酒的国家，任何人不得饮酒，更不得在公共场合饮酒。也禁食猪肉和使用猪制品，有些人不吃辣味或海味菜肴。

◆ 在交谈时，他们不喜欢见到对方双手交叉或抱住胳膊。在他们看来，这是一种傲慢的姿态。他们不愿以政治或其他有争议的问题为闲聊的话题。

◆ 利比亚人在社交场合与客人见面时，一般习惯行握手礼。有时也会将右手举到额前，然后行鞠躬礼，并说："我的主，我的心，愿您万事平安。"为了表示对来客的热情和欢迎之意，往往也施拥抱礼和贴面礼。

◆ 在利比亚，进行商务会见必须事先约好日期，不要突然登门打扰。他们的时间观念不强，往往不能按时赴约。

◆ 到利比亚阿拉伯商人家做客，主人如果亲吻客人的双颊，客人也应回敬亲吻主人的脸。向阿拉伯商人赠送礼品，可送花卉或山水画和香木扇等。送给妇女的礼品须通过其父或丈夫转交，不能当面赠送。

50

立陶宛

基本概况

立陶宛（Lithuania），全称为立陶宛共和国（The Republic of Lithuania），位于波罗的海东岸，北界拉脱维亚，东南邻白俄罗斯，西南是俄罗斯加里宁格勒州和波兰，地势平坦，东部和西部丘陵起伏，境内多湖泊。面积约为 6.53 万平方公里。属于海洋性向大陆性过渡的气候。

立陶宛人口约 294.4 万（截止到 2014 年 1 月）。立陶宛族约占 83.1%，波兰族约占 6.0%，俄罗斯族约占 4.8%。此外还有白俄罗斯、乌克兰、犹太等民族。官方语言为立陶宛语，多数居民懂俄语。主要信奉罗马天主教，此外还有东正教、新教路德宗等。首都为维尔纽斯（Vilnius）。

经济结构

立陶宛工农业比较发达。自然资源贫乏，但盛产琥珀，所需石油和天然气依靠进口。工业是立陶宛的支柱产业，主要由矿业及采石业、加工制造业以及能源工业三大部门组成。农业以水平较高的畜牧业为主，占农产品产值的 90% 以上。农作物有亚麻、马铃薯、甜菜和各种蔬菜，谷物产量很低。

立陶宛主要出口商品是矿产品和纺织品。主要进口商品是矿产品和机电产品。主要出口伙伴国为英国、俄罗斯、德国、拉脱维亚、波兰。主要进口伙伴国为俄罗斯、德国、意大利、波兰。

立陶宛货币为欧元（Euro）。

商务文化

立陶宛民族是比较细致、谨慎的民族，其生活方式接近西方国家，比较注重生活质量，追求享乐。立陶宛人举止文明，讲究礼仪。

◆ 立陶宛人休息日爱好外出旅游，喜爱体育运动。在住宅建筑和装修上都比较注意追求舒适、安逸。

◆ 穿着方面很注重式样、花色，做工比较考究，对面料考虑不多，比较注重产品的质量。

◆ 立陶宛人在平时谈吐中，"请"与"谢谢"的使用非常普遍，即使对自己非常熟悉的人也不例外。在与宾客攀谈时，总习惯轻声细语的气氛及温和、幽雅的场面。在社交场合很注重"女士优先"。无论是行走、乘车等，他们都习惯于对女士给予特殊的优先和照顾。

◆ 他们喜爱清洁，从不随便在公共场所乱丢废弃物。设宴用餐总乐于保持餐桌洁净、整齐和美观。

◆ 立陶宛人偏爱红色。认为红色是喜庆、欢乐、胜利之色。

◆ 立陶宛官方语言为立陶宛语，官方正式资料及文件全部用立陶宛语或英语书写。目前，立陶宛的成年居民绝大部分可熟练使用俄语交谈，青少年中已开始普及英语、德语教育。

◆ 立陶宛人在社交场合与客人相见时，一般习惯以握手为礼。好友相见时，大多施拥抱礼。亲友间相见时，还常施吻礼，吻额、吻面颊、吻手等都比较常见。他们对在众人面前耳语很反感，认为这是一种失礼的行为。

◆ 在用餐时，对使餐具任意作响的举止很忌讳，也不愿听到有人在用餐时发出咀嚼食物的声音。他们忌讳询问他人的工资、年龄、宗教等问题，认为这些都属于隐私的范畴，打听这些属于不礼貌行为。

◆ 他们对用一火为三人点烟很忌讳，认为这样会给人带来厄运。对数字"13"和"星期五"很反感，认为"13"和"星期五"是令人丧气的数字和日期，会给人带来厄运和灾难。

◆ 他们饮食上不喜欢吃虾及海味的菜肴。立陶宛人的主要食物有面食、土豆、甜菜、白菜、猪肉、羊肉和奶制品等。火腿、香肠、熏猪肉是他们的传统肉制品。他们喜欢俄式西餐，惯于使用刀、叉、匙做餐具。对中国菜肴也很感兴趣，尤为喜欢熟透的风味菜肴。

◆ 在进出口贸易中，立陶宛无出口关税。

◆ 立陶宛人还享有除公共假期外为期 28 天的年休假期，其休假高潮时间为每年的 7 月至 9 月。

卢森堡

基本概况

卢森堡（Luxembourg），全称为卢森堡大公国（The Grand Duchy of Luxembourg），位于欧洲西北部，东临德国，南毗法国，西部和北部与比利时接壤。地势北高南低。面积约为 2 586 平方公里。属海洋－大陆过渡性气候。

卢森堡人口约为 55 万（截止到 2014 年 1 月）。其中卢森堡人约占 56.9%，外籍人约占 43.1%（主要为葡、法、意、比、德、英、荷侨民）。官方语言是法语、德语和卢森堡语，其中法语多用于行政、司法和外交，德语多用于报刊新闻，卢森堡语为民间口语，亦用于地方行政和司法。约 97% 的居民信奉天主教。卢森堡市（Luxembourg）是卢森堡的首都。

经济结构

卢森堡是发达的资本主义国家。尽管其自然资源贫乏，市场狭小，经济对外依赖性大，但钢铁工业、金融业和广播电视业是其经济的三大支柱。卢森堡以钢铁为主，素有"钢铁王国"之称，人均钢产量居世界首位。其化工、机械制造、橡胶、食品工业也有较大发展。农业以畜牧业为主，粮食不能自给。

卢森堡金融业发达，银行林立。主要出口产品为机械设备、钢铁制品、轮胎和塑料等。原料和消费品大多依靠进口。主要贸易伙伴是欧盟国家，出口到欧盟以外的商品只占15%，主要是美国和一些亚洲国家。

卢森堡的货币为欧元（Euro）。

商务文化

在历史上，卢森堡曾是个弱小的民族，所以谨慎从事成了他们的特性。现如今的卢森堡人仍然以热情、平等为原则，他们也希望自己的性格特征能得到全世界的承认。

◆ 卢森堡人在见面时握手，分手时也要握手。

◆ 卢森堡人对工作早餐有特殊的偏爱，边吃边聊；午餐通常是又慢又长，切记不可让谈判话题扰乱了对美味佳肴的享受。而在工作晚餐时，假如客人对产自摩泽尔网谷的卢森堡白葡萄酒加以奖赏的话，卢森堡主人会感到心情愉悦。

◆ 卢森堡酒桌上的风俗习惯也不同一般，他们喜欢"感情深，一口闷"，但是不要时常挂在嘴上，否则会被认为是虚伪造作的表现。敬酒时，要先等领导相互敬酒，然后才轮到自己喝、自己敬。除了领导之外，别人可以多人敬一人，不能一人敬多人。敬别人时，在不碰杯的情况下，自己喝多少可以随意。如果碰杯了或者提出碰杯，那就不能比别人少喝，因为是你提出的。但是不管是什么样的目的，酒桌上都不能谈生意，只要酒喝痛快了，生意也就八九不离十了。说错话办错事，申辩是不明智的，罚酒才是正道。酒宴之末，一定有一个闷杯酒，谁也跑不了。

◆ 卢森堡实行每周5天工作日，每周工作40~45小时。通常办公时间上午8时半至下午5时半。银行营业时间为上午9时至下午3时半。零售商店上午9时至下午6时。

◆ 假如卢森堡主人邀请您去他家进晚餐，给女主人带去一束花或者一盒糖则是应有的礼节。不要送菊花，对卢森堡人来说，菊花意味着死亡。卢森堡的饮食是以法国菜和德国菜为主，日常饮料有咖啡、茶、啤酒、葡萄酒。

罗马尼亚

基本概况

A Brief Survey of the World's Business Cultures

　　罗马尼亚（Romania）属东欧国家（有时也被划分在南欧的范围内），位于东南欧巴尔干半岛东北部，西边分别与匈牙利和塞尔维亚接壤，南边与保加利亚，北边与东北则是与乌克兰和摩尔多瓦接壤。面积约为 23.8 万多平方公里。属过渡性温带大陆性气候。

　　罗马尼亚人口约为 2 168 万（截止到 2013 年年中）。其中，罗马尼亚人占了全国人口的 89.5%，而境内最大的少数族裔则分别为匈牙利人（6.6%）和罗姆人（2.5%）。罗马尼亚的官方语言是罗马尼亚语，罗马尼亚是世俗国家，没有国教。多数人信奉罗马尼亚东正教，少数人信奉罗马天主教和新教。布加勒斯特（Bucharest）是罗马尼亚首都和全国的经济、文化和交通中心。

经济结构

罗马尼亚经济以工业为主，主要有机械制造、石油化工、石油提炼、电力、钢铁等，轻纺工业也较发达。农业生产现代化水平不断提高，主要作物有小麦、玉米、向日葵、甜菜、马铃薯、亚麻等。葡萄和水果等园艺业较发达，畜牧业产值在农业总产值中占 40% 以上，现代化养畜场日益发展。

对外贸易以海运为主，康斯坦察是最主要的海港。主要出口石油化工产品、石油装备、拖拉机、卡车和农产品。主要进口机器设备和铁矿石、天然橡胶、焦炭、有色金属等工业原料为主。

罗马尼亚货币为罗马尼亚列伊（Romania New Lei）。

商务文化

罗马尼亚是东欧各国中唯一的拉丁民族国家。近年来，为了发展国民经济，提高人民生活水平，罗马尼亚政府十分重视发展与世界各国的友好往来，广泛发展对外贸易。在该国做生意，需要注意以下几点：

◆ 男女见面时总是先由男方向女方打招呼，然后才由女方向男方打招呼。一群男女出门时，总是男士礼让女士先行，男士照顾女士已经成了一种社会风尚。

◆ 罗马尼亚农村妇女的头饰，不仅美观实用，而且也是婚否的标志。

◆ 在农村或山区迎接贵宾时，人们总是先送上整块新鲜的大面包，端上放盐的盘子，请客人掰下面包蘸盐吃（据说面包和盐是人生最需要的东西），接着还要请客人饮木桶之酒，这些都是当地人民招待贵宾的传统礼仪。

◆ 罗马尼亚人一般以面食为主食，有时也以土豆为主食，而土豆烧牛肉是他们的家常菜肴。各种香肠是他们的特产。罗马尼亚人对盐有特别的好感和嗜好。他们不论吃什么东西，常蘸些盐和胡椒，因此，在接待罗马尼亚客人时，如果在餐桌上提供盐、胡椒、大蒜，他们会特别高兴，认为这是对他们的了解和尊重。他们一般都不太爱吃鱼和海味食品，也不爱吃清淡的米饭。

◆ 罗马尼亚人认为节假休息日神圣不可侵犯。罗马尼亚家庭对于过节十分重视，通常互相庆贺赠送礼品。因此，每逢佳节，礼品类的商品十分畅销。

◆ 在罗马尼亚进行商务活动，在各种场合均宜穿着保守式西装。拜访政府机关，绝对需要事先约定，不可贸然造访。

◆ 一年之中去罗马尼亚进行商务活动最适宜的时间是当年 9 月至次年 5 月。根据当地人的商业习惯，国营机构从 9 点开始接受约会。银行营业时间为星期一至星期五，上午 8 时至 12 时，星期六上午 8 时至 11 时半。对外贸易组织和政府机构办公时间是星期一至星期五，上午 7 时至下午 4 时，星期六上午 7 时至 12 时半。上午 11 时半为午餐时间。另外，即使约定了时间去拜访，有时还会再等候一个小时以上，因此自己的时间排定要充分一点。

◆ 谈生意时，要等到竞争者的报价资料大部分到齐，再进行洽谈。而一旦开始谈判，买方所提示的买价，大部分低于市价很多，价格压得很低，几经交涉，才有可能做成生意。这种谈生意的方式使得成交往往相当费时。

◆ 罗马尼亚人一般不请外来人到家中做客。但被邀请时，一定不要忘记给女主人带上一束鲜花。香水、化妆品、咖啡和牛仔裤是送给罗马尼亚人的理想礼品，也可以送不是很贵重的带有厂家标记的笔或打火机。

马来西亚

基本概况

马来西亚（Malaysia），简称大马，位于东南亚，地处太平洋和印度洋之间。全境被中国南海分成东马来西亚和西马来西亚两部分。西马来西亚为马来亚地区，位于马来半岛南部，北与泰国接壤，西濒马六甲海峡，东临中国南海，东马来西亚为沙捞越地区和沙巴地区的合称，位于加里曼丹岛北部。面积约为 33 万平方公里。属热带雨林气候。

马来西亚人口约为 3 000 万（截止到 2014 年 2 月底）。其中马来人及其他原住居民占 66.1%，华人占 25.3%，印度人占 7.4%。马来语为国语，通用英语，华语使用也较广泛。伊斯兰教为国教，其他宗教有佛教、印度教、基督教、拜物教等。首都为吉隆坡（Kuala Lumpur）。

经济结构

马来西亚自然资源丰富，橡胶、棕油和胡椒的产量和出口量居世界前列。旅游资源丰富，旅游业是国家第三大经济支柱；同时也是第二大外汇收入来源。

马来西亚对外贸易发达，主要出口电子电器、棕榈油、原油、木材产品、天然气和石油产品，主要出口市场为：美国、新加坡、欧盟、日本和中国。主要进口机械运输设备、食品、烟草和燃料等。

马来西亚货币为马来西亚林吉特（**Malaysian Ringgit**）。

商务文化

马来西亚是个以农业立国的民族，维持着许多原始信仰，特别是各民族浓厚的宗教色彩。其宗教融合了伊斯兰教、印度教、佛教，其中以印度教影响尤为深远。由于多民族的长期共同生活，形成一种多元的文化特色。

◆ 马来西亚人恪守宗教的教规，会宾宴客从不备用酒水，而是以茶或其他饮料来代酒干杯。他们的头部、背部是被视为神圣不可侵犯的，不要触摸他们的头部或拍打后背等。

◆ 他们忌讳双腿分开坐和翘着"二郎腿"，认为这是极不文明的举止。

◆ 他们忌讳左手递送东西或食物。认为左手是卑贱和不洁净的，使用左手是对人的极大不敬，是不能接受的。

◆ 马来西亚人忌讳乌龟，认为这是一种不吉祥的动物，他们还认为狗是一种肮脏的动物，会给人带来厄运的瘟疫。

◆ 马来西亚人的食物一般以米饭、糕点、椰浆、咖喱为主，喜欢带有辣味的菜肴。用餐一般都以手抓食，只有在西式宴会时，才偶尔用匙和叉。

◆ 当与高层的政府官员会面的时候，男士们需要穿着深色西服，系领带。在比较私人的场合，穿长袖白色衬衣，系领带，穿一条比较整洁的裤子比较适当。女士穿着要比较端庄，穿质地轻薄的套装，或者裙子和衬衣，注意袖子的长度一定要盖住上臂，裙子的长度至少要达到膝盖。

◆ 马来西亚人习惯用左手托住右手的手腕，用右手交换名片。在接到对方的名片后，应该先看一看然后再收起来。

◆ 马来西亚人在社交场合同客人见面时，一般是施握手礼。年轻人见到老年人时，一般要相互紧握双手，然后再双手朝胸前作抱状，身体朝前弯下（如鞠躬）。

◆ 在开始讨论问题之前，对您的搭档有一些了解是非常必要的。初次会晤应该是一般的谈话，只能谈论一些较小的或是一般的话题。比如谈谈旅行、观光、祖国的贸易条件或是饮食等等。不要对本地的风俗习惯、政治策略或是宗教信仰等进行评论。

◆ 和马来西亚的谈判对象共进午餐是您了解对方的好办法，还可以采取一起打高尔夫球或是观光游览等方式来进行初步的了解。

◆ 商业访问者都希望能够按时进行谈判，事先预约是恰当的，准时赴约是应该做到但并不是必须做到的。当地的谈判代表似乎对时间并不重视，因为交通堵塞使得在吉隆坡准时赴约是一件非常困难的事情。

◆ 按照马来西亚的传统观念，老年人、在组织当中担任重要职务的人以及马来西亚贵族都具有较高的社会地位。年轻一些的商务访问者应该听从那些地位较高的马来西亚人的意见，尤其当对方是产品的购买者或是潜在顾客的时候更应如此。保持礼貌和讲究礼节表明了您对谈判对象的尊重。

◆ 马来西亚人十分敏感。如果您失去耐心并且发火，将被看成是非常丢面子的事情，并且也使别人丢面子。提出反对意见会破坏会见的融洽气氛，而且会被认为是傲慢自大的表现。

◆ 在一些讨论激烈的会议当中，马来西亚人通过非直接的语言来保持人与人之间的良好的关系。当地的谈判者会采用一些委婉回避的言语避免对别人造成侮辱。踌躇、沉默、更换谈话主题或是做出含糊的、模棱两可的回答都是比较礼貌的方式，这样既可以表达"不"的意思，又可以避免使用这个令人感到不礼貌的词语。

◆ 大多数的马来西亚人说话比较温和，访问者需要注意不要大声说话或是喧闹，也不要在别人说到一半的时候打断别人。

◆ 在商务会见的时候，通常会有茶或是冷饮。如果别人问您想喝些什么的话，比较礼貌的回答是："随便喝点即可。"要等到主人先喝以后，您才可以喝。

◆ 许多马来西亚人都喜欢讨价还价。为了避免不希望的损失，在您开价或是提出报价单的时候要留有一定的余地。一些有经验的谈判者都会为了达到最终交易的目的而在价格上做出一些小小的让步。

◆ 马来西亚人喜欢以面对面商讨的方式来解决争端，而不愿意使用传真或是电子邮件。在解决商业争端的时候，他们更注重关系而不是合同条款。在合同谈判的最初阶段，让您的律师留在幕后比直接参与谈判要更为明智。在许多马来西亚人看来，律师的存在是缺乏相互信任的表示。

◆ 通常只有朋友之间才互赠礼物。如果您或者您的公司和马来西亚有一定的来往，下面有一些需要注意的事情：通常不要当着送礼人的面打开礼物；送礼的时候用食品作为礼品是相当不错的选择，但是对于伊斯兰教徒不要送酒类，不要送猪肉产品给伊斯兰教徒和印度教教徒。

◆ 马来西亚人对外宾一般都很友好热诚。商务活动中，请客吃饭是重要组成部分，通常是在饭店里以午宴或晚宴招待。如果主人赠送礼物给您，写一封感谢信是理所应当的。

◆ 马来西亚人认为，宾客若在主人家不吃不喝，是对主人的不尊敬，并会引起主人的反感。

美国

基本概况

　　美国（America），全称美利坚合众国（The United States of America），位于北美洲中部，领土还包括北美洲西北部的阿拉斯加和太平洋中部的夏威夷群岛。北与加拿大接壤，南靠墨西哥湾，西临太平洋，东濒大西洋。美国国土幅员辽阔，主体部分地处太平洋和大西洋之间，地形呈南北纵列分布，西部、东部为高原山区，中部是广阔的中央大平原。面积约为937万平方公里。大部分地区属于大陆性气候，南部属亚热带气候。

　　美国人口约为3.152 5亿（截止到2013年），白人占64%，其余分别为拉美裔、非洲裔、亚裔等。加利福尼亚州是美国人口最多的州，拉美裔人是美国头号少数族裔。英语是美国的官方语言，也是使用人口最多的语言。约51.3%的居民信奉基督教新教，其他居民信奉天主教、犹太教等，不属于任何教派的占4%。华盛顿（Washington）是美国的首都。

经济结构

美国具有高度发达的现代市场经济，其国内生产总值和对外贸易额居世界首位。金融业发达，在世界经济中具有重要影响，信息、生物等高科技产业发展迅速，利用高科技改造传统产业也取得新进展。美国农业高度发达，机械化程度高。粮食产量约占世界总产量的五分之一。旅游产业是美国经济的重要组成部分。

从 20 世纪 80 年代至今，第一产业的比重进一步减少，第二产业的比重逐步下降，唯有第三产业欣欣向荣，处于不断增长的态势。服务业在当前的经济持续增长中发挥了支柱性作用，产值已占其 GDP 的 2/3 以上，遥遥领先于第一、二产业的产值，使美国进入了以服务业为主的后工业社会。

美国货币为美元（U.S. Dollar）。

商务文化

众所周知，美国是一个世界各地文化的聚集地，是一个名副其实的文化大国。经过悠久而独特的历史锻造，美国传统文化更是丰富多彩。和美国人做生意，要注意美国的商务礼俗和美国社会的一些习俗。

- ◆ 美国人不像英国人那样总要衣冠楚楚，而是不大讲究穿戴。他们穿衣以宽大舒适为原则，但正式场合，美国人就比较讲究礼节了。接见时，要讲究服饰，注意整洁，穿西装较好，特别是鞋要擦亮，手指甲要清洁。男性之间，最忌互相攀肩搭臂。美国人谈话时不喜欢双方离得太近，两人的身体要保持一定的距离。

- ◆ 美国人的性格豪爽，个性果断、自信，而且美国人喜欢与和自己同样精明的谈判者交往，从而获得追求中的利益，面对势均力敌的谈判者，会油然生敬，更易于洽谈。所以在与美国人打交道时，应充分利用美国人豪爽这一特点，诚挚热情地与他们交往，这样很容易创造和谐的气氛，加速谈判进程，创造成功的机会。

- ◆ 美国人的工作和生活节奏极快，从而造就了美国人强烈的时间观念，因而在商务谈判中都很注意准时。美国人认为，最成功的谈判人员是能熟练地把一切事物用最简洁、最令人信服的语言迅速表达出来的人，因而美国谈判人员为自己规定的最后期限往往较短。如果谈判一旦超出其最后期限，谈判很可能破裂。

- ◆ 美国商人的谈判风格在世界上是比较有影响的。美国人的性格通常很外向、热情、随和，与人结识不久，美国人就会表现出如知己朋友般的亲切感。美国商人谈判时，喜欢一个问题接着一个问题地讨论，最后完成整个合同或协议，具有纵向型谈判风格。一般来讲，与美国商人谈判，很少有讨价还价的余地，因为他们提出的合同条款内容，大都是由公司的法律顾问草拟，董事会研究决定，具体执行人一般无权对合同条款进行修改。他们喜欢边吃边谈，一般洽谈活动最好在吃早点时开始。

◆ 美国商人在谈判中语言表达非常直率，干脆利落，不拐弯抹角，不讲客套，并将自己的观点全盘端出。他们语气明确、肯定，"是"与"否"保持得非常清楚。同样，他们对谈判对手的直言快语，不仅不反感，而且还很欣赏。

◆ 美国商人常常从总交易条件入手谈判，定下总条件后再谈具体条款。在谈判某一项目时，除探讨所谈项目的品质、规格、包装、数量、价格、交货期以及付款方式等条款外，还往往包括该项目的设计与开发、生产工艺、销售、售后服务以及双方能为更好地合作各自所能做的事情等方面，从而达成一揽子交易。

◆ 美国人做生意往往以获取利润作为唯一目的，生意人之间的私人交情考虑的不多。在多数情况下，双方素昧平生，并不需要相互认识，只要条件、时间合适就可进行洽谈。如果双方看起来有可能再次在一起做生意，那么双方也许会决定继续进行交往，但这是在生意做成之后，而不是之前。这一点同许多国家的商人（日本人颇为典型）不一样，在日本等国家往往是先交朋友后做生意。

◆ 美国人注重实际利益，还表现在他们一旦签订了合同，就非常重视合同的法律性，履约率很高。在他们看来，如果签订了合同不能履约，就要严格按照合同的违约条款支付赔偿金和违约金，没有再协商的余地。在美国人看来，合同就是合同，朋友归朋友，两者之间不能混淆，私交再好，甚至是父子关系，在经济利益上也是绝对分明的。所以，美国商人十分注重违约条款的洽商与执行。

◆ 美国商人对商品最关心的：一是商品的质量，二是商品的外观设计和包装。商品的质量及内在品质，是商品直接的最基本的要求。商品的外观设计和包装是体现一个国家消费状况、刺激大众消费的一个重要因素。对此，美国人不仅不遗余力地追求和提高自己商品的内在品质、外观设计和包装水平，而且对所要进口的商品的内在品质、外观设计和包装，也有十分苛刻的要求。

孟加拉国

基本概况

　　孟加拉国（Bangladesh），全称孟加拉人民共和国（The People's Republic of Bangladesh），位于南亚次大陆东北部的恒河和布拉马普特拉河冲击而成的三角洲上。东、西、北三面与印度毗邻，东南与缅甸接壤，南濒临孟加拉湾。全境85%的地区为平原，东南部和东北部为丘陵地带。面积约为14.76万平方公里。孟加拉国被人称为"水泽之乡"和"河塘之国"，是世界上河流最稠密的国家之一。大部分地区属亚热带季风型气候，湿热多雨。

　　孟加拉国人口约1.633亿（截止到2013年）。孟加拉族占98%，是南亚次大陆古老民族之一，另有20多个少数民族。孟加拉语为国语，英语为官方语言。信奉伊斯兰教（国教）的占88.3%，信奉印度教的占10.5%。首都达卡（Dhaka）坐落在恒河三角洲平原梅格纳河和帕德马河的交汇处，是全国政治、经济和文化的中心。

经济结构

孟加拉国目前是世界上最不发达的国家之一。国民经济主要依靠农业。农产品主要有茶叶、稻米、小麦、甘蔗、黄麻。矿产资源有限，自然资源主要是天然气。森林面积约200万公顷，森林覆盖率为13.4%。工业以制麻、皮革、制衣、棉纺织和化工为主。重工业薄弱，制造业欠发达，从业人口约占全国总劳动力的8%。孟加拉国是世界上最大的黄麻和黄麻制品出口国，黄麻的生产是孟加拉国的经济命脉，黄麻的出口占第一位，平均年产量约占世界产量的1/3。茶、冻虾、皮革产品、鱼、蔬菜以及瓷制品和手工艺品是主要的出口产品。主要贸易伙伴：美国、欧盟国家、印度、中国、日本、韩国、澳大利亚、马来西亚、印度尼西亚、泰国、沙特阿拉伯、阿联酋。

孟加拉国货币是孟加拉塔卡（Bangladeshi Taka）。

商务文化

孟加拉人受地理环境的影响，不像邻国巴基斯坦人那样倾向于欧洲的生活方式，一般人的生活观念都倾向于亚洲。在与他们进行商务往来时应注意以下几点。

◆ 他们十分喜爱荷花。习惯称荷花为"花中君子"，并视荷花为"吉祥""平安""光明""纯洁"的象征。

◆ 他们忌讳有人拍打其后背，认为这是一种极不礼貌和不尊重人的表现。

◆ 他们对不经同意就拍照片的做法很反感。忌讳左手传递东西或食物。认为左手下贱、肮脏。因此，用左手递送东西或食物是极不礼貌的。同时他们也忌讳跷拇指这个手势，并视其为不礼貌的举止。

◆ 他们不喜欢"13"，认为这是个消极的数字。

◆ 孟加拉族中的伊斯兰教徒恪守禁酒的教规，信徒是不饮酒的。同时也禁食猪肉和使用猪制品，甚至忌讳谈论有关猪的话题。

◆ 每逢星期五，他们不在众目睽睽之下吃东西。斋戒期间，白天不能在众人面前抽烟。

◆ 与孟加拉国商人初次见面，一般要交换名片，交换名片时应右手接送。孟加拉人在社交场合与客人见面时，一般都以握手为礼。在男人与女人间相见时，一般都习惯用点头示礼或说句客气话来代替握手。男人一般不与女人握手。孟加拉国的佛教徒与客人相见时，习惯施合十礼，客人也应双手合十还礼，以示相互间的尊重。当被引见给男士时，习惯上握手为礼。若引见的是女士，要等她先伸出手来。孟加拉人时间观念很强，对约会讲究准时赴约，认为这是社交上的礼貌，必须要守时。

◆ 在孟加拉国做生意要有恰当的联系人。恰当的联系人是指知道如何能够不必贿赂，就可以冲破层层官僚主义的人。同时要建立一定的关系。关系包括与政府官员的关系。孟加拉国采用高压手段控制本国的大部分经济，导致很多商人破产。但好的一面是，南亚的政府官员在对待外国商人的态度上，比东亚的政府官员更开放一些，遗憾的是，很多外国人滥用与政府建立有效关系的机会。由于孟加拉国的经济状况恶劣，他们在与孟加拉政府官员交往的过程中往往采取傲慢的态度，这是一个严重的错误，给与对方适当的尊重是很重要的，因为这些官员在孟加拉国文化中占有很高的地位。

◆ 如果来到了孟加拉国，一定要学会耐心等待。落后的基础设施、频繁的自然灾害和懒散的作风，常常使习惯于高效工作的人们感到很沮丧。

◆ 孟加拉国工商界人士多会英语，如果您会英语将很方便，否则对方可能会认为您缺乏教育而瞧不起您。这是因为孟加拉国受过教育的人常去国外旅行，因此都很西方化，英语也说得很流畅，说英语的旅客将会感到很安闲。交谈时，通常的应酬话都可以说，但任何议论这个国家或这个国家政府的话最好不说。

◆ 在孟加拉国的商业习惯中，由经理制订全部决策。一般来讲，经理从不下放任何权利。因此，如果经理工作非常忙或出差了，那么，无论您的传真或邮件多么紧急，也不会有人回。

◆ 在与孟加拉国高级政府官员会谈时，一定要做好各种准备。时常有助理和秘书跑进来，要求在纸上签字，也会有电话打进来，或者朋友和亲戚路过拜访等打断您精心准备的讲话。您最好保持镇定，不能表现出不耐烦。这种行为在单一文化中很不礼貌，但在南亚却是很正常的。

◆ 孟加拉国人很友好、热情，他们喜欢公平交易，自由地讨价还价。与他们谈判一定要多花些时间。尽管讨论很激烈，也要在脸上保持微笑，这一点很重要。在谈判时，孟加拉国商人若含糊地回答您的建议及问题，通常意味着不同意，孟加拉国人都回避直接用"不"字作回答。

缅甸

基本概况

缅甸（Myanmar 或 Burma），全称为缅甸联邦共和国（Republic of the Union of Myanmar），位于中南半岛西部，西北邻印度和孟加拉国，东北靠中国，东南接泰国与老挝。为东南亚国家联盟成员国。其南临安达曼海，西南濒孟加拉湾，海岸线总长 1 930 公里，占国境线总长三分之一。面积约为 67.65 万平方公里，大部分地区都在北回归线以南，属热带季风气候。

缅甸人口约为 5 141.9 万（截止到 2014 年 3 月底），68% 为缅族。官方语言为缅甸语，也有为数不少的人懂英语和汉语。约89% 的缅甸人信仰佛教，其他人信仰基督新教、天主教、印度教、伊斯兰教以及原始部落中的拜物教。首都是内比都（Nay Pyi Taw，曾用名彬马那 Pyinmana）。

经济结构

缅甸是一个以农业为主的国家。缅甸当局视稻米、棉花、甘蔗及豆类为农业四大支柱。在林业方面，缅甸盛产柚木，占世界现存柚木的 75%。缅甸矿产资源丰富，有石油、天然气、钨、锡、铅、银、镍、锑、金、铁、铬、玉石等。

主要出口商品有大米、玉米、各种豆类、橡胶、皮革、矿产品、木材、珍珠、宝石和水产品等。主要进口工业原料、化工产品、机械设备、零配件、五金产品和消费品等。

缅甸货币为缅币（**Burmese Kyat**）。

商务文化

缅甸是宗教意识很浓的国家，也是个多礼仪的国家，有时会让人感觉繁琐。在该国进行商务活动，需注意以下几点。

◆ 缅甸人历来非常尊敬僧侣，黄色的袈裟是人们心目中庄严、崇高、圣洁、不可侵犯的象征。乘船坐车，人们见到和尚要起立让座；宴会、集会等场合，和尚都坐最好的位置；任何人，包括国王，谒见和尚要跣足膜拜；大法师有事见缅王时，缅王要主动让开宝座，以示尊敬。游客如果对寺庙、佛像、和尚等做出轻率的举动，会被视为"罪恶滔天"。跨坐石佛像上拍照，会惹出麻烦。一般人绝不会坐在高过和尚的座位，商客必须"入境随俗"。为了接待和尚，缅甸商人天大的事可不管，约会也只好改期。

◆ 过去，到缅甸人家里做客，都要进门脱鞋，现在这种习俗已渐有改变。进入佛塔或寺庙时，任何人都要脱鞋，就是国家元首也不能例外，否则被视为对佛的最大不敬，有时还可能招来麻烦。

◆ 缅甸人喜爱鲜明色彩，例如传教徒所穿的番红黄色装束。

◆ 他们也喜欢用猫头鹰作图案。除了喜欢穿"纱笼"以外，他们还爱用金首饰。

◆ 缅甸人名字的传统性特点是有名无姓，并往往在名字之前加上一定的称谓词，以标明其性别、年龄、官位、尊卑及特定的感情色彩。成年、幼年或少年男子的名字前，往往加"貌"，意即自谦为"弟弟"。对长官或长辈男子，其名前往往加"吴"，意即敬称对方为"叔叔"、"伯伯"。对平辈或年轻的男子，名前往往加"郭"，意即称对方为"兄"。

◆ 缅甸人认为在星期二做事情必须做两次才能成功。所以，一般人都避开在星期二做事。

◆ 缅甸人有个风俗，每逢星期五这一天，忌讳乘船渡河。送给别人东西时，必须在星期一至星期六进行，星期天禁忌送物，尤其禁忌送衣服、纱笼等。

◆ 避讳母鸡在布上下蛋，以防破财。避讳旅途遇蛇，若遇蛇，则应返回并推迟行期。忌在"安居期"（从缅历 4 月 15 日至 7 月 15 日）结婚、宴请、迁居、娱乐，僧人亦不得外出。

◆ 缅甸人无论做什么事都有个"男右女左"的习俗。在吃饭时，须按照男右女左的习俗入座。据说这表示"右为大，左为小"、"右为贵，左为贱"的意思。

◆ 缅甸人大多数信奉佛教，有"过午不食"的教规，还有少数人信奉基督教和伊斯兰教。他们特别忌讳用左手递送东西或食物。认为左手肮脏，右手才是洁净的。

◆ 他们认为，头是不可以触摸的，即使头巾也不能随便玩弄。如果有人抚摸他的头或玩弄他的头巾，便认为是对他莫大的侮辱。

◆ 缅甸人不喜欢吃猪肉、动物内脏，还有些人不吃四条腿的动物肉。

◆ 商务活动时必须注意，在缅甸，女性地位高，不可歧视女性。男女不可牵着手走路。

◆ 缅甸是个多礼节礼仪的国家。缅甸佛教徒在社交场合与客人见面时，惯施合十礼。施合十礼时，如果戴有帽子，要摘掉夹在左腋下，然后双手合十施礼（施合十礼时，要双脚站定，两手合掌后举至胸前倾斜），并说"给您请安了！"缅甸人见到不太熟悉和不经常见面的老人、领导、学者时，如他们正坐在地板上，则要施跪拜礼。若见到上述人员是比较熟悉的人，则施坐拜礼。他们凡来到僧、父母、师长面前时，都要施大礼，即"五体投地礼"。他们路遇老人、领导、学者时，一般施鞠躬礼。

摩洛哥

基本概况

　　摩洛哥（Morocco），全称为摩洛哥王国（The Kingdom of Morocco），位于非洲西北端，西濒浩瀚的大西洋，北隔直布罗陀海峡与西班牙相望，扼守大西洋进入地中海的门户。面积约为 45.9 万平方公里，北部为地中海型气候，夏季炎热干燥，冬季温和湿润。中部属副热带山地气候，温和湿润，气温随海拔高度而变化。东部、南部为沙漠气候。摩洛哥是个风景如画的国家，还享有"北非花园"的美称。

　　摩洛哥人口约为 3 290 万人（截止到 2013 年）。阿拉伯人约占 80%，柏柏尔人约占 20%。阿拉伯语为国语，通用法语。信奉伊斯兰教。首都拉巴特（Rabat）。

经济结构

摩洛哥经济总量在非洲排名第六。工业不发达，农业是国民经济主要部门，为国家赚取大量外汇。渔业资源极为丰富，是非洲第一大产鱼国。摩洛哥矿产资源较为丰富，其中磷酸盐的储量最多。矿业是摩洛哥经济的支柱产业，但工业不发达。

摩洛哥同90多个国家和地区有贸易往来，主要出口产品有食品、矿产品、服装和皮革制品等。主要进口产品有粮食、糖、奶制品、茶、食油、机械设备、电子产品和半成品等。主要贸易伙伴为欧洲国家，占摩洛哥进出口总额的约70%。法国是其最大的贸易伙伴国。

摩洛哥货币为摩洛哥迪拉姆（Morocco Dirham）。

商务文化

摩洛哥受西方社会的影响，经济发展速度较快，表现出欧洲风格与阿拉伯情调的交织。摩洛哥是非洲工业发展水平比较高的国家。人民在接受外来文化的同时，坚持和发扬本民族的优秀文化传统。

◆ 在摩洛哥，城市和乡村的服饰有明显区别。城里女子多穿白色、灰色长袍，男子常全身披裹白色或黑色的斗篷。摩洛哥人多用宽大的盖头布作头饰，需要时可以遮脸。在摩洛哥，人们穿着什么样颜色的服装，便可表示他们的身份和职业。

◆ 摩洛哥的阿拉伯人赠人礼物时，只能用右手而不能用左手。

◆ 去摩洛哥的阿拉伯人家做客，如果客人见到主人的妻子，可以表示问候，但不可过分亲热，更不要主动去握手。在体态语言中，如果伸出中指再弯回来，表示有暧昧关系，是轻浮的表现。

◆ 摩洛哥人把茶视为迎宾待客的佳品。若给您敬上一杯薄荷绿茶，那是表示对您尊敬的传统礼节。宴请宾客前后要上茶三次，以示礼貌。客人到这里则应"入乡随俗"，否则，便会被认为不礼貌。他们酷爱饮茶，一般他们都喜欢在绿茶中加些白糖和新鲜的薄荷叶，每天要饮4至5次，每次的饮量还都挺大。

◆ 摩洛哥人喜欢绿色和红色，并且以红色作为他们国旗的主色。视绿色为春天和美好的象征。他们忌讳白色，认为白色象征着贫穷，白色衣服最令人厌弃。

◆ 对"3""5""7""40"较为喜欢，认为这些数字都带有积极意义。他们对"13"有反感，认为"13"是个消极的数字。

◆ 全国绝大多数人信奉伊斯兰教，其余人信奉基督教和犹太教。摩洛哥人受宗教的约束，一般都不饮酒；也很少有人吸烟；进屋有脱鞋之俗，未经主人许可，不脱鞋是不能进入其宅屋的；进清真寺必须脱鞋。

◆ 摩洛哥的妇女只能偷偷地吃鸡蛋。如果当着丈夫的面吃鸡蛋，会被认为干了一件败坏风俗的丑事而遭到谴责。

◆ 摩洛哥人禁食猪肉，也忌讳使用猪制品。

◆ 摩洛哥人与客人相见和告别时，一般都惯施拥抱礼，握手礼也较为普及。握手是习惯，不过朋友之间通常以亲吻相迎。摩洛哥女人与宾客见面时往往施屈膝礼。

◆ 事先约会是可取的，虽然摩洛哥人很少遵守时间。摩洛哥人与客人约会总乐于迟到，认为这是一种社交风度。和摩洛哥人谈生意，对他们约会时迟到要有充分的思想准备，并且在其迟到后不能有责怪的表示。

◆ 在商业会谈开始前，最好送上您的名片，名片宜用英文或法文印制。

◆ 摩洛哥商人会邀请您去他们家中做客，大摆筵席，持续吃上好几个小时，但您很少会见到他们的妻子。他们对中国菜肴很喜欢，除在公共场合有时使用刀叉为餐具外，一般都习惯于用手抓饭吃。

◆ 最好不要对主人的某件所有物大加赞美，否则他可能会感到按社交惯例不得不把它奉赠给您。

58

墨西哥

基本概况

　　墨西哥（Mexico），全称墨西哥合众国（The United States of Mexico），位于北美洲南部，拉丁美洲西北端，是南、北美洲陆路交通的必经之地，素称"陆上桥梁"。北邻美国，南接危地马拉和伯利兹，东临墨西哥湾和加勒比海，西南濒太平洋。面积约为197万平方公里，为中美洲最大的国家。墨西哥气候复杂多样。沿海和东南部平原属热带气候，西北内陆为大陆性气候。因境内多为高原地形，冬无严寒，夏无酷暑，四季万木常青，故享有"高原明珠"的美称。

　　墨西哥人口约为1.18亿（截止到2013年），在美洲居第三位，仅次于美国和巴西，其中印欧混血种人占90%，其余为印第安人。居民大多数信奉天主教。墨西哥官方语言为西班牙语。首都为墨西哥城（Mexico City）。

经济结构

墨西哥是拉美经济大国，国内生产总值居中美洲第一位。墨西哥工业部门齐全，石化、电力、矿业、冶金和制造业较发达。墨西哥是世界能源和矿产大国，矿产资源丰富，是世界最大的白银生产国和铜生产国之一。

主要出口原油、工业制成品、石油产品、汽车、汽车配件、咖啡豆、蔬菜、钢材及化工、机械产品、服装、农产品等。主要进口客车、电器、石化产品、食品、饮料、纸浆、纺织、医药制品、广播电视接收及发射设备等。旅游业已成为墨西哥主要创汇来源之一。

墨西哥货币为墨西哥比索（**Mexican Peso**）。

商务文化

墨西哥文化是多种文化的混合体。墨西哥人的友好、宽厚以及随和使商业气氛显得和谐融洽。

◆ 在墨西哥做生意，一口流利的西班牙语是一笔宝贵的财富。到墨西哥之前务必将介绍公司和产品的小册子翻译成地道的西班牙文。

◆ 应避免以直接的方式来接触预期的商业伙伴。而应通过参加贸易展览会或加入贸易代表团来接触感兴趣的贸易方，或安排一次由商会、贸易协会、政府机构或银行参加的会议来将自己引见给墨西哥公司。

◆ 与商业伙伴联系时，务必用西班牙语发第一封信或者传真，但应说明，如果可能的话，以后您更希望用英语联系。可在信中请求在两周之内会面，由墨西哥方决定见面的时间和地点。

◆ 不要期望墨西哥人绝对守时。当地的生意人可能会比事先约定的时间迟到半小时到一个小时，这是较为正常的现象，不必为此恼怒。但是拜访者需要绝对准时。任何一天都应避免安排多次会面。

◆ 开始商业洽谈之前要确保有足够的时间来了解您的商业伙伴。建立信用可能需要两次或三次会议，之后便开始严肃的商业讨论。

◆ 墨西哥人很看重密切而持久的关系。要想生意成功，私人接触和相互之间的关系起主要作用。您需要通过找相关的人帮忙才能使事情快速完成。

◆ 墨西哥人经常以一种间接方式交流。例如，在谈判过程中他们避免直接回答问题。这时候您可能需要改变措词或以不同的方式询问。墨西哥人习惯通过语言和非语言的方式来交流。例如，在现场讨论过程中他们可能会打断您的话。他们并不认为这是一种无礼的行为。

◆ 谈话时与谈话对象保持稳定的视线接触。在墨西哥,善意而稳定的凝视意味着诚实,而闪烁的目光则相反。

◆ 在公共场合将手插在口袋里是不礼貌的行为。而将手放在臀部则意味着对别人的挑战或威胁。如果某人伸着食指摇摆着手掌,这表明他们在说"不"。相反,跷拇指则表明"是"或者同意刚刚提到的事情。

◆ 和某人相见或告别时,应和他握手,力度要适中。应避免进一步的身体接触,除非您和这人已经很熟。遇见女士时,微微鞠躬,并等她们先伸手。

◆ 谈判报价时要留出额外的还价空间。谈判过程将很长而艰难,因为墨西哥人擅长讨价还价。

◆ 墨西哥人可能对最后期限和时间表很乐观,因此对于任何给定的目标日期,您最好在心里加上几天或几个星期。对于您的商业伙伴所提出的任何建议,您都要花时间考虑。很快接受会使墨西哥方认为他们做出了太大的让步,不妨告诉他们您需要时间来考虑这个建议。

◆ 优质的白兰地和苏格兰威士忌、鸡尾酒桌上的书籍、座钟以及金笔或打火机是不错的商业礼物。记住,银制物品只适用于游客,请赠送金制物品给您的商业伙伴。

◆ 在高级餐馆招待您的当地商业伙伴,这一点很重要。提出几个地方由您的客人选择他们喜欢的餐馆。早餐和午餐适合于谈生意,而晚餐则只适用于社交。 要回请所有的邀请饭局。

◆ 如果您的配偶一起赴宴,那么最好邀请您的商业伙伴的配偶一起赴宴。在任何晚宴中外国女商人都应该邀请墨西哥男客户或联系人的妻子一起赴宴。

南非

A Brief Survey of the World's Business Cultures

基本概况

南非（South Africa），全称为南非共和国（The Republic of South Africa），位于非洲大陆最南端，北邻纳米比亚、博茨瓦纳、津巴布韦、莫桑比克和斯威士兰，东、西、南三面濒临印度洋和大西洋，另有莱索托为南非领土所包围。国土面积约为 122 万平方公里。大部分地区属热带草原气候，东部沿海为热带季风气候，南部沿海为地中海式气候。

南非人口约为 5 298 万（截止到 2013 年），主要由黑人、白人、有色人和亚裔四大种族构成。在全国总人口中，黑人约占 79.2%，白人占 8.7%，亚裔人占 2.5%，其他人口占 9.6%。有 11 种官方语言，英语和阿非利卡语（南非荷兰语）为通用语言。居民主要信奉基督教新教、天主教、伊斯兰教和原始宗教。

南非是世界上唯一同时拥有三个首都的国家：行政首都比勒陀利亚（Pretoria）是南非中央政府所在地，立法首都开普敦（Cape Town）是南非国会所在地，司法首都布隆方丹（Bloemfontein）为全国司法机构的所在地。

经济结构

南非自然资源丰富，是世界五大矿产国之一。铂族金属、氟石、铬的储量居世界第一位，黄金、钒、锰、锆居第二位，钛居世界第四位，磷酸盐、铀、锑、铅居世界第五位。南非是世界上最大的黄金生产国和出口国，黄金出口额占全部对外出口额的三分之一，因此又被誉为"黄金之国"。

南非属于中等收入的发展中国家，也是非洲经济最发达的国家。矿业、制造业、农业和服务业是南非经济四大支柱。南非的制造业门类齐全，技术先进，主要包括钢铁、金属制品、化工、运输设备、食品加工、纺织、服装等。南非的电力工业较发达，拥有世界上最大的干冷发电站，发电量占全非洲的三分之二。

南非的货币为兰特（Rand）。

商务文化

南非社交礼仪可以概括为：黑白分明，英式为主。所谓黑白分明是指：受到种族、宗教、习俗的制约，南非的黑人和白人所遵从的社交礼仪不同；英式为主是指：在很长的一段历史时期内，白人掌握南非政权，白人的社交礼仪特别是英国式社交礼仪广泛流行于南非社会。

◆ 信仰基督教的南非人，忌讳数字"13"和"星期五"。南非黑人非常敬仰自己的祖先，他们特别忌讳外人对自己的祖先言行失敬。跟南非人交谈，有四个话题不宜涉及：不要为白人评功摆好，不要评论不同黑人部族或派别之间的关系及矛盾，不要非议黑人的古老习惯，不要为对方生了男孩表示祝贺。强调肤色不同，在非洲是最大的禁忌。因此，称呼非洲人，最好照他们的国籍来称呼。非洲人国家意识相当强烈，直呼其国名，他们听来就很受用。

◆ 大多数人会以为非洲人可以统称为 African，其实 African 的称呼有特定对象，事实上在非洲尤其是在南非，随便称非洲黑人为 African 是严重的错误。在非洲，所谓的 African 并非泛指所有非洲人，而是指特定的一群人，那就是：南非共和国荷裔白人。因此，那些非洲土著碰到别人称他们为 African，就露骨地表示厌恶。

◆ 南非流行的打招呼方式——举起右手、手掌向着对方，目的是表示"我的手并没有握石头"。

◆ 南非人痛恨拍照，人、房屋、家畜一律不准拍摄。如想拍摄，之前最好向对方先打个招呼，获得同意之后再行动，以免挨一顿揍。

◆ 南非人把宾客临门视为荣幸，殷勤招待，用咖啡待客是比较常见的礼节。

◆ 非洲国家等级森严，从事商务的人多为名门望族，故十分看重礼节、礼仪，因此，礼仪和礼貌在谈判中也起着重要的作用。在社交场合，南非人所采用的见面礼节主要是握手礼，他们对交往对象的称呼则主要是"先生"、"小姐"或"夫人"。南非人对西方人所讲究的绅士风度、女士优先、守时践约等等基本礼仪不仅耳熟能详，而且身体力行。

◆ 到南非进行商务活动，通常穿着比较随意。官方或正式商务交往时，需着样式保守、颜色偏深的套装或正装，以表尊重。

◆ 在南非进行商务活动，持英语名片最为方便。在商务谈判桌上，只允许使用英语对话。

◆ 南非商人十分保守，交易方式力求正式。许多生意在私人俱乐部或对方家中做成。在此地做生意过于细腻的手段或说话兜圈子常不被人了解，想说的话就大胆直率地说出来。

◆ 与南非人进行商务谈判时，应当本着最终谈判的结果能够为双方带来好处和实惠的原则，在不损害自己根本利益的原则下，向对方做出适当的妥协与让步，最后达成双方都能接受的"双赢"协议。

◆ 同南非人进行商务谈判，是一场比智慧、比毅力、比耐心的竞赛。谈判之前需要进行周到细致的准备工作，做到"知己知彼"，才能"百战不殆"。首先，自己一方在谈判中所处的地位要心中有数。精心制订谈判过程中自己的第一方案、替代方案以及一旦谈判出现僵局甚至破裂时所采取的对己有利的方案。收集整理谈判中所需要列举的数据、过程、时间、地点、证明人等诸多涉及事实的证据。周密设计谈判中自己一方可以向对方做出让步的最高限度以及要求对方能够妥协的最低程度。参加谈判的人员对取得成功要有充足的信心、对谈判的艰难性要有足够的思想准备等。谈判之前还要详细掌握对方的情况，如公司的经济实力、合作诚意、利益需要、信誉程度、财务预算、发展计划以及对方谈判人员将要采取的态度、策略等。

◆ 按交易的订约、交货、付款等三件大事来说，南非是偏重于英国式类型的。由具有决定权的负责人出面商谈，属权力集中型的，因此，商业谈判不会拖时间。当然，也希望我方商谈代表，也要具有决定权。他们很遵守约定，付款方式也很规矩。

◆ 做客于南非人家，当地人会盛情地拿出家中自制的啤酒招待客人，客人需多喝，最好能一饮而尽，以表谢意。南非当地白人平日以西餐为主，经常吃牛肉、鸡肉、鸡蛋和面包，爱喝咖啡与红茶。

60

尼日利亚

基本概况

　　尼日利亚（Nigeria），全称尼日利亚联邦共和国（The Federal Republic of Nigeria），位于西非东南部，南濒大西洋几内亚湾。西同贝宁接壤，北与尼日尔交界，东北隔乍得湖与乍得相望，东和东南与喀麦隆毗连。面积约为 92.376 8 万平方公里。属热带季风气候，高温多雨，全年分为旱季和雨季。

　　尼日利亚人口约为 1.68 亿（截止到 2014 年 7 月），是非洲第一人口大国。全国有 250 多个民族，其中最大的是北部的豪萨—富拉尼族（占全国人口 29%）、西部的约鲁巴族（占 21%）和东部的伊博族（占 18%）。主要民族语言有豪萨语、约鲁巴语和伊博语，英语为官方语言。居民中信奉伊斯兰教者约 50%，基督教占 40%，其他占 10%。尼日利亚首都为阿布贾（Abuja）。

经济结构

尼日利亚自然资源丰富，已探明具有商业开采价值的矿产资源 30 余种。但该国经济结构单一，行业发展严重失衡，石油工业是国民经济的支柱。农业生产十分落后，粮食不能自给，每年需大量进口。制造业基础薄弱，第三产业不发达，美国是该国最大的外国投资者。

尼日利亚货币为奈拉（**Naira**）。

商务文化

尼日利亚有许多部族，其习俗与文化传统有很大差别，所以他们的生活方式也截然不同。尼日利亚人性格直率，他们和大多数非洲人一样感情丰富。生动的肢体语言是他们表达感情的重要方式。

◆ 在尼日利亚开展商务活动，事先约会很重要，特别是与政府官员约会。由于在尼日利亚国内旅行很艰难，所以对到达目的地的时间要留有充分余地。

◆ 尼日利亚人见面时总是互相握手，而且握手的方式与众不同。握手前要在对方右手上轻轻弹扣几下以示敬意，然后才握手问候。若是彼此初次见面，那么握手时须先用自己的左手握住右手，然后才用右手与对方握手，否则会被认为不知礼仪。

◆ 豪萨人十分讲究礼节，相见时总是互致问候，寒暄过程中双方右手是始终紧紧相握的。应邀访问豪萨人家，应在门口等主人相请时才能进门。衣服和首饰是最受欢迎的礼物。伊博族人则把"柯拉果"作为招待客人的佳果，客人来访，主人献上此果则表示真心实意的欢迎，否则即是拒客之意。

◆ 尼日利亚人在交谈中，从不盯视对方，也忌讳对方盯视自己，认为这是不尊重人的举止。他们忌讳用左手传递东西或食物。认为左手下贱、肮脏，是不应该用来做干净事情的，否则便是对人的挑衅和污辱。他们忌讳"13"，认为它是厄运和不吉祥的象征。尼日利亚信奉伊斯兰教的人禁食猪肉和使用猪制品。

◆ 在同当地商人谈话中应回避的一个话题是宗教。恰当的话题是有关尼日利亚的工业成就和发展前景。尼日利亚人还喜欢谈论非洲的政治活动，特别是他们对非洲统一组织、西非国家经济共同体以及其他非洲国家所做出的贡献。

◆ 尼日利亚商人同样具有热情直率的民族性格，因此与他们相处不能做出懒样，而应当多进行富有建设性的谈话，始终给对方一种热情有礼的感觉，用自己的热情激起对方的热情。当然，在商务活动中不能急于求成，要尊重对方的意愿，多给对方留一些时间去衡量事情的得失。

◆ 尼日利亚人最爱食用传统的"五色板",即用玉米面（黄色）、木薯面（浅黄色）、豆类面（咖啡色）、蔬菜（绿色）、西红柿（红色）混合在一起烧制而成的糕状或糊状食物。他们对中国饮食有极大的兴趣,用餐一般习惯以手抓饭,社交场合也使用刀叉。

挪威

A Brief Survey of the World's Business Cultures

基本概况

    挪威（Norway），全称挪威王国（The Kingdom of Norway），位于北欧斯堪的纳维亚半岛西部，三面环海，西濒大西洋，北临北冰洋，南同丹麦隔海相望，东与瑞典接壤。面积约为 38.52 万平方公里。大部分地区属温带海洋性气候。

    挪威人口约为 510.9 万（截止到 2014 年 1 月）。约 96% 为挪威人，外国移民约占 4.6%。官方语言为挪威语，英语为通用语。约 90% 居民信奉国教基督教路德宗。奥斯陆（Oslo）为挪威首都。

经济结构

挪威油气、水利、森林和渔业资源丰富。丰富的水力资源，为挪威产生出足够的电力，挪威是世界上唯一完全依靠水电的国家。渔业是挪威重要的传统经济部门，以人工养殖大马哈鱼和近海捕捞为主，鱼产品一半以上供出口。挪威是拥有现代化工业的发达国家。工业在国民经济中占重要地位，海洋石油、化工、航运、水电、冶金等尤为发达。副食基本自给，粮食主要依靠进口。服务业包括商业、旅游、运输、通讯、金融、房地产、建筑、公共服务等。

挪威的货币为挪威克朗（Norwegian Krone）。

商务文化

北欧人和北美洲人会觉得跟挪威人做生意很轻松，一方面是因为很多挪威人都会讲英语，另一方面是因为双方的商业习惯颇有类似。与之相反，许多亚洲人、非洲人和拉丁美洲人都会觉得挪威人的商业行为与他们自己的习惯方式大相径庭，并感到困惑不解。

◆ 挪威人非常喜欢握手。无论何时，当陌生人相会，总要握手及互道姓名。同样地，当以后遇见了不怎么熟的人，您也得在打招呼及道别时握手。

◆ 挪威人有一种奇特的礼节，即人与人谈话时要保持固定的距离。认为谈话双方相距 1.2 米左右是最佳的合乎习惯的距离。否则，超越或不足此距离会使该国人看作是不礼貌的举动，会导致谈话气氛冲淡或出现不愉快的拘谨。

◆ 挪威人忌讳"13"和"星期五"。室内不戴帽子，也是挪威的习俗。不要惊吓河鸟，因为河鸟是挪威的国鸟。

◆ 大多数挪威人能讲一口流利的英语，还有许多人同时能讲德语或法语。那些不会讲英语的来访谈判代表在大城市里很容易找到优秀的口译人员。

◆ 与同德国人、法国人和西班牙人进行商务会面相比，在这里，男士商务访客可能会觉得轻松一些，但首次见面时还是应该穿西装或夹克并系上领带。女士来访者应该穿西装、职业套裙或职业套装。

◆ 初次会见时，挪威人常常只在简短的寒暄之后就直接切入正题。在这个文化中，寒暄和闲聊对做生意并非必不可少。

◆ 挪威人讲话通常很坦率、直接。这与亚洲、拉丁美洲和中东的委婉、迂回的语言习惯形成鲜明对比。但另一方面，大多数挪威人都没有德国人那么率直。

◆ 在挪威，商务会谈一般都会准时进行。如果您可能迟到几分钟，需要给对方打电话解释原因并告知您将会到达的时间。在第一次会见时，如果可能的话，拜访的客人应该有礼貌地提出可能的结束时间。这样，对方可以安排他们自己的事务。很少会有电话和其他干扰来打断商务会面。要严格遵守日程安排和最后期限，如果对方没有准时履行自己的职责，挪威人将很快失去与之做生意的兴趣。

◆ 虽然挪威人热情友好，但在超语言和非语言交流方面，与善于表达自己的拉丁欧洲人、拉丁美洲人和许多北美人相比，他们大多显得有点拘谨。

◆ 在商业场合，除了握手之外很少有身体接触。切勿抓别人的胳膊，或拍后背。情感外露、经常有身体接触的文化中的人不应该将挪威人的保守误解为冷漠或傲慢。

◆ 在谈判桌上，挪威人通常只是适度含蓄地注视对方。

◆ 应避免所谓的"先高后低"打开局面的谈判策略（即起初报价高出实际价格很多，然后再降低价格）。习惯于在盛行这种策略的文化中做生意的商人，在挪威改用更切合实际的报价会更容易取得成功。

◆ 以实际不存在的最后期限作为施加压力的策略也很可能会适得其反。但是，更糟的是以直接或间接的方式提出某种所谓好处，这会被当做是贿赂。一直以来，在各种廉洁商业文化的排名中，挪威和其他北欧国家都是首屈一指的。

◆ 如果在后来的合作中出现了分歧，书面协议将被认为是具有权威性的。如果一位国际商业伙伴采取像许多东亚国家的公司惯用的方式那样，依仗双方的关系，在合同已经签订之后再重新谈条件，挪威人可能会感到很反感并做出消极反应。如果谈判者坚持谈判过程中有律师在场，挪威人也可能会被激怒。最好是让法律顾问作为后台的支持者，直至签订最终协议时才露面。

◆ 除了圣诞礼物和品味高尚的带公司标志的制品，这里的商业文化不流行赠送礼物。然而，如果谈判成功结束，一瓶优质的柯纳克白兰地或威士忌还是受欢迎的。务必使用优质的纸张精美地包装好您的礼物。

◆ 挪威人通常不会邀请来访的客人到家中用餐，而是常常邀请来访的客人外出用餐。商务招待一般是午餐或晚餐，而不会是早餐。如果会见是在接近中午时举行的，您可邀请对方共进午餐。然后，准备好大方地接受挪威人的邀请。在这里，邀请的一方会付账单。在商务晚餐中，最好还是礼貌地等待主人首先提及生意方面的事情。

◆ 如若受邀到家中做客，以巧克力、点心、葡萄酒、白酒或鲜花作为拜访礼物是很有礼貌的。所赠鲜花不要是百合、康乃馨和所有白色的鲜花，因为这些花是适用于葬礼的。

62

葡萄牙

基本概况

　　葡萄牙（Portugal），全称葡萄牙共和国（The Portuguese Republic），位于欧洲伊比利亚半岛西南部。东、北与西班牙毗邻，西南濒临大西洋。面积约为 9.2 万平方公里。北部属海洋性温带阔叶林气候，南部属亚热带地中海式气候。

　　葡萄牙人口约为 1 042.7 万（截止到 2013 年年底），其中葡萄牙人占 96.9%，外国合法移民占 3.1%（主要来自非洲、巴西、欧盟及亚洲等国家）。官方语言为葡萄牙语。约 84.5% 的居民信奉天主教，2.2% 为新教徒，0.3% 信奉其他宗教，3.9% 无宗教信仰或无法确定。首都里斯本（Lisbon），是葡萄牙共和国的最大都市。

经济结构

葡萄牙有"软木之国""葡萄王国"的美称。葡萄牙软木及橡树制品居世界第一，自古以来盛产葡萄和葡萄酒。葡萄牙海洋捕捞业较发达。矿产资源较丰富，其中钨储量为西欧第一位。主要工业部门有纺织、服装、食品、造纸、软木、电子器械、陶瓷、酿酒等。旅游业是其外汇收入的重要来源和弥补外贸赤字的重要产业。

葡萄牙主要进口产品有机械、仪表、汽车、石油、化工产品、农产品和常用金属等。主要出口产品为机械、仪表、汽车、服装、纺织品、常用金属、鞋类、纸浆、木材和软木等，大理石出口居世界前列。

葡萄牙货币为欧元（**Euro**）。

商务文化

葡萄牙人性格豁达开朗，感情真挚细腻，待人热情诚恳、乐于直言直语，不愿相互绕弯。他们处事认真、待客礼貌，不论身份高低。但在与其进行商务交往时，还需要注意以下几点：

◆ 在葡萄牙，应对女人特别有礼貌，这是一种社会风尚，不可忽视。

◆ 每逢节假日，人们普遍喜爱野餐。古堡前、风车旁、路旁花丛等都是他们野餐的好地方。凡有过路人从近旁经过，都会受到他们的盛情邀请。

◆ 葡萄牙人喜欢在闲聊中畅叙本国的优点和个人的一些爱好。文明斗牛等活动，更是他们乐于谈论的话题。

◆ 葡萄牙人偏爱石竹花，视其为革命和胜利的象征，并常以石竹花来相互表示祝贺，还喻其为国花。他们喜欢薰衣草和雁来红，因为这些花草既有观赏价值，又有经济作用，还会给人们带来快乐和幸福。

◆ 葡萄牙没有人种歧视的现象，工资水平也不高，罢工至今是违法的。国家对外来投资很积极，并制定优惠办法。

◆ 葡萄牙遗留着等级制度，上流阶级的人更多地上大学，较低一级公司的领导多毕业于职业学校，在经营方面，态度非常积极。

◆ 提起葡萄牙，人们往往就会顾名思义认为这国名是由其盛产葡萄而来，其实不然。葡萄牙是音译。不过它的确是闻名遐迩的"葡萄王国"，按葡萄牙人的饮食习惯，用餐时应尽量喝葡萄酒，它是每一家庭必不可少的饮料。男女老幼饭前饭后都爱饮酒，也喜欢用酒招待客人，男人只有饮酒才被人认为是男子汉。葡萄牙人饮酒的方法是很讲究的，按葡萄牙的传统，饭前要饮用开胃葡萄酒，饭后要喝助消化葡萄酒，用餐过程中还根据菜肴配酒。吃肉时喝红葡萄酒，吃鱼时饮白葡萄酒，冷拼盘则配饮玫瑰香葡萄酒，吃点心时则配葡萄汽酒。这种传统的、严格的配酒方法，沿袭至今，已成为全国人在商务宴请、社交场合和家庭饮宴时的一种礼节和习惯。到了葡萄牙，进餐时非喝酒不可。要是搬出理由不喝，他们就认为您瞧不起他们，那么进一步做交易或交个知己的希望就要泡汤了。在葡萄牙，人们称酒比水还便宜，酒精的成分也不高，因此，进食时同时喝些酒，绝不至醉酒。

◆ 在葡萄牙进行商务活动宜穿非常保守、老式的西装。拜访公私单位均绝对必须事先预约，最好的方式是事先写信要求于何时拜会，待对方回信或回电时才前往。

◆ 葡萄牙人家族意识强烈。凡事慢三拍，所以事先应安排好，以适应他们的拖拖拉拉。但是，葡萄牙人是乐于加班的。

◆ 与商界人士约会不要定在中午到下午 3 时这段时间，因为在此期间停止一切活动。尽管葡萄牙人不大注意遵守时间，客人仍应准时赴约。

◆ 在葡萄牙，男人相见时热情拥抱并互拍肩膀，很熟的妇女相见时亲吻对方双颊。葡萄牙人惯于社交，在初认识的时候，就会表现出亲密感来。与他们相处应重视人际关系。

◆ 在葡萄牙从事商业活动，见面或道别时的正式握手为礼是十分重要的事。商务谈判时，不宜试图施加压力，宜保守地提出生意条件。

◆ 葡萄牙商人多半会带您去一些古老、优雅的咖啡厅聚坐，招待殷勤，但是多半花费不多。餐馆账单通常已包含赏钱，但不妨再给百分之十的小费。

◆ 应邀去主人家里进餐时，不一定非带礼物不可。您可以回请作为回报。谈话中客人要避免谈论有关政治和政府的问题。谈论家庭、葡萄牙的优点和个人的爱好是一种礼貌的表示。

日本

A Brief Survey of the World's Business Cultures

基本概况

日本（Japan），即日本国，国名意为"日出之国"，位于亚欧大陆东端，是一个四面临海的岛国，自东北向西南呈弧状延伸。东部和南部为一望无际的太平洋，西临日本海、东海，北接鄂霍次克海，隔海分别和朝鲜、中国、俄罗斯、菲律宾等国相望。包括北海道、本州、四国、九州 4 个大岛和其他 6 800 多个小岛屿。国土面积约为 37.79 万平方公里。海洋性气候明显，一年四季温差很小。日本大部分国土属温带气候，但由于日本的岛屿自西南向东北延伸得很长，南北跨越纬度约 20 度，因此全国各地的气候仍然有很大的不同。

日本人口约为 1.27 亿（截止到 2013 年年底）。主要民族为大和族，北海道地区约有 2.4 万阿伊努族人。通用日语，北海道地区有少量人懂阿伊努语。主要宗教为神道教和佛教，信仰人口分别占宗教人口的 49.6% 和 44.8%。东京（Tokyo）是日本的首都。

经济结构

第二次世界大战后至20世纪80年代末发生泡沫经济前，日本产业政策的实施大致分为四个时期：第一个时期，主要为了恢复市场，克服通货膨胀，确立了以经济自力为基础的产业政策，在产业选择上，主要推进了以纤维纺织品为主的轻工业的发展。第二个时期，是以产业合理化为中心，培育新型产业，充实社会资本。在这一时期重点发展了资本密集型的钢铁、化学等行业。第三个时期，适应贸易自由化、资本自由化，为了实现日本经济的快速增长，迈向经济大国的目标，采取强化产业竞争力的产业政策。这一时期也是日本的汽车、电器、机械迅速发展和走向世界的时期。第四个时期是产业政策多样化的时期，主要是谋求振兴电子产业和发展知识密集型企业的时期。1990年以后，日本房价和股市持续下跌，导致日本很多人资产不断缩水。由于结构和制度的原因，消费低迷导致日本内需长期不振，进而影响日本经济长期低迷，形成日本历史上"失去的二十年"现象。要想使日本经济走出不景气的道路艰难而曲折，日本经济什么时候能够走出低谷，即使日本的专家学者也很难确定。

当前，日本经济结构中的第三产业占GDP总量的比重最大，主体是服务业和旅游业。第二产业占GDP的比重次之，其中的制造业比较强，尤其是汽车、电子、造船以及钢铁等产业。第一产业占GDP的比重则很小。

日本主要的贸易伙伴有美国、中国、东南亚、沙特阿拉伯等。主要的进口物品以原材料为主，包括石油、铁矿石、半成品和食品等。出口汽车、电子产品、家电、机械和工业用机器人等。

日本的货币为日元（Japanese Yen）。

商务文化

日本以"礼仪之邦"著称，日本人一向讲究礼节。在与日本人进行商务交往中要注意以下几点：

◆ 日本人喜欢花，尤其喜欢樱花。和服是日本民族最珍爱的传统服装。虽然今天日本人的日常服装被现代服装所替代，但在一些正式场合及传统节日庆典上，和服仍是公认的必穿礼服。

◆ 平时人们见面总要互施鞠躬礼，并说"您好""再见""请多关照"等。在鞠躬的度数、时间长短、次数等方面还有其特别的讲究。行鞠躬礼时手中不得拿东西，头上不得戴帽子。

◆ 日本人初次见面对互换名片极为重视。互赠名片时，要先行鞠躬礼，并双手递接名片。接到对方名片后，要认真看阅，看清对方身份、职务、公司，用点头动作表示已清楚对方的身份。如果您是去参加一个商业谈判，就必须向房间里的每一个人递送名片，并接受他们的名片，不能遗漏任何一个人。印名片时，最好一面印中文，一面印日文，且名片中的头衔要准确地反映自己在公司的地位。

◆ 在日本，做生意的基础是面对面的交往。所以，如果您是进口商，那您首先要去日本接触您产品的潜在销售商和买家。一般来说，如果有必要，他们希望外国公司能用日语同他们打交道，这就需要您聘请翻译。

◆ 对大多数日本公司来说，与外国公司签订一单生意是个重要决定，他们要尽可能多地了解有关这单生意的信息以及您的公司。所以您要将公司年度报表、公司介绍及其他资料准备齐全，以便及时送给对方参阅。初次联络时，日本人会用很长时间来拟定如何答复。

◆ 要想在日本做成生意，关键一点是利用已有的关系来开拓新的关系。外国公司可采取私人关系的方式对待潜在商业伙伴、合伙人及客户，这一点非常重要。发展这些关系需花大量时间，所以要有耐心。

◆ 日本人具有强烈的群体意识，喜欢集体活动。不论是在企业、社会团体，还是在家族里，您经常可以看到他们举行的丰富多彩、花样繁多的活动。如新年会、忘年会、文体活动、郊游等。不管什么活动，日本人都积极参与，还经常带家属一起。日本人有一种顾全大局的集团观念，集团的行动和纪律具有至高无上的约束力。如果有人在外面说自己集团的坏话，或透露家丑，必然会被大家孤立。

◆ 不要当面直截了当地拒绝日本人。即使必须拒绝，也要说还要考虑考虑。如果您要否定日本人的建议，须以明确、连贯且不带威胁的态度陈述理由。日本人在否定对方的建议时，总是不直接说"不"。因此，要弄清其是否真的否定你的建议，须学会辨别一些微妙暗示。记得千万不要当面指责日本人，如果您想强调自己的建议，最好把您的建议间接地提出来，或想办法引起日本人注意，或用其他方法让日本人自己主动谈起。

◆ 永远不要当着日本人的面赞扬日本政府或贬低自己的政府。在日本人心中，连自己国家都不尊重的人最不可交。

◆ 千万不要用您将与别人或别的公司洽谈同一笔生意来对他们施加压力。商业竞争使日本人十分敏感，提及日本人竞争对手的名字可能会冒犯他们。

◆ 不管错误在哪一方，应该找一位中间人（双方的介绍人或双方都熟悉的人）去交涉不愉快或不幸的事情。当您作为主人招待日本客人时，要充分表现出您非常了解日本文化。与日本人交往时，彼此要有耐心倾听对方的陈述，不要随意打断对方。否则，日本人会有可能停止讲话，有礼貌地听你讲话，并且可能从此一言不发。

◆ 同日本人交谈时，尽可能选一些中性话题，比如共同的朋友、共同的经历、茶酒之道、与日本有关的问题等，避免谈东西的价钱、薪金，或有关钱财方面的话题，避免使对方感到尴尬。

◆ 日本人抽烟多喜欢自己抽，很少主动敬烟，因为日本人认为香烟是有害身体的。

高声说话，定睛凝视他人，手插在衣袋里以及用手指指人，都会被认为是对人不恭敬。在交际场合，日本人的信条是"不给别人添麻烦"。因此，忌讳高声谈笑。但是在外人面前则大都要满脸笑容，日本人认为这是礼貌。

◆ 日本企业重合同、守信用是世界公认的。作为贸易伙伴，同日本企业建立重合同、守信誉的依赖关系十分重要。在具体交易过程中，日本方面十分重视质量和交货期。

◆ 日本的商业社交活动有其独特的礼节，而且工作和娱乐界限分明，拼命工作，纵情娱乐。不管是什么娱乐场合，不要轻易讨论商业问题，即使要谈，应在活动后，并且是由主人主动提出。

◆ 到日本人家里去做客，要预先和主人约定时间，进门前先按门铃通报姓名。进门后要主动脱衣脱帽，解去围巾（但要注意即使是天气炎热，也不能光穿背心或赤脚，否则是失礼的行为），穿上备用的拖鞋，并把带来的礼品送给主人。当您在屋内就座时，背对着门坐是有礼貌的表现，只有在主人的劝说下，才可以移向尊贵位置（指摆着各种艺术品和装饰品的壁龛前的座位，是专为贵宾准备的）。日本人不习惯让客人参观自己的住房，所以不要提出四处看看的请求。日本人特别忌讳男子闯入厨房。上厕所也要征得主人的同意。进餐时，如果不清楚某种饭菜的吃法，要向主人请教。夹菜时要把自己的筷子掉过头来使用。告别时，要客人先提出，并向主人表示感谢。回到自己的住所要打电话告诉对方，表示已安全返回，并再次感谢。过一段时间后再遇到主人时，仍不要忘记表达感激之情。日本人设宴时，传统的敬酒方式是在桌子中间放一只装满清水的碗，并在每人面前放一块干净的白纱布，斟酒前，主人先将自己的酒杯在清水中涮一下，杯口朝下在纱布上按一按，使水珠被纱布吸干，再斟满酒双手递给客人。客人饮完后，也同样做，以示主宾之间的友谊和亲密。

◆ 日本人无论是访亲问友或是出席宴会都要带去礼品。给日本人送礼要掌握好"价值分寸"，礼品既不能过重，也不能过轻。去日本人家做一般性拜访，带上些包装食品是比较合适的，但不要赠花，因为有些花是人们求爱时或办丧事时使用的。日本人对礼品讲究包装，礼品要包上好几层，再系上一条漂亮的缎带或纸绳。日本人认为，绳结之处有人的灵魂，标志着送礼人的诚意。接受礼品的人一般都要回赠礼品。日本人不当着客人的面打开礼品，这主要是为了避免因礼品的不适而使客人感到窘迫。日本人送礼一般不用偶数，这是因为偶数中的"四"在日语中与"死"同音，为了避开晦气，诸多场合都不用"4"，久而久之，干脆不送"2、4、6"等偶数了。他们爱送单数，尤其是"3、5、7"这几个单数。但"9"也要避免，因为"9"与"苦"在日语中发音相同。

◆ 不要出人意料地拿出礼物，拿出礼物前应该设法婉转地告诉您的客人，说您准备了一份小小的纪念品。如果是和一般客人会见，要么向全体赠送一份礼物，要么向团体的每一个人送礼。如果是向全体客人送礼，要在所有人集合过来之后再赠送。只向团体里的某些人送礼，会被看作非常失礼的行为。

◆ 日本人吃饭，通常将各种菜肴一次端上来。吃的顺序是，先喝汤，然后从各盘、碗中挑夹些菜。在就餐过程中，吃得很慢，总是用左手端汤、饭碗，用筷子另一头从公盘中夹菜。在宴会结束前，不撤走空盘。而且，在开始吃饭时要说"我要吃饭了"，吃完还要说"我吃饱了"。

◆ 日本人对他们的独特烹饪术非常自豪。如果懂得一些欣赏、品尝日本菜的知识，往往会赢得日本人的尊重。还有，日本人认为善饮者才是好汉，要是他们问您要不要喝点酒，正确回答是"要"。

64

瑞典

基本概况

瑞典（Sweden），全称瑞典王国（The Kingdom of Sweden），位于北欧斯堪的纳维亚半岛东半部，西邻挪威，东北接芬兰，东临波罗的海，西南濒北海，同丹麦隔海相望。地势自西北向东南倾斜，北部为诺尔兰高原，南部及沿海多为平原或丘陵。面积约为 45 万平方公里。约 15% 的领土在北极圈内，但受大西洋暖流影响，冬季不太寒冷，大部分地区属温带针叶林气候，最南部属温带阔叶林气候。

瑞典人口约为 968 万（截止到 2014 年 5 月底）。约 90% 为瑞典人（日耳曼族后裔），外国移民及其后裔约 10%。北部萨米族是唯一的少数民族，约 1 万人。官方语言为瑞典语。90% 的国民信奉基督教路德宗。斯德哥尔摩（Stockholm）是瑞典的首都，全国的政治、文化、经济和交通中心，同时也是瑞典第一大城市。

经济结构

瑞典资源丰富。铁矿、森林和水力资源是瑞典三大资源，瑞典是欧洲最大的铁矿砂出口国，森林覆盖率高。瑞典还是世界经济发达国家之一，在电信、制药、金融服务等方面具有国际竞争优势，同时也是世界上最重要的新技术研发国家之一。在信息通讯、生命科学、清洁能源、环保、汽车等领域具有强大研发实力。瑞典是世界上人均拥有发明专利和专利申请最多的国家之一。

瑞典对外贸易十分发达，主要的出口商品包括各类机械、运输通信设备、化工及医药产品等。瑞典出口的主要市场是欧盟和波罗的海国家，中国已成为瑞典在亚洲最大的环保产品出口市场。

瑞典的货币为瑞典克朗（Sweden Krona）。

商务文化

瑞典人注重平等、效率和谦虚，其管理模式的水平结构表现出了平等主义的价值观。瑞典人相互间交流的非正式方式是他们关于平等的坚定信仰的衍生品。

◆ 瑞典人通常对会面的请求做积极反应，而无需第三方的介绍或者推荐，当然这必须是在这种生意建议有意义的前提下。

◆ 斯德哥尔摩的合作伙伴在第一次会面时刚刚聊了一会儿就准备谈生意，这可能使来自亚洲、非洲和中东地区的关系定位的文化中的访问者感到很奇怪。高效的瑞典人喜欢立刻就开始进入正题。他们甚至比德国人还讨厌闲聊，并称之为废话。

◆ 瑞典人言词直爽，来自像中国或者日本等关系取向型文化的商业访问者可能会对瑞典人的率直感到震惊，习惯了礼貌的借口和婉转曲折的陈述的谈判代表可能会认为这是很鲁莽的。瑞典人相对于富有表现力的意大利人、希腊人和西班牙人来说，说话是比较温和的。

◆ 在商务洽谈中，矜持的瑞典人要跟别人保持一臂间隔的距离，而他们极富表现力的合作伙伴则喜欢再靠近一点，接触行为仅限于握手。

◆ 瑞典人时间观念强，并且为他们的守时和严格遵守日程安排而感到自豪，他们希望他们的生意伙伴也能同样做到这一点。

◆ 进行商务活动时，男士要着传统风格的套装和领带，至少在第一次会面时，女士则要穿套装或者礼服。

◆ 会面和问候时，要紧紧握手。在对方要求您称呼他们的教名之前，介绍时要一直称呼他们"先生、小姐"或者"夫人"再加上姓。

◆ 瑞典人自我认为是很聪明的，他们可以分辨出在您的提议中哪些是好的、哪些是不好的，他们讨厌"强行推销"战略。

◆ 开始的提价应该是符合实际的。以一个夸大的数字开始，以便给自己留有"讨价还价的余地"，在瑞典这样做的结果很可能会适得其反。瑞典的公司认为书面协议是不可更改的，而且他们不会去要求为一个最近刚签订的合同再重新进行谈判。

◆ 业务午餐和晚餐都是在正式的餐厅里举行的。夫妻通常被邀请去参加晚餐，而不参加午餐。虽然瑞典人通常是不拘礼节的，但是干杯却是一个例外。通常主人会第一个提议干杯，接下来是地位较高的人提议。等到听见主人说"干杯"的时候，才可以喝酒。

◆ 如果被邀请到瑞典人的家里做客，就带一束鲜花，再送一盒糖果给孩子们。质量上乘的葡萄酒、白兰地和威士忌也是很好的礼物。如果有幸坐在女主人的旁边，就要准备好做一番演讲。

瑞士

基本概况

瑞士（Switzerland），全称瑞士联邦（Swiss Confederation），位于欧洲中部，东邻奥地利和列支敦士登，南面与意大利为邻，西面与法国接壤，北部与德国交界。全国地势高峻，分为西北部的汝拉山、南部的阿尔卑斯山和中部瑞士高原三个自然地形区。面积约为4.13万平方公里。地属北温带，受海洋性气候和大陆性气候交替影响，气候变化较大。

瑞士人口约为821万（截止到2013年），其中外籍人超过22.3%。大部分居民信奉天主教和新教。信奉天主教的居民占38.6%，新教28.0%，其他宗教11.3%，不信教的占20.1%。官方语言为德语、法语、意大利语及拉丁罗曼语。主要是日耳曼人，此外还有法国人和意大利人。首都伯尔尼（Bern）。

经济结构

　　瑞士工业技术水平先进，产品质量精良，在国际市场具有很强的竞争力。机械制造、化工、医药、高档钟表、食品加工、纺织等是主要支柱产业。瑞士军刀、瑞士手表闻名世界。旅游业十分发达，是仅次于机械制造和化工医药的第三大创汇行业。瑞士矿产资源匮乏，生产、生活所需能源、工业原料主要依赖进口。主要农作物有小麦、燕麦、马铃薯和甜菜。肉类基本自给，奶制品自给有余。

　　瑞士金融业发达，最大城市苏黎世是国际金融中心之一，拥有世界上第二大黄金交易市场。主要出口商品是机械设备、化工产品、医药、精密仪器、钟表以及食品。进口商品主要是原料、半成品和耐用消费品。主要贸易伙伴是欧盟国家和美国。

　　瑞士货币为瑞士法郎（**Swiss Franc**）。

商务文化

　　瑞士的社交礼仪与禁忌，对文明礼貌的要求等等与其他西方国家基本相同。

◆ 瑞士人酷爱清洁，不但个人居室住所干净整齐，也十分注意保持公共场所的卫生。无论城市乡间，都绝少有乱弃废物的现象。他们也十分重视环境污染问题，因此在保护环境卫生、防止污染方面有许多严格而具体的规定。

◆ 像其他西方人一样，瑞士人不愿别人打听自己的私事，尤其是不愿谈论金钱与个人收入。他们爱谈论体育、旅游、政治及有关瑞士的话题。

◆ 瑞士人赠花很有讲究，他们珍视火绒草，用它象征至高无上的荣誉，常将它作为最珍贵的礼物奉献外宾，以表达友好、诚挚、崇敬。

◆ 瑞士人喜爱红、黄、蓝、橙、绿、紫、红白相间色组。

◆ 瑞士人忌讳"13"和"星期五"。他们不喜欢饰有猫头鹰图案的物品，也不喜欢黑色，他们不在阳台上晒衣服，认为这会影响市容。

◆ 瑞士人男、女分工合作的意识较强。他们认为，男主外，女主内。因此，女性从来就不会和男人争着出风头，而安于处理家事。

◆ 瑞士人习惯行握手礼，握手时两眼注视对方。亲朋好友见面，有时也施拥抱礼，女士则施吻面礼。对于陌生人，他们也总是彬彬有礼，乐于助人，无论是问路或打听某个人，都有人热情地为您指点。瑞士人不喜欢随意触碰他人的身体，一旦碰到他人的身体，马上就会说对不起。他们不仅有礼让妇女和老人的习惯，而且也会给有急事的人让路。他们喜欢安静，在房内行走总是尽可能避免发出过大响声。

◆ 按照瑞士的商务礼俗，平时适合穿三件套的西装，拜访各大公司或政府机构，必须事先预订好时间，并且记住一定守时。

◆ 发商业信函给一个瑞士公司，信封上应写该公司的有关部门，而不要写主管个人的姓名，否则主管不在的话，这封信将无人拆启。

◆ 受到邀请到瑞士商人家中做客，通常送的礼物是鲜花，但不要送红玫瑰，因为它是浪漫的象征。接受礼品时，应当场打开包装观看礼品。

◆ 瑞士人作风严谨、保守并讲究信誉。但有时也带有顽固的一面。与他们洽谈业务，必须要有耐心。一旦对方决定购买您的产品，几乎就会无限期地一直买下去。相反，如果对方流露出了"不"字，您也就没有必要继续努力了。因为他们很少轻易改变主意。

◆ 遵守契约，诚实不阿，瑞士人堪称楷模。所以和瑞士人打交道，一定要守信用，一次的失信则可能带来永难挽回的损失。

◆ 瑞士商人对"名牌"产品很感兴趣，如果您的产品牌子很硬，一定要在信封或信纸上注明该公司设立的年份，这样会大大提高该产品的身价。

◆ 按照瑞士的礼节习惯，千万不要在见面的第一天就邀请对方共进午餐或晚宴。应待双方接触几次，甚至相熟之后，再提出邀请。最好在离开瑞士之前邀请对方共进晚餐。万一对方拒不赴约，也不要紧，生意照样可以成功。

◆ 瑞士人以西餐为主，讲究菜肴的色香味。但瑞士人举办宴会却很简单。按照习惯，仅有一道主菜、一道汤菜、冷盘和甜食。比较讲究点的是饮酒，饭前有开胃酒，饭后有消化酒，席间吃鱼时饮白葡萄酒，吃肉时饮红葡萄酒。

66

萨尔瓦多

基本概况

萨尔瓦多（Salvador），全称为萨尔瓦多共和国（The Republic of El Salvador），位于中美洲北部。东部、北部同洪都拉斯交界，南濒太平洋，西部、西北部同危地马拉接壤。萨尔瓦多是中美洲国家中面积最小、人口最稠密、工业化程度最高的国家。自然景观丰富，火山地形是最大特色，其中最负盛名的绿色小丘（Cerro Verde）、伊萨克山（Izalco）和圣塔·安那山（Santa Ana）等三座火山，汇集成火山群。面积约为2.1万平方公里。萨尔瓦多为热带草原气候。

萨尔瓦多人口约为630万（截止到2013年），其中印欧混血人占89%，印第安人10%，白人1%。西班牙语为官方语言。居民大部分信奉天主教。圣萨尔瓦多（San Salvador）为萨尔瓦多的首都。

经济结构

萨尔瓦多经济以农业为主,咖啡、棉花、甘蔗为三大经济支柱,其次为水稻、玉米、可可、剑麻以及牛、猪等。工业化程度较高。矿藏资源有金、银、铜、铁、石油、煤、锌、铅、水银、硫黄等,还有较丰富的地热和水力资源。森林面积约占全国面积的 13.4%。是世界主要树胶生产国之一。

对外贸易占国内生产总值的一半以上。主要贸易伙伴为美国、德国和中美洲共同市场成员国。政府采取鼓励出口、特别是非传统产品出口的政策。主要出口产品有咖啡、棉花、糖、虾等。主要进口原材料、燃料、工业制成品和消费品。

萨尔瓦多的货币为美元（U.S. Dollar）。

商务文化

历史上的萨尔瓦多曾经是欧洲老牌殖民帝国西班牙的殖民地,这种被殖民的经历使萨尔瓦多在长时间的磨练中形成了属于自己的独特文化,同时到处又都带有欧洲文化的烙印。其商务文化及习俗比较简单,但也有一些事情需要注意。

◆ 因为萨尔瓦多曾一度为殖民地时期非洲黑奴贸易的中心,所以当地绝大多数居民既具有源于殖民地历史的独特个性,也保持土著印第安人的风俗习惯。

◆ 经过数世纪的殖民统治后,当地的印第安人已经被同化,只有少数仍能够保留其印第安文化、传统和语言。萨尔瓦多深受天主教的影响,这可以在其众多和天主教有关的节日中体现出来。在殖民前该国被称为"宝石之地和珍贵之物"。

◆ 萨尔瓦多的城市建筑大多具有欧式建筑风格。农村的房屋建筑大多使用砖、坯做材料,与其他中美洲和墨西哥南方的房屋相似。

◆ 萨尔瓦多居民主要穿西服,尤其在隆重的正式场合更是如此。印第安人的服装是传统式的,过节时他们喜欢穿自己的民族服装。

◆ 都市青年严格地履行婚约,年轻女孩子不得独自在街上行走。农村的婚礼由祭司做主持人,请祭司为新婚夫妻祈福。

◆ 圣诞节（12 月 25 日）、神节、印第安人节（12 月 12 日）和救世主节（7 月 24 日至 8 月 6 日）是萨尔瓦多的传统节日。节日期间,大街小巷都挤满了欢乐的人群,他们举行嘉年华会、放烟火、跳土风舞及游行活动,载歌载舞,欢度佳节。

◆ 萨尔瓦多印第安人还保留有自己古老的"嗨嗨节",在节日庆祝活动中,穿着希卡部落服装的人们,做着与求雨有关的巫术动作。在萨尔瓦多印第安的社区游行、节庆和比赛中，有音乐、舞蹈、宗教仪式、美女选拔、足球赛和民俗舞蹈等等。

◆ 萨尔瓦多人见面和离别时，除了互致问候外，常行握手礼、亲吻礼。

◆ 被邀赴宴时，一般都要带礼物。萨尔瓦多妇女不愿意别人问及她的年龄及丈夫的情况。

◆ 如果您旅居萨尔瓦多，和萨尔瓦多人相处要注意，洪都拉斯与萨尔瓦多不合，说话时应注意。该国人种复杂，人们对于政治兴趣高昂。

◆ 天主教徒忌讳"13"这个数字，尤其当某月的"13"号是星期五时，遇上此日子，一般不要举行活动或外出。

◆ 萨尔瓦多人的饮食是在西班牙人和印第安人的烹调习惯基础上发展起来的。城市居民主要吃西餐，主食是大米、豆类、玉米、牛奶、水果等。普及城乡的饮料是可口可乐、啤酒、咖啡等。当地的主要饮料是由甘蔗制成的朗姆酒以及以此为基酒的各种调味酒。进口酒由于关税低也不贵。

塞尔维亚

基本概况

  塞尔维亚（Serbia），全称为塞尔维亚共和国（The Republic of Serbia），位于欧洲东南部，是巴尔干半岛中部的内陆国。东北与罗马尼亚，东部与保加利亚，东南与马其顿，南部与阿尔巴尼亚，西南与黑山，西部与波黑，西北与克罗地亚相连。面积约为 8.83 万平方公里。属于温带大陆性气候。

  塞尔维亚人口约为 930 万（截止到 2013 年）。官方语言塞尔维亚语。主要宗教为东正教。首都为贝尔格莱德（Belgrade）。

经济结构

塞尔维亚人的传统经济以种植业为主，主要生产小麦、玉米、甜菜、葡萄、麻类。土地肥沃，雨水充足，农业生产条件良好。矿产有铜、铅、锌、褐煤和石油。工业以有色金属开采和冶炼、机械、化学、纺织和食品加工为主。森林覆盖率 25.5%，水力资源丰富。

主要出口产品为：钢铁、有色金属、水果、蔬菜、服装与其他制成品。主要进口产品为：石油及其制成品、汽车、普通机床、天然气和钢铁等。主要贸易伙伴为：德国、俄罗斯、意大利、波黑等。

塞尔维亚货币为塞尔维亚第纳尔（Serbian Dinar）。

商务文化

塞尔维亚人热情、豪爽、喜欢交友。待人处事的习惯跟中国人的习惯有很多相似之处，但是多半还是趋向于西方。不管去当地做生意还是观光，了解当地一定的风俗习惯是非常有用的。

◆ 塞尔维亚人对酸白菜情有独钟。塞尔维亚中部小镇姆尔查耶夫齐，由于多次举办酸白菜节而闻名遐迩。此外，每逢盖新房、升学、参军和庆祝生日等活动时，塞尔维亚人也都会做上一份酸白菜以示庆祝。

◆ 塞尔维亚人在社交场合讲究衣着整齐、得体。与客人相见时，要与被介绍过的客人一一握手，并报出自己的姓名。在亲朋好友之间相见时，习惯施拥抱礼，相互亲吻脸颊。

◆ 塞尔维亚人喜欢送花。送礼之花有玫瑰、百合等。菊花被看作是"墓地用花"，不宜相送。

◆ 塞尔维亚人见面的称谓与问候比较讲究，要在姓氏前冠以"先生""夫人""小姐"和头衔等尊称。只有在家人之间、亲密朋友之间才称呼其名。

◆ 在塞尔维亚约会，一般须事先约定，贸然到访属于不礼貌行为。拜访时要相互递交名片。到家里拜访，一般习惯送实物礼品或鲜花。重要节日习惯相互送礼，礼品一般为酒类、鲜花及经典套装系列办公文具等。递交礼品时，要当面拆掉包装纸，展示并介绍礼品内容。

◆ 塞尔维亚人喜欢邀请熟悉的客人或朋友到郊外或旅游胜地进行游览、休闲活动，促进交流，增进相互感情。期间，一定会举行宴请。无论在正式的或非正式的宴请上，主人都要盛情邀请客人品尝当地酿造的烈性果酒，并相互祝酒。

◆ 塞尔维亚人饮食习惯上以塞尔维亚民族特色的西餐为主，也非常喜欢中餐。

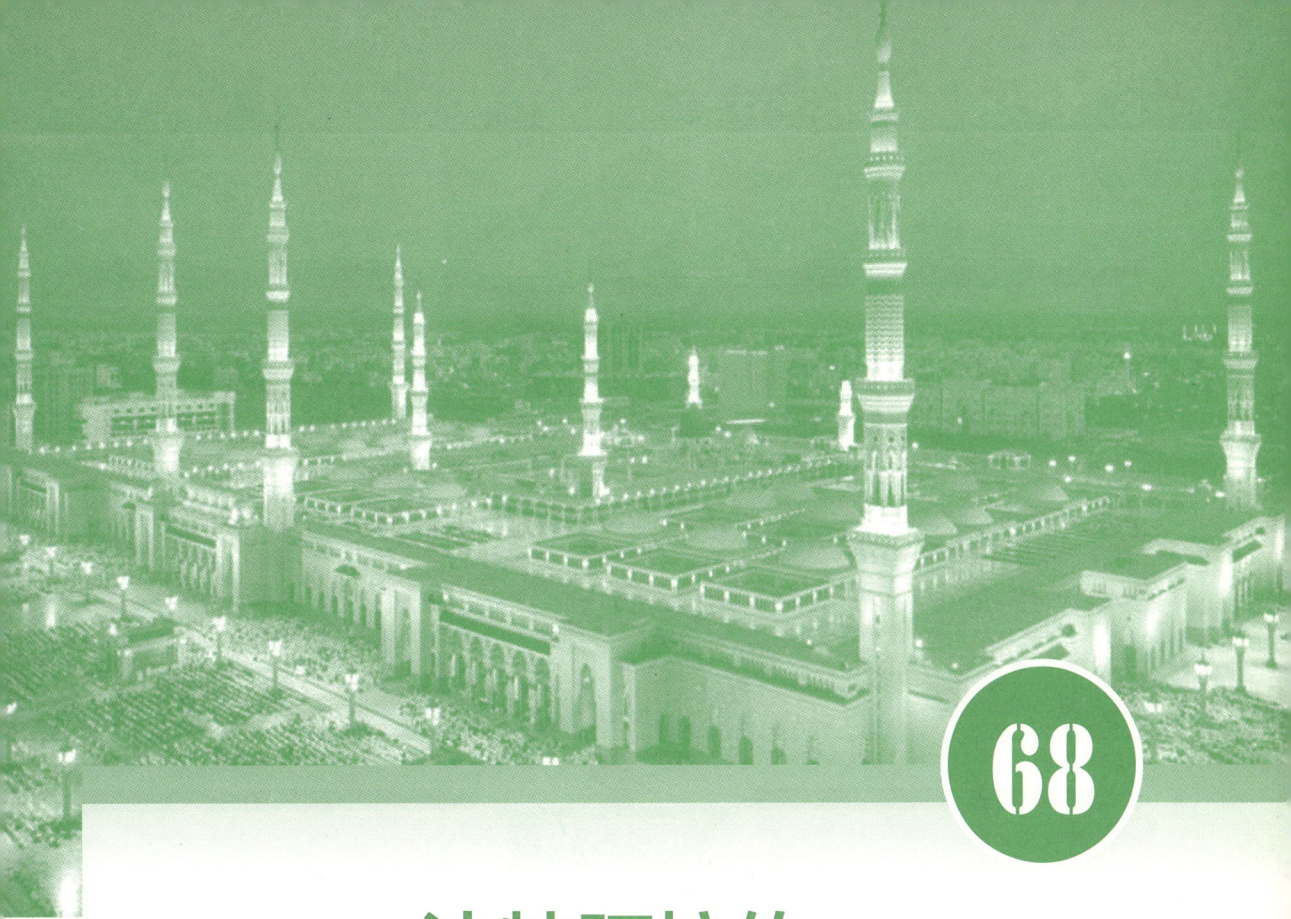

沙特阿拉伯

A Brief Survey of the World's Business Cultures

基本概况

　　沙特阿拉伯（Saudi Arabia），全称沙特阿拉伯王国（Kingdom of Saudi Arabia），位于亚洲西南部的阿拉伯半岛，东濒海湾，西临红海，同约旦、伊拉克、科威特、阿拉伯联合酋长国、阿曼、也门等国接壤。地势西高东低。面积约为 225 万平方公里。西部高原属地中海式气候；其他广大地区属亚热带沙漠气候，炎热干燥。

　　沙特阿拉伯人口约为 2 920 万（截止到 2013 年），其中外籍人口约占 30%，绝大部分为阿拉伯人。官方语言为阿拉伯语，通用英语。伊斯兰教为国教，其中逊尼派约占 85%，什叶派约占 15%。首都利雅得（Riyadh）。

经济结构

沙特的矿产资源主要有石油、天然气、金、铜、铁、锡、铝、锌、磷酸盐等，其中石油储量居世界第二位，天然气储量居世界第五位。沙特的工业主要有石化、钢铁、炼铝、水泥、海水淡化、电力等。沙特是世界上最大的淡化海水生产国，其海水淡化量占世界总量的 21% 左右。沙特出口以石油和石油产品为主，进口主要是机械设备、食品、纺织等消费品和化工产品。

沙特货币为沙特里亚尔（Saudi Riyal）。

商务文化

沙特阿拉伯各地由于人文和地理位置的原因，他们的风俗习惯有其独特之处。要想成功地在沙特阿拉伯做好商务工作，必须了解该国严格实行政教合一的情况，特别是伊斯兰教的一些习俗与规定，否则就可能给工作带来许多不便，甚至使商务活动失败。

◆ 一般会见和宴请的场合，往往只有男性，女性毫无社会地位。沙特妇女外出戴面纱，外面抛头露面的妇女多为外籍人。不要在沙特拍摄宗教过程的照片，更不要给妇女拍照，那样做可能会带来杀身之祸。

◆ 按照沙特人的商务礼俗，冬日宜穿保守式样的西装。

◆ 当地商人多通晓英文，名片和说明宜用阿文和英文两种文字。来往信件人名前冠以职衔，如果来函用阿文，回函也亦以阿文为宜。

◆ 约会须事先预约，但像其他阿拉伯国家一样，会见松散不守时。因此，即使是约定的时间去拜会，最好仍需在日程上留一点余地。对方晚到 15~30 分钟是常有的事。最好约对方到咖啡店单独谈判。在洽谈业务时，沙特人员常被来往人员打断。阿拉伯人认为这是"家庭"的延伸，不认为是失礼。

◆ 多以握手问候为礼。如果双方（指男子）信仰一致或比较友好，双方左右贴面三次。有时候主人为表示亲切，会用左手拉着对方右手边走边说。交换物品时，用右手或用双手，忌用左手。

◆ 沙特人不相信谈判代表，总要求与制造商直接谈判。法律限定该国商业必须由该国商人经营。沙特商人往往兼营多种商品进出口，且善于讨价还价，谈生意需要细心又耐心。

◆ 在阿拉伯人看来，信誉是最重要的，谈生意的人必须首先赢得他们的好感和信任。与他们建立亲近关系的方法有：由回族人或信仰伊斯兰教或讲阿拉伯语的同宗、同族的人引见，以重礼相待等等。崇尚兄弟情义的阿拉伯人不会因为商务缠身而冷落了自己的阿拉伯兄弟。常会有这样的情况：谈判正在紧张进行，阿拉伯一方的亲友突然到访，他们会被请进屋内喝茶聊天，外商则被冷落一旁，直到亲友离去谈判才会继续。在阿拉伯人看来，这不是失礼行为，为此，您只能表示理解和宽容。

◆ 谈判节奏较为缓慢。在阿拉伯国家进行商务谈判，不可能像在其他国家那样指望一通电话就可以谈妥某项事务。从某种意义上讲，与阿拉伯人的一次谈判只是部分地同他们进行一次磋商。因为，他们往往要花很长时间才能做出谈判的最终决策。

◆ 在阿拉伯国家，谈判的决策是由上层人员负责的。但中下级谈判人员向上司提供的意见及建议也同样会被高度重视的。

◆ 几乎所有阿拉伯国家的政府都坚持让外国公司通过阿拉伯代理商来开展业务，不管该外国公司的生意伙伴是个人还是政府部门，以便为阿拉伯国民开辟一条财路，提供一个理想职业。

◆ 阿拉伯人喜欢讨价还价，认为没有讨价还价就不是"严肃的谈判"。

◆ 在中东和阿拉伯国家（埃及最典型）的商业活动中，有一个经常出现的语句——IBM。I 指的是"神的意志"，B 指"明天再谈"，而 M 的意思是"不要介意"。这样一来，话头就只好打断。到下回再谈时，必须从头开始。当碰到前面 I 与 B 的情形，或其他令人恼怒的事情，他们会拍拍你的肩说："不要介意"，令人哭笑不得。所以在中东从事商业活动时，重要的是要记住"IBM"，配合对方悠闲的步伐，慢慢地向前推进才是上策，绝对不可急促从事。

◆ 按穆斯林的习俗，该国以牛、羊为上品，忌食猪肉，忌食有贝壳的海鲜和无鳞鱼，肉食不带血。以前阿拉伯人多用右手抓饭，现在招待客人多用西式餐具。

◆ 阿拉伯人热情好客，应邀去主人家做客时可以带些小礼品，如糖果、工艺品等。禁酒最为严格，别送酒类礼品。不能单独给女主人送礼，也不要送东西给已婚女子。忌送妇女图片及妇女形象的雕塑品。骑马打猎用品在沙特阿拉伯很有用场，所以，若给这个父权国的"大丈夫"们送一狩猎用品，将会很吃得开。与阿拉伯人初次见面就送礼，可能会被认为是行贿，所以需谨慎从之。切勿把用旧的东西送给他们。

斯里兰卡

基本概况

斯里兰卡（Sri Lanka），全称为斯里兰卡民主社会主义共和国（The Democratic Socialist Republic of Sri Lanka），位于亚洲南部，是南亚次大陆南端印度洋上的岛国，风景秀丽，被誉为"印度洋上的珍珠""宝石之国"和"狮子国"。西北隔保克海峡与印度半岛相望。面积约为6.56万平方公里。接近赤道，属热带季风性气候，终年如夏。

斯里兰卡人口约为2 065万（截止到2013年）。僧伽罗族占74%，泰米尔族18%，摩尔族7%，其他1%。僧伽罗语、泰米尔语同为官方语言和全国语言，上层社会通用英语。居民70%信奉佛教，16%信奉印度教，此外还有伊斯兰教和基督教。首都科伦坡（Colombo）素有"东方十字路口"之称。

经济结构

斯里兰卡是一个以种植园经济为主的农业国家，渔业、林业和水力资源丰富。茶叶、橡胶和椰子是斯里兰卡国民经济收入的三大支柱。石墨的产量居世界首位，兰卡宝石在世界享有盛誉。斯里兰卡的工业有纺织、服装、皮革、食品、饮料、烟草、造纸、木材、化工、石油加工、橡胶、金属加工和机器装配等，大多集中于科伦坡地区。此外，旅游业也是斯里兰卡经济的重要组成部分，每年为国家创汇数亿美元。

近年来，出口贸易结构发生根本性变化，由过去的农产品为主转变为以工业产品为主。出口商品主要有纺织品、服装、茶叶、橡胶、椰子和石油产品。主要出口对象是美国、英国、印度、德国、比利时、日本等。主要进口对象有印度、新加坡、香港、伊朗等。

斯里兰卡货币为斯里兰卡卢比（**Sri Lanka Rupee**）。

商务文化

斯里兰卡是一个宗教信仰十分浓厚的国家，很多习俗都与宗教有关。斯里兰卡曾是英国的殖民地，受英国传统文化的影响很深，直至今日仍保留不少英国的习俗。

◆ 斯里兰卡佛教徒见面礼节是施合掌礼。通常要说一句"阿尤宝温"（意为美好的祝愿）。当对方施合掌礼时，客人也一定要还之以同样的礼节。僧伽罗人中最重的礼节莫过于"五体投地礼"（即用双膝、双手和前额均贴于地）。这一般用于重大场合，对佛教长老或父母使用。受礼者则以右手抚摸施礼者的头顶，以示祝福。受外国人的影响，目前斯里兰卡人也逐渐流行握手礼。

◆ 斯里兰卡人很注重礼节。无论何时何地，人们见面时总要双手合十，或者在说"再见"的时候，都习惯地双手合十。当地人在双手合十时，习惯把双手举到脸部前才"合十"。必须注意的是，切莫在双手合十的时候，也同时点头（外国人常有这种动作，引起当地人的嗤笑），那就破坏了亲切和气的气氛，显得有点不伦不类了。

◆ 斯里兰卡受到英国的深刻影响，所以适用英国式的问候，以对方的头衔相称是合宜的。

◆ 斯里兰卡人喜欢大红色、白色、咖啡色、黄色、天蓝色、草绿色和黑色，而且还喜欢带有宗教和古代神话色彩的颜色和图案。

◆ 乌鸦在斯里兰卡被视为神鸟和吉祥物，因而受到人们的敬仰和崇拜。

◆ 喜欢用燃灯的方式来庆祝开业、奠基、宗教仪式等。

◆ 值得注意的是，在斯里兰卡点头和摇头的含义与中国相反。点头表示"不是"，摇头则表示"是"。

◆ 来访者应注意不同种姓阶层所恪守的宗教方面的种种制约，特别是在食品方面的。斯里兰卡人吃饭是用右手的拇指、食指、中指这三根指头拿起食物食用。大米是斯里兰卡人的主食，他们还特别爱吃带有辣味的菜肴。

◆ 给当地人送礼物时，不要送花。吃饭和接受礼物时，都要用右手。

◆ 斯里兰卡人热情友好、温雅谦恭，乐于与人交流，也不拒绝被拍摄或与人合影。放学孩子会大方地冲您微笑，挥手说"hello"。

◆ 斯里兰卡极重视教育，其从小学到大学均为免费教育。

◆ 斯里兰卡人非常喜欢鲜花，特别是兰花。无论是在家庭的窗台上，还是在公园的花圃里，到处可见五彩缤纷的鲜花。

◆ 莫在佛像上拍纪念照。如果对寺庙、佛像、和尚等做出轻率的行动，就会被视为"罪恶滔天"。进入寺庙参观或膜拜的时候，必须脱下袜子或草履。一般人绝不可坐在高过和尚的位置，必须设法使自己的头低过和尚的头。即使是总统或总理，也应严守这个原则。和尚在这个国家的地位崇高无比。因此，从事商务、旅游、观光的人须入乡随俗，不能大意。富裕人家有个习惯，动不动就请和尚吃饭。为了接待和尚，天大的要事他们也可不管，包括洽谈商务。

◆ 他们有准时赴约的良好习惯，认为这样是有礼貌的表现。

◆ 人们见面时也像英国人那样文质彬彬地握手问候，斯里兰卡人好客，讲礼貌，会谈或会议之前有向客人献茶的习惯。

◆ 斯里兰卡人喜欢社交。社交用英语，但会僧伽罗语，能使对方感到更加亲切。

◆ 斯里兰卡人很乐于助人。您若不识路，他们就会尽量详细地给您指出路线，如果他们有时间的话，还可能陪着您到您要去的地方。

斯洛伐克

基本概况

斯洛伐克（Slovak），全称为斯洛伐克共和国（The Slovak Republic），位于欧洲中部，原捷克斯洛伐克联邦共和国的东部。北临波兰，东接乌克兰，南界匈牙利，西南与奥地利接壤，西连捷克。山地占据了国土的大部分地区。面积约为 4.9 万平方公里。属海洋性向大陆性气候过渡的温带气候。

斯洛伐克人口约为 541.6 万（截止到 2013 年）。斯洛伐克族占 80.7%，匈牙利族占 8.5%，罗姆（吉卜赛）人占 2%，其余为乌克兰族、德意志族、波兰族和俄罗斯族等。官方语言为斯洛伐克语。居民大多信奉罗马天主教。首都布拉迪斯拉发（Bratislava）是斯洛伐克最大的内河港口和政治、经济、文化及石化工业中心。

经济结构

斯洛伐克风景优美，旅游资源丰富。主要工业部门有钢铁、食品、烟草加工、交通工具、石化、机械、汽车等。主要农作物有大麦、小麦、玉米、油料作物、马铃薯、甜菜等。畜牧业比较发达。

斯洛伐克主要出口商品有：钢材、机械产品、化工产品、消费品、矿物燃料、金属和金属制品、电力设备等。主要进口商品有: 石油、天然气、机械设备、原材料、消费品、食品、化工产品等。主要贸易伙伴为：德国、捷克、俄罗斯、意大利、奥地利、波兰、法国、匈牙利、英国、荷兰、比利时和美国。

斯洛伐克货币为欧元（Euro）。

商务文化

斯洛伐克人讲信用、心直口快、平易近人。他们一般都乐于同客人爽朗抒怀。凡接触过他们的人，都认为他们那种无拘无束的待客方式给人一种亲切感，使人感到容易接近。

◆ 他们视"13""星期五"为不祥的数字和日期。平时人们无论干什么，都设法避开这些数字和日期。忌讳交叉式握手和交叉式的谈话，认为这样都是不礼貌的。对红三角很敏感，并视其为有毒标记。对目光盯视自己的人很反感。认为这是一种蔑视人的行为。

◆ 见面礼节以握手为主。见面拥抱、亲脸、贴面颊等限于亲人、熟人之间。夫妻之间拥抱亲吻，父母子女之间亲脸、亲额头，平辈亲友之间贴面颊。在公共场合，关系亲近的妇女之间亲脸，男子之间抱肩拥抱，男女之间贴面颊，晚辈对长辈亲额头。男子如对尊贵的女宾亲一下手背，是表示尊敬。

◆ 根据斯拉夫人传统，欢迎远道而来的朋友时，主人会身穿民族服装，捧出面包和盐，客人撕一小片面包蘸盐吃。寓意主人即使清贫到只有面包和盐，对朋友依然热情欢迎、无私款待。此风俗在现代城市化生活中已衰微，仅在欢迎贵宾的某些特殊场合偶有应用。

◆ 参加商务会议时，男士穿深色西装，扎领带，女士穿庄重的礼服或套装。互相介绍时，要在姓氏前加专业或学术职称。只有亲戚和亲密朋友之间使用名字。要在名片上注明公司名称和自己的最高学位。

◆ 斯洛伐克人认为斯洛伐克是中欧的一部分，而不属于东欧。认为斯洛伐克属于中东欧也是可以的。不要谈论政治，可以谈的话题包括足球、冰球、散步、自行车和音乐。

◆ 斯洛伐克人也很注重关系，对陌生人的业务方式不容易接受。他们需要时间来了解新的生意伙伴。

◆ 斯洛伐克使用的语言是斯洛伐克语，年轻的商人倾向于讲英语或德语，有时两种都说。询问对方是否需要翻译仍然是很恰当的，因为高级经理一般不说外语。尽管捷克语和斯洛伐克语都能让人听懂，但用捷克人做口译并不合适，因为可能会冒犯某些斯洛伐克人。

◆ 斯洛伐克商务谈判人员说话比北欧和北美人明显含蓄。他们也许不愿意贸然地对您的建议说"不"，通常会很含蓄地回答。同样，如果他们不太肯定地回答"是"，那很可能说明他们没有兴趣。如果他们持怀疑态度，会不断地提出有礼貌的问题，直到您已很清楚他们的意思。

◆ 斯洛伐克人比北美人、斯堪的纳维亚人和年轻的英国人更正式。正式的程度同法国人、德国人和意大利人类似。在会见和寒暄过程中以及穿着上更显正式。

◆ 等级观念在自上而下的管理体制中很严格。女性经理很少，外国女性管理人员通常会遇到传统的性别歧视观念。

◆ 斯洛伐克有拖拉的时间观念。外国商人开会时通常很准时，而当地商人往往不准时。斯洛伐克人比捷克人缺乏时间意识，比德国商人更缺乏时间意识。谈判通常比在瑞典、美国、英国或德国持续的时间长。

◆ 由于几十年来与世界市场隔绝，斯洛伐克人总是很小心谨慎，往往花很多时间评估外国合作伙伴，然后才能作出决定。

◆ 斯洛伐克沟通方式是比较保守的。和意大利人比，斯洛伐克人不善表达，但比北欧人稍强。一旦双方认识以后，交往就变得很活跃。人们沟通方式的差别会导致谈判过程中产生误会。斯洛伐克人一般喜欢以非对抗性的、不重要的方式来谈判。

◆ 斯洛伐克人讨厌大声说话、歇斯底里以及敲桌子。保持25~40厘米的面对面距离是比较适宜的。除了握手，要尽量避免身体接触。在谈判桌上要正视对方，但目光比在中东和意大利要柔和。

◆ 谈判进展慢并且程序化。报价要实际些，先高后低的方式在别的国家很流行，但会导致斯洛伐克人对你的不信任。耐心和劝导式推销会让您取得巨大成功。

斯洛文尼亚

基本概况

　　斯洛文尼亚（Slovenia），全称为斯洛文尼亚共和国（The Republic of Slovenia），位于欧洲中南部，巴尔干半岛西北端。西接意大利，北邻奥地利和匈牙利，东部和南部与克罗地亚接壤，西南濒亚得里亚海。面积约为 2.027 3 万平方公里。气候分山地气候、大陆性气候和地中海式气候。

　　斯洛文尼亚人口约为 210 万（截止到 2013 年）。主要民族为斯洛文尼亚族，约占83%。少数民族有匈牙利族、意大利族和其他民族。官方语言为斯洛文尼亚语。居民主要信奉天主教。首都为卢布尔雅那（Ljubljana），是斯洛文尼亚共和国的政治、文化中心。

经济结构

斯洛文尼亚属发达国家。有良好的工业、科技基础。工业较发达，电力工业先进，另有黑色冶金、造纸、家具制造、制鞋、纺织、电子、机械、食品等工业部门。农产品以马铃薯、谷物、水果为主。林、畜牧业亦重要，主要饲养牛、猪、马、羊、家禽等牲畜。旅游业比较发达。

出口在国民经济中占有重要地位，出口产值占国民生产总值的一半以上。主要贸易对象是欧盟国家。主要出口运输车辆、电力设备、机械设备、服装、家具、药品和制药设施、有色金属制品等。主要进口石油制品、生活用品、食品、钢铁、纺织品等。主要贸易伙伴是德国、意大利、法国、克罗地亚等。

斯洛文尼亚货币为欧元（Euro）。

商务文化

斯洛文尼亚人踏实肯干，精打细算，家庭观念强；与人交往彬彬有礼，但不善言辞。在当地做生意，要注意本国的一些风俗习惯。

◆ 斯洛文尼亚人消费欲并不很强，但对葡萄酒情有独钟。历史悠久的酿酒传统形成了斯洛文尼亚的"酒文化"。

◆ 初次见面礼节以握手为主。见面拥抱、亲脸、贴面颊等限于亲人、熟人之间。夫妻之间拥抱亲吻，父母子女之间亲脸、亲额头，平辈亲友之间贴面颊。在公共场合，关系亲近的妇女之间亲脸，男子之间抱肩拥抱，男女之间贴面颊，晚辈对长辈亲额头。男子如对尊贵的女宾亲一下手背，是表示尊敬。

◆ 欢迎远道而来的朋友时，主人身穿民族服装，捧出面包和盐，客人撕一小片面包蘸盐吃。寓意主人即使清贫到只有面包和盐，对朋友依然热情欢迎。此风俗在现代城市化生活中已衰微，仅在欢迎贵宾的某些特殊场合偶有应用。

◆ 日常生活中已看不到传统服装。男子的民族服装主要是衬衣和长裤，加上背心、短外套、帽子等。妇女的民族服装上有绣花或有花边的短衬衣、背心、裙子（往往穿几条）、围裙、腰带、头巾。

◆ 商务谈判时，斯洛文尼亚人待人谦恭，平易近人，言行活跃，但情绪易于波动。

◆ 他们注重实力，急于求成，看重现实利益，对各种谈判条件都要权衡利弊。但准备工作较随意，应在谈判前约法三章。

◆ 特别看重别人对他们的尊重，注重友情和信任。

苏丹

基本概况

苏丹（Sudan），全称为苏丹共和国（The Republic of the Sudan），位于非洲东北部，红海西岸。北邻埃及，西接利比亚、乍得、中非，南毗南苏丹，东接埃塞俄比亚、厄立特里亚。东北濒临红海。面积约为 188.6 万平方公里。苏丹全国气候差异很大，自北向南由热带沙漠气候向热带雨林气候过渡。

苏丹人口约为 3 420 万（截止到 2012 年）。全国有 19 个种族，597 个部落。其中，黑人占 52%，阿拉伯人占 39%，东部黑人贝贾人占 6%，其他人种占 3%。阿拉伯语为官方语言，使用者占总人口的 60%。通用英语。苏丹 70% 以上的居民信奉伊斯兰教，多属逊尼派，主要居住在北方。南方居民多信奉原始部落宗教及拜物教。约有 5% 的人信奉基督教，多居住在南方和首都喀土穆（Khartoum）。

经济结构

苏丹经济结构单一，以农牧业为主，工业落后，对自然及外援依赖性强。苏丹自然资源和水力资源丰富，有 200 万公顷淡水水域。

苏丹是农业国，85% 是农业人口。天然资源有石油、铁矿、铜、铬等，是仅次于埃及的世界第二大长绒棉生产国。芝麻产量则在阿拉伯和非洲国家占第 1 位。苏丹的林业资源也十分丰富，其中阿拉伯树胶产量占世界的 80%。畜牧业在非洲占第 2 位。

苏丹货币为苏丹镑（Sudan Pound）。

商务文化

在苏丹有一些古老的习俗延续至今，而且苏丹人十分热情好客，注重礼节。去当地，一定要尊重本地独特的风俗习惯。

◆ 苏丹有悠久的纹面历史。早在古代，部落与部落之间的战争连绵不断，为了避免误伤自己人，各个部落都有自己独特的标记，纹面就成了永久性的标记，如青虎、白虎等。现在，人们仍保持纹身和纹面的习俗，主要是因为它可以增加美和避邪。男子划纹一般在 4 、5 岁左右，女子在 10 岁左右。

◆ 哈姆族人多居住在半干旱地区，一年有八九个月不下雨，不得不在六月之前，特别是在三四月间的多雨季节，设法储存用水。他们储水的方法不用盆也不用缸，而是用树洞。几乎家家都种一种叫"泰伯尔迪"的树。这种树很粗，把树挖空，空心树就成了一个理想的水缸。有的树洞能储水近千加仑。

◆ 忌讳左手传递食物或东西，认为使用左手是不尊重人的表现。

◆ 他们忌讳有人随便与他们国家的女人交谈、握手或接触。苏丹妇女忌讳挤奶，因为挤奶是男人的事。妇女挤奶，让人看到了将是莫大的耻辱，会成为别人的笑柄。

◆ 苏丹人忌用狗作商品的商标。

◆ 苏丹伊斯兰教徒禁食猪肉和使用猪制品，不吃怪形食物，不饮酒。苏丹人不吃海鲜、虾和动物内脏（有人吃肝）。不爱吃红烩带汁的菜肴。他们一天四餐。早晨起床喝一杯加糖的红茶，吃几片饼干。正式早餐放在上午 9 时至 10 时。下午两点半左右午餐，晚上 8 点左右晚餐。午、晚餐较早餐丰富。

◆ 苏丹人的衣着比较朴素，男子多半头缠白巾，身穿阿拉伯式长袍，女子则披白色或其他色的面纱。

◆ 苏丹人认为黄色是美的标志，因此妇女特别喜欢晒烟雾浴，使皮肤变成黄色。

◆ 友人相遇，特别是老朋友久别重逢，彼此握手拥抱，亲切问候。从个人问好一直到对方的家属、亲戚和朋友等，历时数分钟之久。

◆ 按照苏丹的商务礼俗，冬天宜穿保守式样的西装。访问政府机关或大公司须事先预约。持用英文、阿拉伯文对照的名片会有所帮助。苏丹商人几乎都会讲英语。

◆ 首次与苏丹人做生意，务必要求对方开出不可撤销信用证。报价最好用苏丹镑报 CIF 价，尽量避免报 FOB 价。在苏丹开展商务活动时，销售姿态宜放低。

◆ 对方敬咖啡或邀请您到咖啡馆坐坐，不宜拒绝，否则，他会认为这是有失面子的事。

◆ 苏丹人以东欧式西餐为主，也非常喜欢中餐。他们用餐惯以右手抓食取饭。他们最喜欢喝本国咖啡，常常聚会共同品评畅叙心怀。

◆ 应邀至苏丹人家中参加晚宴，一定只有男性参加。切记带份礼物给对方，但不要给他的太太带礼物。

◆ 苏丹人的饮食还有一个特别之处，就是离不开糖。不仅是奶品之类的食品，普通人吃的面包也会放很多糖。每天平均消费食糖 1 300 多吨，是世界上食糖消费量较高的国家之一。

泰国

基本概况

　　泰国（Thailand），全称泰王国（The Kingdom of Thailand），位于亚洲中南半岛中南部，与柬埔寨、老挝、缅甸、马来西亚接壤，东南临泰国湾（太平洋），西南濒安达曼海（印度洋），西和西北与缅甸接壤，东北与老挝交界，东南与柬埔寨为邻，疆域沿克拉地峡向南延伸至马来半岛，与马来西亚相接，其狭窄部分居印度洋与太平洋之间。面积约为51.31 万平方公里。热带季风气候，全年分为热、雨、旱三季。

　　泰国人口约为 6 704.1 万（截止到 2013 年）。泰国是一个由 30 多个民族组成的多民族国家，泰族为主要民族，占人口总数的 40%。泰语为国语。佛教是泰国的国教，94%以上的居民信仰佛教，马来族信奉伊斯兰教，还有少数信奉基督教新教、天主教、印度教和锡克教。曼谷（Bangkok）是泰国的首都，是全国政治、经济、文化中心。

经济结构

作为传统农业国，农产品是外汇收入的主要来源之一。泰国是世界著名的大米生产国和出口国。泰国也是仅次于日本、中国的亚洲第三大海产品国，为世界第一产虾大国。泰国自然资源丰富，橡胶产量居世界首位，其中90%用于出口。森林资源、渔业资源、石油、天然气等也是其经济发展的基础。制造业是国民经济中的最大产业，也是主要出口产业之一。

主要出口产品有：自动数据处理机、集成电路板、汽车及零配件、成衣、鲜冻虾、宝石和珠宝、初级化纤、大米、收音机和电视机、橡胶等。主要进口产品有：电子和工业机械、集成电路、化学品、电脑配件、钢铁、珠宝、金属制品等。泰国旅游资源丰富，历来以"微笑国度"闻名于世。

泰国的货币为泰铢（**Thai Baht**）。

商务文化

俗话说"入国问禁，入乡随俗"。凡是初到泰国访问、经商的人，必须注意遵守泰国人的风俗礼节，不然很容易发生误会。

◆ 在泰国人看来，脚比左手还要不干净。游客们千万不要在坐着的时候露出自己的脚底或是鞋底。也不要用脚或者鞋指着某物或是碰到任何物体。用食指指着别人也是非常不礼貌的行为。如果确实需要指着别人的话，要用右手的大拇指指着所说的方向，或者只是冲着那个方向抬抬下巴。同样的，用食指叫别人过来也是没有礼貌的行为，如果想要叫侍者的话，只需朝着那个方向举起手就可以了，同时用眼神表示正在叫他。也可以水平抬起右臂，掌心朝下，手做出类似于挖东西的动作就可以了。

◆ 在泰国，与合作伙伴建立并保持良好的私人关系是生意成功的关键。大多数的泰国人不愿意与他们不了解的人进行商业来往，尤其是对于那些想要出售商品给他们的外国人更是如此。对于这个问题，一个较好的解决方法是采用贸易展览或是贸易代表团的形式来达到您的预期目标。否则的话，就要通过一个对双方都比较熟悉的高层的组织或个人的介绍和引见。如果上述方法都不成功的话，就要看看您是否有朋友在曼谷一家不参与对方竞争的公司任职。如果有的话，就请您的朋友代为引见。另外的一些资源就是求助于您自己国家在泰国的大使馆、商业组织或是银行，还可以求助于正在进行贸易的公司、法律机构或咨询公司。需要注意的关键一点是意外访问的方式在泰国不大会奏效。

◆ 在与泰国人会面的时候，应该礼貌地握手。当地的女士则采取一种特殊的姿势表示问候：双手合十，指尖的高度大约与下颚平齐，头稍稍前倾。当与僧侣相问候的时候，手要举得更高，头更低一些。泰国人不喜欢与不熟悉的人有身体上的接触。

◆ 需要保持谈判代表之间的相互协调和友好相处，直接对话有时候会破坏会晤的融洽气氛，所以大多数泰国人都倾向于选择通过翻译来进行交谈。

◆ 泰国人一个核心的价值观念是注重和考虑他人的需要和感受。西方的访问者由于注意力完全集中在生意方面，所以有时候会采用过于直接的言行或是采取过于强硬的销售策略，这样就在无意当中冒犯了泰国人。

◆ 当讨论十分活跃的时候，不要提高自己的音量，不要表现出愤怒或是公开批评合作伙伴。

◆ 泰国人常常保持微笑。微笑和温和的话语有助于保持融洽的气氛，而怒目而视和说话声音过大则会破坏气氛。

◆ 在泰国这样重视地位的文化氛围里，社会地位较高的人从来不会向地位较低的人道歉。国内的仆人或是手工业工人如果受到地位较高的人的正式的道歉会觉得非常局促不安。如果您在无意当中冒犯了和您社会地位相当的人，例如您的商业伙伴，一定要表现得谦恭一些。微笑着询问他或她是否能原谅您的过错，并且从那以后要多微笑，尽可能地多一些时间和对方相处。

◆ 泰国人认为年长的人具有较高的社会地位，尤其是年长的男士。对社会地位较高的人表现出适当的尊敬是十分重要的，尤其是如果他们是您的顾客或是政府官员的时候更要如此。

◆ 您的穿着打扮能够反映出您是否尊重对方。当与一名地位较高的政府官员会晤的时候，男士应该穿深色西服，打领带，然而在较为私人的活动中，应该穿长袖白色衬衣、打领带，穿干净整洁的裤子。女士着装应该端庄，穿质地较薄的套装、裙子或衬衣。

◆ 泰国人对待时间和计划的态度非常随意。就像其他南亚和东南亚的邻国一样，泰国人认为和时间表以及最后期限等等相比，人本身才是最为重要的。您的谈判伙伴可能因为堵车，或是之前的会议比预期时间延长了一个小时而让您等他，这样您也需要耐心等待。在泰国的商业文化当中，为了下个会议准时而中断一个正在进行的会议是不可思议的。

◆ 在开始陈述之前需要花一些时间来了解您的听众的英语水平。多用一些图画和印刷宣传材料，做到人手一份。不要使用过于主动的"强硬销售"的方法。

◆ 准备好进行一系列的讨价还价工作。在公开出价的时候注意要给日后关于价格或是其他条款所做出的战略上的让步留有一定的余地。在谈判桌上，您需要有足够的耐心。

◆ 在赠送礼物的时候用右手或者用左手托住右手肘,用右手递给对方。需要注意的是，泰国人不习惯于接受商业上的礼物。

74

坦桑尼亚

坦桑尼亚（Tanzania），全称为坦桑尼亚联合共和国（The United Republic of Tanzania），位于非洲东部、赤道以南，北与肯尼亚和乌干达交界，南与赞比亚、马拉维、莫桑比克接壤，西与卢旺达、布隆迪和刚果（金）为邻，东濒印度洋。西北高，东南低，呈阶梯状。面积约为94.5万平方公里。东部沿海地区和内陆的部分低地属热带草原气候，西部内陆高原属热带山地气候，凉爽而干燥。桑给巴尔的20多个岛屿属热带海洋性气候。

坦桑尼亚人口约为4 600万（截止到2013年），分属126个民族，人口超过100万的有苏库马、尼亚姆维奇、查加、赫赫、马康迪和哈亚族。另有一些阿拉伯人、印巴人和欧洲人后裔。斯瓦希里语为国语，与英语同为官方通用语。坦噶尼喀居民主要信奉天主教、基督教和伊斯兰教，桑给巴尔居民则几乎全部信奉伊斯兰教。达累斯萨拉姆（Dares Salaam）为坦桑尼亚的首都。

经济结构

坦桑尼亚是联合国宣布的世界最不发达国家之一。经济以农业为主。坦桑尼亚矿藏资源丰富，已探明的主要矿藏有钻石、黄金、煤、铁、磷酸盐、天然气等。坦桑尼亚的工业以农产品加工和进口替代型轻工业为主。旅游资源丰富。

坦桑尼亚的货币为坦桑尼亚先令（Tanzania Shilling）。

商务文化

坦桑尼亚是个多民族的国家，每个民族都有自己的风俗特点和爱好。在当地进行商务活动，需要尊重各个民族的风俗习惯。

◆ 马萨伊族人的审美观就很特别，他们以女剃光头，男子梳辫子为美，有的部族妇女还以纹面为美。

◆ 他们视自己的父母为最可亲最可信的人，视客人为最应受到尊敬的人。坦桑尼亚坦噶尼喀的克拉依族人为表敬意常用"蛇饭"招待客人。

◆ 他们喜爱红色，因为它给人以兴奋和刺激。

◆ 坦桑尼亚人惯常用舞蹈表达自己的思维情感。每当迎宾、祝寿、节日庆典，他们都会跳起欢乐的舞蹈，可以说坦桑尼亚人每时每刻都离不开舞蹈。

◆ 坦桑尼亚人重视礼仪，孩子们从小就受到礼节教导。比如要进父母的房间必须敲门并询问是否可以入内。

◆ 在坦桑尼亚社会中一直就存在着尊长敬老的传统风气。在不少部族里，敬老的规则非常严厉，女性同长辈谈话尤其是听长辈讲话时，必定要跪在地上。有的部族青年向长辈问候时，必须用双手微微抚摩一下长辈们的脑门儿等。

◆ 坦桑尼亚人忌讳左手传递东西或食物。认为右手平时总接触入口的东西，是干净之手，左手经常接触肮脏之物，因此是不洁净的。

◆ 他们认为称呼他人就要用最尊敬的语言，直呼其名是不懂礼貌的举止。

◆ 坦桑尼亚信奉基督教的人忌讳"13"，认为这是不吉利并会给人带来厄运的数字。信奉伊斯兰教的人禁食猪肉和使用猪制品，也忌讳谈论有关猪的问题。坦桑尼亚哈亚人在饮食中最大的禁忌是忌食飞禽，其中包括鸡和鸡蛋，也忌食昆虫，还忌饮酒。

◆ 坦桑尼亚人与客人相见时，惯于先指自己的肚子，然后鼓掌，再相互握手。坦桑尼亚妇女们遇见外宾时，握完手后便围着女外宾转圈，嘴里还发出阵阵尖叫。他们认

为这样做是对客人最亲热最友好的表示。相互引见时习惯以握手为礼。口头问好时说一声"jambo"（这是东非人打招呼用语，意思是"您好"），也是很常见的。

◆ 坦桑尼亚商人以为，商务馈赠是沟通关联的一种很好的形式，所以到坦桑尼亚从事商务活动，可筹备一些礼物，以备不时之需。东道主往往在来访者离境时赠送礼物。此时，客人可以还赠主人礼物，但不要送花。

◆ 在当地从事商务活动要有广阔的胸怀和足够的耐性，要容忍客户会谈时的重复和约会迟到。

◆ 闲聊的话题内容可包括坦桑尼亚的国家公园、非洲的文化以及国际政治问题。

特立尼达和多巴哥

基本概况

    特立尼达和多巴哥（Trinidad and Tobago），全称为特立尼达和多巴哥共和国（The Republic of Trinidad and Tobago），位于小安的列斯群岛东南端，西南和西北与委内瑞拉隔海相望。由小安的列斯群岛中的特立尼达和多巴哥两个加勒比岛组成。面积约为 5 128 平方公里，其中特立尼达岛面积约 4 827 平方公里，多巴哥岛约 301 平方公里。属热带雨林气候。

    特立尼达和多巴哥人口约为 132.8 万（截止到 2012 年），其中印度裔占 40.3%，非裔黑人占 39.6%，其余 18.4% 为混血人种及欧洲人、华人和阿拉伯人后裔。英语为官方语言和通用语。特立尼达和多巴哥居民中 34% 信奉天主教，25% 信奉基督教新教，25% 信奉印度教，6% 信奉伊斯兰教。首都西班牙港（Port of Spain），位于特立尼达岛西北部，是该国第一大城市，全国政治、商业、文化和金融中心，也是加勒比地区商业和金融中心。

经济结构

特立尼达和多巴哥原是一个农业国，以甘蔗种植和蔗糖生产为主。石油业为最重要的经济部门。自然资源主要有石油和天然气，拥有世界最大的天然沥青湖，是世界上最大的氨肥和甲醇出口国。农业主要种植甘蔗、咖啡、可可、柑橘、椰子和水稻等，75% 的食品依靠进口。旅游业是第三大外汇来源。近年来，政府改变经济过多依赖石油业的状况，大力发展旅游业。

特立尼达和多巴哥对外贸易主要出口石油、化工产品、制成品、原材料和牲畜。主要进口燃料、润滑油、运输设备和食品等。主要贸易伙伴是美国、哥伦比亚、委内瑞拉、俄罗斯、巴西、中国。

特立尼达和多巴哥货币为特立尼达和多巴哥元（**Trinidad and Tobago Dollar**）。

商务文化

在日常生活、商务活动以及宗教信仰等方面该国既有与中、南美洲其他国家相似的一面，也存在不同之处。在特立尼达和多巴哥从事商务活动需要了解和尊重该国的风俗。

◆ 特立尼达和多巴哥的人们衣着比较随便而整洁，一般是短衣裤裙。但正式场合则要西装革履。

◆ 主食以大米、面包和根茎类植物为主，蔬菜品种基本与中国相同。全国 80% 的餐馆是中餐馆，菜的名字都是广东方言的叫法。

◆ 人们没有喝开水的习惯，吃饭时喜欢喝加冰块的凉水。

◆ 该国对人的称呼与英国相同，非亲戚之间一般称"先生、夫人、小姐"。对亲密的朋友可直呼其名或爱称，以示亲切。

◆ 人们见面时总是热情地互致问候，行握手礼或亲吻礼。不能用手指着人说话，不能在公共场合喧哗或高谈阔论。对女性要表示尊重，优先照顾。在市内街道上，司机一般都主动停车，礼让横过马路的人，特别是儿童。在这里很少看到因个人私事在街头吵架的。

◆ 不能虐待动物，不能打狗、打猫，更不能打狗吃肉。

◆ 特立尼达和多巴哥人讲礼貌，重礼节。人们相见时会互相拉住对方的手问好。他们纯朴、好客，朋友到家，主人会拿出家里最好的食物款待客人。

◆ 特立尼达和多巴哥人有一种名副其实的讲究效率的声誉。谈判者之间的个人关系是很严肃的。

◆ 在商务方面特立尼达和多巴哥人通常不动感情，做出决策较慢，并不是为了同幕僚商量，而是不愿仓促表态。

◆ 有时候特立尼达和多巴哥人也强调个人信誉，宁愿受点损失也不愿公开承认失误。如果您认为他们在协议中无意受到了损失而帮助他们，那么便永久地赢得了他们的友谊和信任。

◆ 馈赠要针对个人，即使是以公司的名义。

76

土耳其

基本概况

土耳其（Turkey），全称土耳其共和国（The Republic of Turkey），土耳其地跨亚、欧两洲，位于地中海和黑海之间。东界伊朗，东北邻格鲁吉亚、亚美尼亚和阿塞拜疆，东南与叙利亚、伊拉克接壤，西北和保加利亚、希腊毗连，北滨黑海，西与西南隔地中海与塞浦路斯相望。地形东高西低，大部分为高原和山地，仅沿海有狭长平原。面积约为 78 万多平方公里。沿海地区属亚热带地中海气候，内陆高原向热带草原和沙漠型气候过渡。

土耳其人口约为 7 613 万（截止到 2013 年）。其中，土耳其族占 80% 以上，此外还有库尔德、亚美尼亚、阿拉伯和希腊等族。土耳其 99% 的居民信奉伊斯兰教。土耳其语为国语。安卡拉（Ankara）是土耳其的首都。

经济结构

土耳其矿产资源丰富，主要有天然石、大理石、硼矿、铬、钍和煤等。石油、天然气资源匮乏，需大量进口。水资源短缺。工业基础好，主要的工业部门有钢铁、水泥、机电产品和汽车等。土耳其是传统的农牧业国家，农业基础较好。农产品主要有小麦、大麦、玉米、甜菜、棉花、烟草和马铃薯等。粮食和水果等能自给自足，并有出口。旅游资源得天独厚，旅游业是土耳其外汇收入的重要来源。

土耳其货币为新土耳其里拉（New Turkish Lira）。

商务文化

土耳其共和国的一部分处于欧洲，另一部分处于亚洲，它为东部和西部之间形成了地理的桥梁和文化的桥梁。对土耳其之外的人而言，学着和土耳其人做生意，对于准备以后在整个东地中海沿岸地区和阿拉伯世界谈判，都是很有帮助的。

◆ 土耳其人非常好客，见面要亲脸颊，而且不停地问好。如果到土耳其人家做客，进屋之前必须脱鞋，因为家里一定铺满地毯，再穷的人家里都是一尘不染。

◆ 土耳其人生活节奏很慢，在餐馆吃一顿饭，至少要两三个钟头，但他们开起车来却像骑马一样横冲直撞。土耳其人喜欢饮茶和咖啡。与一般的茶和咖啡不同，土耳其的茶和咖啡要煮很长时间。虽然他们不喝中国的绿茶或花茶，但如果送他们一小桶中国茶叶，他们也会非常高兴。

◆ 在餐桌上擤鼻子是非常无礼的行为。如果万一需要的话，就离开房间或者把脸转向桌子的另一侧，并尽量小声地擤鼻子。还有，将拇指放在前两根指头中间，在土耳其也是个淫秽的手势，其含义就如同在世界上其他国家举起中指一样。

◆ 在安排第一次会面时，可以问一下是否应该准备一名翻译。您的当地合作者可能会自己带个翻译来，但是或许这个翻译并不具有可以胜任的语言能力。

◆ 找到合适的合作伙伴的一个方法，就是参加伊斯坦布尔或者其他地方举行的贸易洽谈会。另外一个办法就是参加由政府、商会或者行业协会组织的官方贸易代表团。

◆ 来土耳其做生意的外国商务女士很少遇到障碍。在土耳其的一些公司，受过教育的女士处于领导职位的并不鲜见。在商务场合之外，女士一般不与男士讲话，除非被正式地介绍。

◆ 不管是在商业场合还是社交场合，每次和每个人握手时都要用力但是不能发出声来。握手时要注意顺序，应先与年长者握手，除此之外不要有其他的身体接触。

土耳其是个具有接触度较低文化的国家。

◆ 进行商务活动时，男士应该穿保守的西服或者夹克，打条领带，但是在天气热的时候，只有长袖的白衬衫和领带，而不穿夹克也是可以接受的。女士应该穿套装或者保守的盖过脚踝的礼服，并且拿一块头巾。在需要的时候，例如，参观清真寺时，女士要罩住自己的头。即便在不正式的场合中，男女也都不提倡穿短裤。

◆ 和中东的商业文化不同，土耳其人开会时相对比较准时，他们希望访问者也能准时。甚至，晚餐聚会也会准时开始。

◆ 土耳其的文化是以关系为导向的。当您与年长的土耳其伙伴谈判时，在进入正式的商务话题之前，您应该与其进行大量的闲谈。同时，您还需要使用一定量的礼貌的衔接语言。开始讨论商务之前，对您的合作者有一定了解是非常重要的。

◆ 喝咖啡或者喝茶的时候，聊一些非商务性的事情，是打破坚冰的一个好方法。土耳其人不怎么爱谈论天气。较好的谈论话题有土耳其的历史、食物、遗址、旅游、运动和家庭。要避免谈论政治话题，除非是您的土耳其伙伴提出这个话题。

◆ 在商务会议中，要保持较好的眼神接触，坚定不移的注视表示您的兴趣和真挚。和大多数地中海文化的国家一样，土耳其人在站着或者坐着的时候，相互之间的距离，比北欧人、北美人和中东人习惯上的距离要近。

◆ 土耳其人或许会将头轻微地向下倾斜以表示"是的"；表示"不"时，他们会扬起眉毛，头向上微倾，同时用舌头顶着前面的牙齿发出"啧啧"声。有些人紧张时会用手抚弄一串念珠，这已经成为习惯。为了引起他人的注意，土耳其人会掌心朝上并上下挥手。在表示"过来"或者"跟我来"时，他们会将手指向下弯曲，挥手示意。注意不要用食指指着别人。

◆ 腿交叉坐的时候，露出鞋底朝着别人，是不礼貌的。所以，开会时，保持双脚都在地板上，会更好一些。会见年纪较大的土耳其人时，不要用左手（不洁的）接触他或者递东西。和别人面对面谈话时，站的时候把手放在臀部或者双臂交叉都是不礼貌的。

◆ 土耳其商务人士通常热心于讨价还价，并且经常希望对方在谈判过程中能做出重大的让步。一些土耳其人用他们可以使谈判对手从自己的开口价格中偏离的程度，来衡量他们自己在谈判桌前的成功度。所以，在最初出价时留足余地，为谈判过程留出议价空间，还是比较聪明的选择。

◆ 和其他中东国家一样，通常谈判很费时间。如果想通过督促或者施加压力来加速谈判进程，很有可能会起到相反效果。一般来说，和政府或者公共部门谈判所需要的时间，会比和私人部门的公司谈判的时间长。因为，在土耳其谈判结果通常是由组织的高层来决定的。

◆ 详细的合同非常重要，但是很有可能其执行难度非常大，因为土耳其法院通常会支持本地一方。

◆ 如果您的当地伙伴到您的办公室或者宾馆拜访您，一定要为他们提供一些喝的东西。在土耳其时，您的当地伙伴或许会坚持每餐都招待您。您邀请土耳其伙伴吃午饭或者晚饭时，要提前把服务员叫到一边，安排好结账工作，否则您的客人很有可能要与您争着付款。

◆ 应邀去主人家做客，对女主人，送些糖果、蛋糕或者鲜花，都会受到欢迎。在您送礼的时候，女主人或许不会打开礼物。只有在您知道男主人喜欢喝酒的情况下，才送酒或者酒类饮料。

土库曼斯坦

基本概况

　　土库曼斯坦（Turkmenistan），简称土库曼，是位于中亚西南部的内陆国家。北部和东北部与哈萨克斯坦、乌兹别克斯坦接壤，西濒里海与阿塞拜疆、俄罗斯相望，南邻伊朗，东南与阿富汗交界。面积约为 49 万平方公里。属强烈大陆性气候，是世界上最干旱的地区之一。

　　土库曼斯坦人口约为 683.6 万（截止到 2012 年 9 月）。由 120 多个民族组成，其中土库曼族占 94.7%。土库曼语为官方语言，俄语为通用语。居民大多信奉伊斯兰教（逊尼派），俄罗斯族和亚美尼亚族信仰东正教。阿什哈巴德（Ashgabat）为土库曼斯坦的首都。

经济结构

石油和天然气是土库曼斯坦国民经济的支柱产业。农业主要种植棉花和小麦。矿产资源丰富，主要有石油、天然气、芒硝、碘、有色及稀有金属等。

该国绝大部分土地是沙漠，但地下蕴藏丰富的石油和天然气资源。肉、奶、油等食品也已完全能够自给自足。土库曼斯坦还新建了多座火电站，本国公民用电全部免费。

土库曼斯坦的货币为马纳特（**Turkmenistani Manat**）。

商务文化

土库曼斯坦的风俗习惯可用下面几句话来概括：中亚国家土库曼，穆斯林人很普遍；恪守宗教和信仰，崇拜真主为心愿；羊头、羊脚待宾客，民间属于上等宴；吃饭不愿用刀叉，大多爱以手抓饭；指人说话为不敬，左手服务多讨厌。

◆ 土库曼是个讲究文明礼仪的民族。迎宾待客时他们总把礼貌语言"挂在嘴边"，态度温顺和蔼，举止文雅可亲，使人同他们一见面就会有一种温暖的感觉。土库曼民族自古就有敬老爱幼的优良传统，在他们的每个家庭中，儿女一般都非常尊敬长辈。长辈也对子孙们非常疼爱。

◆ 土库曼人大多信奉伊斯兰教，多属逊尼派。他们对用手指点着人说话很忌讳，认为这样有污辱人的意思。他们忌讳左手递送东西或食物，认为左手下贱肮脏，故使用左手为失礼的行为。对在众人面前耳语的人很忌讳，认为只有不轨行为的人才爱这样做。对在众人面前挖鼻孔、抓痒痒等举止也很反感，认为这是失礼的行为。

◆ 禁食猪肉，忌食狗肉、驴肉、骡肉及一切自死的动物肉和血液。

◆ 在土库曼斯坦，以下行为不宜：大声说话和大笑，举止蛮横，言语粗鄙，袒胸露乳。站立时倚靠桌椅，吃饭时头离餐盘过近，往垃圾桶里吐痰，不敲门直接进入别人房间，未经允许动别人的私人物品。有人在旁等候时，长时间打电话。头上未戴帽或未包围巾出席葬礼或葬后酬客宴。散播淫秽书籍或电影。

◆ 在公共场所吸烟是要被罚款的，在大街上醉酒、耍酒疯是要被拘禁的。任何种族歧视言行都会被禁止。

◆ 他们对绿色较为偏爱，认为绿色给人以吉祥之感，喜欢红色，并视红色为勇敢和胜利的象征。

◆ 土库曼人家里，在最明显的位置上，往往摆放着被咬掉几口的面饼，这一古老风俗意在缅怀那些出征而未能返家的亲人们。

◆ 土库曼人在社交场合与客人相见时，一般多以握手为礼。熟人及好友相见时，也常右手按胸施鞠躬礼。在与客人相见时，也有施拥抱礼的，只是很少。

◆ 他们的时间观念较强，并且说话算话，讲究信义。在交谈中，土库曼人从来不打断对方的谈话。在谈论问题时不大吵大嚷，认为吵闹是不体面的行为。

◆ 按土库曼人的习惯，在饭桌上吃饭的客人只要不起话头，主人就不会向客人提问题，因为他们认为应该让尊敬的客人吃饱饭后，由客人先谈话，这是一种礼貌。

突尼斯

A Brief Survey of the World's Business Cultures

基本概况

突尼斯（Tunisia），全称为突尼斯共和国（The Republic of Tunisia），位于非洲北端，西与阿尔及利亚为邻，东南与利比亚接壤，北、东临地中海，隔突尼斯海峡与意大利相望。面积约为 16.2 万平方公里。北部属亚热带地中海型气候，中部属热带草原气候，南部属热带大陆性沙漠气候。

突尼斯人口约为 1 055 万（截止到 2013 年）。约 90% 以上为阿拉伯人，其余为柏柏尔人。阿拉伯语为国语，通用法语。伊斯兰教为国教，少数人信奉天主教、犹太教。突尼斯市（Tunis）为突尼斯的首都。

经济结构

突尼斯经济以农业为主，但粮食不能自给。主要农产品有小麦、大麦、豆类和橄榄等。突尼斯是橄榄油主要生产国之一，橄榄油也是突尼斯主要出口创汇农产品。

突尼斯工业主要有以磷酸盐为原料的化工业和石油开采业。矿产资源主要有磷酸盐、石油、天然气、铁、铝和锌等。近年来，突尼斯在移动通讯、电子商务和高科技产业等领域发展迅速。旅游业在突尼斯国民经济中占重要地位，是第一大外汇来源。

突尼斯的货币为突尼斯第纳尔（Tunisian Dinar）。

商务文化

伊斯兰教对突尼斯人的生活风俗习惯影响很大。突尼斯人社交习俗总的特点可以用这样几句话来概括：突尼斯人好交往，重视宗教和信仰；迎宾方式很奇特，问候用语连串讲；以蛇敬客为盛情，河水泼客情谊长；形式多样献诚意，实心实意表衷肠；"橄榄"象征爱和平，它为人们添吉祥。

◆ 突尼斯人喜爱绯红色、绿色和白色，喜欢骆驼、羊。

◆ 突尼斯的国花是"油橄榄"。突尼斯是盛产橄榄的国家，所以又被称为"橄榄之国"。橄榄树被誉为突尼斯的民族财富，被突尼斯人视为珍贵之物。

◆ 突尼斯多数妇女都深居简出，有戴面纱的习俗。

◆ 伊斯兰教的教徒每天要在中午、下午、黄昏、夜晚各礼拜一次。还有每周的星期五午后，教徒们还要到清真寺举行一次集体三膜拜。

◆ 突尼斯是世界上唯一许可妇女提出离婚诉讼的伊斯兰教国家。

◆ 突尼斯人忌讳狗、猫、猪等动物。忌讳左手传递东西或食物。认为平时左手总干肮脏、下贱的活，因此是不洁净的。右手才为洁净、高贵之手。所以，待客递接物品都以右手为礼貌。用左手是不礼貌的，甚至有污辱人的意思。

◆ 他们忌讳别人打听、询问自己的工资情况，认为这样做是不礼貌的。

◆ 他们喜欢送礼，但对初次见面就送礼的作法是很看不惯的，认为这样做有行贿的企图。他们忌用酒作礼品，因为他们是伊斯兰教国家，其教规严禁教徒喝酒。

◆ 他们忌讳"13"这个数字，认为"13"是不吉利和厄运的象征。

◆ 突尼斯人，尤其是商店的服务员，特别不愿听到对方说他们卖的东西"太贵"一类的话语。

◆ 突尼斯人禁食猪肉和内脏，忌讳使用猪制品，也忌讳谈论有关猪的一切，对猪的形象及有关图案极为反感。他们在饮食烹调方法上，不喜欢红烧带汁的菜；对没有熟透的菜也不适应。

◆ 突尼斯人十分热情好客，常以烤肉、椰枣及传统的民族菜"考斯考斯"来款待客人。在招待重要外宾时，主人往往上一只或几只烤全羊。椰枣是突尼斯人十分珍爱的食品。突尼斯人在用餐时有边吃边谈的习惯，而且饭后习惯洗手，然后就接着喝茶聊天。

◆ 10月至次年5月是最宜到突尼斯的时间。而在圣诞节前后两周和复活节前后数日是不宜前往的。同时，在突尼斯每年7、8月多休假时间。每逢伊斯兰教、基督教日及每年斋月时商业活动很少。

◆ 突尼斯人与客人相见的基本礼节是握手礼。握手后，他们还要把右手放在胸口，以示出自于内心与客人的真诚相见。突尼斯的上层人士在社交场合与客人相见时，一般都讲究施拥抱礼，同时再说一些吉利的祝愿语，以表达热情友好之意。突尼斯人在亲朋好友相见时，一般都施亲吻礼（即在面颊的两边亲吻，先右后左。若关系特别好，要亲吻两遍）。突尼斯人男女之间，除亲人或关系极为密切的亲戚外，见面后施亲吻礼的不多见。戴面纱的伊斯兰妇女，除与亲人外，一般都不与男人握手和亲吻。年轻人还喜欢相互拍打对方的肩膀，以此来表示特别亲切。

◆ 大多数商业接待活动是在旅馆内进行的，但突尼斯人有时也会邀请您到家用餐。

◆ 突尼斯的商人是相当西化的，这与其他邻近伊斯兰教国家的人有很大不同。随着时代的变迁，突尼斯人的穿着也发生了很大的变化。现在，年轻人大都是身着西装，同时身穿奇装异服的摩登女在突尼斯也屡见不鲜。冬天前往突尼斯，宜穿保守式样西装或正式的西装。

◆ 拜访政府机关或大公司必须预约。商务社交活动中持有阿拉伯文、法文、英文对照的名片为佳。大部分突尼斯商人都能讲法语、意大利语。

危地马拉

基本概况

　　危地马拉（Guatemala），全称为危地马拉共和国（The Republic of Guatemala），位于中美洲北部地区，与墨西哥、伯利兹、洪都拉斯和萨尔瓦多接壤。南濒太平洋，东临加勒比海的洪都拉斯湾。主要城市多分布在南部的山间盆地。面积约为 10.89 平方公里，地处热带，北部及东部沿海平原地区属热带雨林气候，南部山地属亚热带气候。

　　危地马拉人口约为 1 581 万（截止到 2014 年），为中美洲人口最多和土著居民比例最高的国家。其中印第安人占 40%，印欧混血种人占 40%，白人占 16%。另外还有玛雅等 23 种土语。居民中约 50%~60% 信奉天主教，约 40% 信奉基督教新教。首都危地马拉市（Guatemala City）是最大的城市。

经济结构

危地马拉经济以农业为主，工业基础比较薄弱。农业在国民经济中占重要地位，经济作物出口是外汇收入的主要来源。危地马拉是中美洲第二大咖啡生产国。工业在中美洲各国中较为发达。传统工业有采矿业、制造业、纺织、食品加工、制药和造纸等。外国资本在国民经济中的地位也相当重要。

对外贸易以咖啡、蔗糖、香蕉等传统农产品出口为主。主要贸易伙伴为美国、萨尔瓦多、墨西哥、哥斯达黎加和尼加拉瓜等国。主要进口来源国为美国、墨西哥、韩国、中国等。

危地马拉货币为危地马拉格查尔（**Quatemalan Quetzal**）。

商务文化

危地马拉人民热情开朗，不拘小节，喜欢与人交往。由于诸多历史和地理的原因，危地马拉形成了自己的风俗特点与禁忌。

◆ 他们的服饰与他们的性格特点很有相似之处。一般来讲，危地马拉人都很潇洒，喜欢随意。妇女大多数都很喜欢艳丽的色彩。大多都很爱打扮自己，无论是投亲访友还是出席庆典，或是参加社交活动，总习惯在耳朵处插上色彩鲜艳的羽毛，把身上涂满红色，认为这样才是最漂亮的标志。危地马拉男女服装上的绣花除了装饰外，还有象征意义。如头戴羽毛的蛇和太阳象征玛雅人。也可以根据服装上的细微变化，区分出人的社会地位、婚姻状况，以及这款服装是日常穿的，还是节日装。

◆ 危地马拉人举止大方，性情开朗，在熟人之间常拍打对方的肩膀。他们在交谈时，常热情地注视着对方，彼此离得很近，因此到危地马拉应当习惯他们这种亲热的行为。

◆ 在危地马拉，"13"和"14"两个数字都被认为不吉利。他们厌恶孔雀，认为它会给人们带来不幸，凡与孔雀有关的东西都被视为不祥之物。他们忌以刀剑为礼相赠，因为这意味着友谊的割断。

◆ 他们一般不喜欢浓郁的食品，不爱吃牛油点心和鸭梨。

◆ 危地马拉人喜爱格查尔鸟，这种鸟成双成对地生活，是爱情的象征。

◆ 当地的奇奇卡斯特南戈人在每年 12 月 18 日都要过天主教节。节庆期间，人们来到教堂前面的广场上狂歌。教堂中摆满了各种形状的偶像，香烟缭绕，人们戴着彩色假面具进行祈祷。

◆ 居住在山区的玛雅人每年的 4 月 10 日要在广场上举行化装舞会,以祭祀祖先。

◆ 正如大多数拉美人一样,危地马拉人的时间观念比较淡薄,生活节奏较为松散。

◆ 到危地马拉从事商务活动,须携带印有西班牙文字的名片。与不熟悉的当地工商界人士接触时,可以主动向对方递送自己的名片。如果对方一时忘了回赠名片,应主动向他索求,否则事后难以联系。

◆ 当地商业的效率正在提高,谈判速度正在变快。当遇到办事拖拉的现象时不要抱怨,也不要催促对方加快速度,重要的是要有耐心,并注意和他们建立起良好的关系。

◆ 危地马拉人以玉米、小麦和大米为主食。现在饮食方面基本上以西餐为主。这里的人们喜欢食面包、三明治等。当地盛产咖啡,人们每天都要喝咖啡。当地人以午餐为正餐,大多数人的午餐都要有一杯咖啡相伴。晚餐一般在晚上 8 点以后才开始。

委内瑞拉

基本概况

委内瑞拉（Venezuela），全称为委内瑞拉玻利瓦尔共和国（Bolivarian Republic of Venezuela），位于南美洲大陆北部。东与圭亚那交界，南与巴西接壤，西与哥伦比亚为邻，北临加勒比海。面积约为 91.7 万平方公里。全境除山地外基本上属热带草原气候，气温因海拔高度不同而异。山地温和，平原炎热。

委内瑞拉人口约为 3 049 万（截止到 2014 年中期）。印欧混血种人占 58%，白人占 29%，黑人占 11%，印第安人占 2%。官方语言为西班牙语。约 98% 的居民信奉天主教，1.5% 的居民信奉基督教。首都加拉加斯（Caracas）是委内瑞拉文化、经济、政治的中心。

经济结构

　　委内瑞拉是拉美经济较发达的国家之一。石油业为国民经济的命脉，也是石油输出国组织成员。农业发展缓慢，粮食不能自给。矿产资源丰富，水力和森林资源也很丰富。主要工业部门有石油、铁矿、建筑、炼钢、炼铝、电力、汽车装配、食品加工、纺织等。

　　委内瑞拉对外贸易主要出口原油、石油化工产品、铝锭、钢材、铁矿砂、金属制品等。进口机器设备、化工和五金产品、汽车原配件、建筑材料及农产品等。主要贸易对象国为美国、哥伦比亚、德国、日本、加拿大、意大利、巴西、法国和墨西哥等。

　　委内瑞拉货币为强势玻利瓦尔（**Bolívar Fuerte**）。

商务文化

　　在南美国家中，委内瑞拉除了拥有南美各国一些普遍存在的民俗民风外，还有自己独特的风俗习惯，到其境内开展商务活动需要了解当地的一些风俗民情。

- ◆ 委内瑞拉是举世闻名的"美女之国"。在委内瑞拉，选美风俗代代相传。能够参加选美是该国女性最大的梦想，因为那将是她走出贫困家境、步入上层社会的唯一途径。

- ◆ 委内瑞拉人请客吃饭以西餐为主，但使用了当地传统的烹调方式和佐料。待客的主要食物有米饭、玉米薄饼、豆类食物、牛肉、猪肉、鱼、虾、海味、禽肉、禽蛋、蔬菜、水果等。饮料有咖啡、茶、牛奶、可口可乐、啤酒、白酒和各类果酒等。委内瑞拉人请客吃饭有相互敬酒的习惯，按当地习俗，要等主人敬酒之后客人才能敬酒。

- ◆ 委内瑞拉人一般都活泼好动、爽直热情。当您初次与他们交往时，就会给您一种说话滔滔不绝和"见面熟"的感觉。无论您与谁打交道或请求他们帮忙，他们一定会热情相助并尽量使您满足。他们的性格跟穿着很相似，委内瑞拉人平时穿着比较随便。在正式场合，男女都穿西装、皮鞋。但印第安人的服装式样繁多，他们很少穿西装。

- ◆ 委内瑞拉人忌讳"13"和"星期五"，认为这是厄运的数字和日期，会给人们带来灾难和不幸。

- ◆ 他们厌恶孔雀，认为它会给人们带来不幸。一旦见到它，便会数日不安。凡与孔雀有关的东西，如孔雀图案、孔雀折花，连孔雀的羽毛等，都被视为不祥之物。忌以刀剑为礼相赠，因为这意味着友谊的割断。

◆ 在委内瑞拉，朋友见面或分别时，互相握手并互致问候。关系密切的朋友之间，见面时还要拥抱和亲吻面颊。委内瑞拉人非常重视见面时的称谓，认为讲究得体的称谓，能表达对他人的尊敬，是基本的礼仪要求。一般的称谓是"先生"和"夫人、小姐"。在外交场合，对委内瑞拉的任何女性都可以称之为"女士"。委内瑞拉人对自己的头衔比较看重，一般要在称呼前加行政职务或学术职称。

◆ 委内瑞拉商人一般甚为忙碌，谈生意喜欢一针见血。如果希望利用进餐时间继续谈，可建议与对方共进晚餐。在午餐期间谈商务事情在委内瑞拉并不流行。

◆ 商务名片对于建立合作关系非常重要，并且名片的一面最好是西班牙语。此外，信件、宣传材料和展示材料等文件应该译成西班牙语，但是如果您收到的回复是英文的，便可以用英文回复。

◆ 一些初步的会谈是很有必要的且谈判节奏很缓慢。不要试图在谈判中起主导作用，也不要给对方施加任何形式的压力。

◆ 应邀到委内瑞拉人家中做客，最好事先给女主人送些礼物，事后应再寄一封感谢信。在朋友见面互送礼品方面，男士喜欢朋友送上一只好笔或其他办公用品，女士则喜欢送给她们一束兰花，这是最好不过的见面礼。因为兰花是委内瑞拉的国花，它象征着质朴热烈的友情。

81

乌克兰

基本概况

乌克兰（Ukraine），全称乌克兰共和国（The Republic of Ukraine），位于欧洲东部，是欧洲除俄罗斯外面积最大的国家。东连俄罗斯、南接黑海，北与白俄罗斯毗邻、西与波兰、斯洛伐克、匈牙利、罗马尼亚和摩尔多瓦诸国相连。乌克兰地理位置重要，是欧洲联盟与独联体特别是与俄罗斯地缘政治的交叉点。面积约为 60.37 万平方公里。受大西洋暖湿气流影响，大部分地区为温带大陆性气候，克里米亚半岛南部为亚热带气候。

乌克兰人口约为 4 555 万（截止到 2013 年 1 月 1 日）。共有 130 多个民族，乌克兰族占 77%，俄罗斯族占 17%，其他为白俄罗斯族、犹太族、鞑靼族、摩尔多瓦族、波兰族、匈牙利族、罗马尼亚族、希腊族、德意志族、保加利亚族等。官方语言为乌克兰语，通用俄语。主要宗教为东正教和天主教。首都基辅（Kyiv）是全国政治、经济、文化、科学中心。

经济结构

乌克兰自然资源相当丰富。乌克兰工业以重工业为主。乌克兰的食品业和轻工业也较为发达。同时，乌克兰的林业、木材加工业、造纸业和建材产品也得到了较快的发展。乌克兰主要出口产品为黑色金属及其制品、无机化学材料、化肥、木材、纺织品、铝制品、机车等。进口产品有天然气、石油、地面交通设备、纸张、塑料制品、药品、粮食和车床等。

乌克兰货币为格里夫纳（Grivna）。

商务文化

与其他东欧国家相比，乌克兰没有非常独特的商务礼仪。但乌克兰人礼貌观念很强。在该国进行商务往来，需要注意以下几点：

◆ 按乌克兰人的传统习惯，称呼人时，只有彼此关系非常熟悉密切或是用不着表示尊敬的人，才可以直呼其名，否则均应加上父辈的名。他们重视礼节，讲究礼貌，平时待客礼貌用语颇多，路遇他人一般都主动打招呼。

◆ 他们有"女士优先"的良好传统，无论在何种场合，他们都习惯谦让妇女。

◆ 他们喜欢装饰艺术，对室内装修、装饰很感兴趣。欣赏各种花鸟图案和各种艳丽的色彩。

◆ 他们对红色普遍厚爱，认为这是一种向上的色彩，能给人以鼓舞。忌讳黑色，认为黑色是死亡的色彩。只有遇到懊丧之事时，才使用黑色。

◆ 乌克兰人忌讳"13"和"星期五"。认为"13"和"星期五"会给人们带来不幸和灾难。

◆ 他们的传统观念认为左手是不洁的、非常令人厌恶的。认为无论做什么事情，使用左手是不礼貌的，使用右手才是友好的表示。

◆ 他们不愿意听到客人吃饭时有咀嚼食物的声音，认为这是有失文雅的。乌克兰境内的犹太人不吃猪肉，不吃无鳞鱼。

◆ 乌克兰人在社交场合与客人相见时，一般都以握手为礼，拥抱礼也是他们常用的一种礼节。他们亲朋好友间也常施用亲吻礼，有的吻额，有的吻面颊。吻唇一般仅限于情侣或夫妇之间。乌克兰的男子，对非常尊敬的已婚女子，也有施吻手礼的，不过这种礼节比较少见。

◆ 在参加聚会时，到达和离开都要与每位在场的人士握手，且在握手时重复自己的名字。欢迎宾客时要保持目光接触。

◆ 在乌克兰名片互换一般不存在礼仪约束。名片的另一面最好翻译成乌克兰语，上面要注明学位。递名片时将乌克兰语的那面朝上对着名片接收人。如果对方没有名片，应将对方的个人信息记下。

◆ 他们时间观念强，惯于按时赴约，认为这是外交礼貌的问题。

◆ 虽然乌克兰文化也重视开诚布公的交流方式，但是委婉的交流方式也很重要。通常谈话者关系的亲疏决定了说话方式。很显然，刚认识的人，他们更趋向选择谨慎的谈话方式。一旦建立亲密关系，人们将会更自在地进行交流。

◆ 乌克兰对会晤时间表并没有很严格的遵守要求。会议一般都有议程，但议程只起到大纲的作用。由于人际关系是乌克兰文化很重要的一部分，因此会议也有可能涉及非商务方面的讨论。这时也应积极参与此类讨论，等待对方将话题转移至正式商务问题。

◆ 乌克兰人以面包、蔬菜、肉类及乳制品为主要食品。他们最喜欢俄式西餐，对中餐也颇为喜爱。餐具多用刀叉。

乌拉圭

A Brief Survey of the World's Business Cultures

基本概况

乌拉圭（Uruguay），全称为乌拉圭东岸共和国（Oriental Republic of Uruguay），位于南美洲东南部，乌拉圭河与拉普拉塔河的东岸，北邻巴西，西界阿根廷，东南濒大西洋。面积约为 17.7 万平方公里。乌拉圭以优美的自然风光和安定的社会环境，被誉为"南美瑞士"，又因其形似宝石且盛产紫水晶石，也被誉为"钻石之国"。乌拉圭属温带气候。

乌拉圭人口约为 338 万（截止到 2012 年）。民族主要由白人（88%）、混血人种（8%）、黑人（4%）组成，另有为数极少的美洲印第安人。主要宗教有罗马天主教（66%）（全国近一半人口定期去教堂做礼拜）、新教（2%）、犹太教（1%）、其他宗教（31%）。官方语言为西班牙语，靠近巴西边境地区使用葡萄牙语和西班牙语的混合语。首都蒙得维的亚（Montevideo）。

经济结构

乌拉圭在拉美处于中等发展水平，经济规模较小，产业结构单一，农牧业较发达，在国民经济中占重要地位，主要生产并出口肉类、羊毛、水产品、皮革和稻米等，是世界第六大稻米出口国。工业以农牧产品加工业为主，包括肉类加工、榨油、酿酒、制糖及罐头、面粉、牛乳、干酪加工等。其次是纺织业，主要加工羊毛、生产棉纺和化纤产品。乌拉圭盛产大理石、紫水晶石、玛瑙、乳白石等，已探明有铁、锰等矿藏。乌拉圭林业和渔业资源丰富。乌拉圭政府重视发展旅游业，旅游业较发达。

对外贸易在乌拉圭国民经济中占有重要地位，外贸总额超过国内生产总值的三分之一。乌拉圭的货币为乌拉圭比索（Uruguayan Peso）。

商务文化

乌拉圭商人行事风格和阿根廷商人相近。有礼、规矩、细心而友好。

◆ 乌拉圭人同外来客人见面，即使是初次交往，都是主动打招呼，互相握手，寒暄问候。在社交场合与客人相见或告别时，一般都以握手为礼。在与亲朋好友相见时，也有施拥抱礼的习惯。人们初次见面时，通常说"mucho gusto"（很高兴相会）。男性见面时通常拥抱，女性之间则互吻双颊。亲密的朋友可能挽臂同行。

◆ 如同其他美洲国家一样，乌拉圭人见面使用最多的称呼是"先生"和"夫人（或称太太）"，对未婚青年男女可称为"少爷"和"小姐"。乌拉圭人喜爱称对方的行政职务或学术职务。对外来客人也用称呼加上行政或学术职务，如"总统先生"、"博士先生"等。

◆ 乌拉圭人偏爱茉莉花和桃红色的山楂花，认为这类花给人们增添了美好，带来了新鲜的生活气息。

◆ 乌拉圭人忌讳"13"和"星期五"。他们认为"13"和"星期五"会给人们带来不幸或灾难。因此，人们平时都设法避讳"13"和"星期五"。

◆ 他们忌讳颜色中的青色，认为青色意味着黑暗的前夕，并会给人以压抑之感，是一种令人懊丧或倒霉的色彩。

◆ 交谈时双方站得很靠近，闲聊的话题不喜欢涉及政治方面的话题，恰当的话题是家庭、体育运动、时事以及天气，还有乌拉圭人引以为豪的足球。

◆ 按照当地商务礼俗，宾主宜穿保守式样西装。与政府及私人机构会面，必须先行预约。

◆ 开展商务活动时，持有西班牙文对照的名片，以及使用有西班牙文对照的商品说明书，将大有帮助。

◆ 销售姿态宜低，勿通过给对方施加压力而达到目的。同其他许多小市场经济国家一样，许多进口商经手商品繁杂，以致效益甚差。好的代理、经销商很难找，因为他们大多要求独家代理。

◆ 商界的招待、宴请多安排在夜间，一般在大饭店进行。如宴请乌拉圭人，因其对赴宴多不守时，需要有耐性。如应邀到乌拉圭人家中做客，可给女主人送一些花或巧克力。前往乌拉圭人家里拜访时，客人通常先要以礼节性的简短讲话向主人致以问候，然后请求允许进入屋内。

◆ 乌拉圭人对中餐也极感兴趣。他们习惯使用西式餐具，以刀叉为主，对中国的筷子有一种新鲜感。他们在饮食中也有所忌讳，不喜欢吃形状奇异的水产品和两栖类的动物肉。

83

乌兹别克斯坦

基本概况

　　乌兹别克斯坦（Uzbekistan），全称为乌兹别克斯坦共和国（The Republic of Uzbekistan），位于中亚中部的内陆国家，西北濒临咸海，与哈萨克斯坦、吉尔吉斯斯坦、塔吉克斯坦、土库曼斯坦和阿富汗毗邻。地理位置优越，处于连结东西方和南北方的中欧中亚交通要冲的十字路口。总面积约为44.74万平方公里。全境地势东高西低，属于严重干旱的大陆性气候。

　　乌兹别克斯坦人口约为3 100万（截止到2014年8月底）。共有129个民族。乌兹别克族占78.8%，塔吉克族占4.9%，俄罗斯族占4.4%，哈萨克族占3.9%，卡拉卡尔帕克族占2.2%，鞑靼族占1.1%，吉尔吉斯族占1%、朝鲜族占0.7%。此外，还有土库曼、乌克兰、维吾尔、亚美尼亚、土耳其、白俄罗斯族等。乌兹别克语为官方语言，俄语为通用语。主要宗教为伊斯兰教，属逊尼派，其次为东正教。首都塔什干（Tashkent）位于锡尔河支流奇尔奇克河谷的绿洲中心，是古代东西方贸易的重要中心和交通要冲，著名的"丝绸之路"便经过这里。

经济结构

乌兹别克斯坦资源丰富，国民经济支柱产业是"四金"：黄金、"白金"（棉花）、"乌金"（石油）、"蓝金"（天然气）。铀、铜、钨等矿藏也较为丰富。森林覆盖率为12%。但乌兹别克斯坦经济结构单一，制造业和加工业落后。主要部门为能源、电力、黑色和有色冶金、化工、机械制造、汽车制造、轻纺、食品等。棉花种植业为支柱产业，畜牧业、桑蚕业、蔬菜水果种植业等也占重要地位。

乌兹别克斯坦的货币为乌兹别克斯坦苏姆（Uzbekistan Sum）。

商务文化

乌兹别克斯坦是一个信奉伊斯兰教的国家，也是一个独具民族特色的国家。因此，有很多民族文化传统和商务习俗需要注意。

◆ 乌兹别克斯坦的传统民族服装是刺绣精美的小帽和五颜六色的长袍。婚礼上的新郎、新娘一般要穿上传统的民族服装。一顶手工制作的小帽和一件精心缝制的棉袍通常是乌兹别克人送给重要来宾的贵重礼物。

◆ 乌兹别克人性格豁达、热情豪放、待人忠厚、心地善良。这是一个自古就有尊老爱幼良好传统的国度。他们能歌善舞，其歌声婉转动听，舞姿舒展、多变、优美、轻快。

◆ 每年春播或夏收时节，总要进行传统的叼羊竞赛活动，人们称之为"布兹卡希节"，其情趣横生，充满民族特色。

◆ 他们对狼极为崇拜，把狼看成自己民族的标志和神的化身。还常以羊羔祭祀，并认为自己是狼的善男信女。成年人有的还经常怀揣祖传的狼牙、狼爪和狼尾，也有的把其视为珍品相互馈赠。

◆ 他们对绿色普遍厚爱，认为绿色象征着美好和幸福。忌讳黑色，认为黑色是丧葬的色彩。

◆ 乌兹别克人大多信奉伊斯兰教，多属逊尼派。他们忌讳左手传递东西或食物，认为使用左手是不礼貌的。他们看不惯妇女撩裙而坐，认为露出大腿有引诱男子之嫌，是伤风败俗的行为。

◆ 他们禁食猪肉，忌食骡肉、驴肉、狗肉，也忌讳食用自死的动物肉和血液。

◆ 他们对中国菜肴非常喜欢，用餐除在社交场合使用刀叉外，一般都习惯用手抓饭取食。

◆ 乌兹别克斯坦的主要传统节日是伊斯兰教的开斋节、古尔邦节和乌兹别克斯坦自己的农历新年（纳弗鲁斯节）。开斋节是伊斯兰教的三大节日之一，也是乌兹别克人的一个盛大的传统宗教节日。斋月的起止日期是按照古兰经制定的规则、由伊斯兰教学者观察月亮的圆缺变化每年确定一次。一般下一年度的斋月要比当年的提前 10 天左右。斋月期间，太阳升起后到落山以前不能进食。斋月过后的 3 天为开斋节，在这三天里人们可以尽情享受各种美味佳肴。

◆ 乌兹别克人在社交场合与客人相见时，一般多以握手为礼。在与亲朋好友相见时，常以右手按胸并躬身为礼。男士相遇，手放胸前鞠躬后握手。女性相见，手放胸前鞠躬后可拥抱。

◆ 问候"仪式"会很久。握手一般只在男士之间，如果女士先伸出手，方可与她们握手。如果要与坐得较远的人打招呼，可以把右手放在胸前，稍微点头示意。在问候"仪式"中，可以问一些跟主人和他家里有关的任何事，如他的亲戚、健康、工作、家庭等问题。一般不当众赞美女士。

◆ 乌兹别克族注重礼节，尊重长者，说话行路均让长者先。骑马外出时若二人同行，则长者在前，幼者在后，男在前女在后。

◆ 如果您被邀请参加午餐或晚餐，请接受邀请并准时到达。在拜访一个当地的家庭时，可以带一些小礼品，如巧克力、笔、书、磁带、唱片等，这些主人会很喜欢的。

◆ 按传统习俗，进屋时要脱鞋。如果在花园吃饭，人们常常坐在矮 "Supa"（看上去像一张双人床）上，上面铺着被称作 "Korpas" 的平坦的床垫。在这种情况下，最好脱下鞋，坐在主人指定的地方。您坐的位置离房间或花园入口越远，表明您的地位越尊贵。您可以伸直在桌子下面的腿，靠在座垫上或者胳膊放在靠垫上。

◆ 用餐时，长者居上座，幼者居下，家庭人口多的人家，还分席用餐。一般情况下孩子和妇女要另设一席。

◆ 过去许多食物都是用手抓食，因此饭前饭后都要洗手，用毛巾擦干，不能乱甩。现除牧区仍然以手抓食之外，大部分乌兹别克族都改用筷子和调匙。吃饭时严禁脱帽，不能当着客人的面咳嗽。

西班牙

基本概况

　　西班牙（Spain），全称西班牙王国（The Kingdom of Spain），位于欧洲西南部伊比利亚半岛，西邻葡萄牙，东北与法国、安道尔接壤，北临比斯开湾，南隔直布罗陀海峡与非洲的摩洛哥相望，东面和东南面濒临地中海。面积约为 50.6 万平方公里。中部高原属大陆性气候，北部和西北部沿海属海洋性温带气候，南部和东南部属地中海型亚热带气候。

　　西班牙人口约为 4 670 万（截止到 2014 年 1 月），其中卡斯蒂利亚人（即西班牙人）占人口总数 70% 以上，少数民族有加泰罗尼亚人、加里西亚人和巴斯克人。官方语言和全国通用语言为卡斯蒂利亚语（即西班牙语）。如今全球有 5 亿说西班牙语的人口，为世界上使用人数第三多的母语，并且是使用国家第二多的语言。约 96% 居民信奉天主教。马德里（Madrid）是西班牙的首都。

经济结构

西班牙是中等发达的资本主义工业化国家。主要工业部门有食品、汽车、冶金、化工、能源、石油化工、电力等。纺织、服装和制鞋业是西班牙重要的传统产业。汽车工业是西班牙支柱产业之一。西班牙葡萄酒产量居世界第三位，橄榄油产量居世界第一位。服务业是西班牙国民经济的一个重要支柱，包括文教、卫生、商业、旅游、科研、运输业、金融业等，其中尤以旅游和金融业较为发达。旅游业是西班牙经济的重要支柱和外汇的主要来源之一。著名旅游胜地有马德里、巴塞罗那、塞维利亚、太阳海岸、美丽海岸等。

西班牙主要出口汽车、钢材、化工产品、皮革制品、纺织品、葡萄酒和橄榄油等。主要进口石油、工业原料、机械设备和消费品。主要贸易伙伴是欧盟、亚洲、拉美和美国。

西班牙的货币为欧元（Euro）。

商务文化

西班牙整个国家的商业文化是注重关系、重视礼节、适度地表达自己的情感，但是访问者可以在西班牙不同的地区感受到不同的商业文化。

◆ 西班牙人注重个人隐私权。一般不能询问别人年龄、收入、婚否、宗教信仰、政治派别。不能询问对方的东西是花多少钱买的，也不许询问主人请客的花费。路上与朋友相遇，不应打听人家到何处去、去干什么。然而，西班牙习俗容许男士当面赞美女士容貌美丽或衣着优雅。

◆ 现代的西班牙属基督教文化圈，许多禁忌与欧美基督教国家相同，如规定"13"为不吉数字。忌用黄色（象征疾病、嫉妒等）、紫色（系教会专用的"神圣颜色"）、黑色（象征死亡），忌用菊花（为丧礼用花）等等。

◆ 西班牙人喜欢谈论政治，但不要把西班牙政治和来访者自己国家的政治进行比较。喜欢谈论体育和旅行，避免谈论宗教、家庭和工作。不要说有关斗牛的坏话。

◆ 不会讲西班牙语的访问者会发现，许多年轻的西班牙人都可以用英语与他们很好地交流，但是年纪稍长的人则习惯于讲法语。

◆ 在西班牙，建立良好的私人关系是非常重要的，这与北欧一些注重生意而不重视关系的国家有所区别。在卡斯蒂利亚尤其是如此，在加泰罗尼亚则稍差一些。面对面的私人接触在商务谈判过程中是十分重要的，就像在其他欧洲的拉丁语系国家里一样。

◆ 与北欧人相比，西班牙人更喜欢使用涵义丰富、拐弯抹角的语言，而且不会直接对别人生硬地说"不"。在这一点上,加泰罗尼亚人又与大多数西班牙人有所不同,他们喜欢更直接一些的语言,甚至有些生硬。

◆ 荣誉和尊重在西班牙人看来是至关重要的。年龄大小决定了社会地位的高低。在当地的公司当中,很少有女性能够担任较高的职务。恰当地称呼别人也是表示尊敬的一个方式。访问者在称呼年长者以及资格较老的职员的时候,应该在他们的姓之前加上头衔。对于其他人,则在名字的第一个字前面加上"先生"或是"小姐、女士"等称呼。

◆ 拉丁语系的欧洲人和西班牙人都是属于时间观念灵活的人。在当地人看来,是否准时参加约会并不十分重要,因此,访问者需要有足够的耐心。

◆ 尽管与大多数的法国人和意大利人相比,西班牙人还算比较能够控制自己的情绪,但是与英国人、荷兰人、德国人或是斯堪的纳维亚人相比,当地人却是容易激动的。在与他们的交流当中,同时存在着超越语言的交流和非语言的交流方式。但是,加泰罗尼亚人相对来说没有卡斯蒂利亚人和其他西班牙人那样容易表露自己的情绪。

◆ 与较为保守的北欧人相比,易于表达自己感情的西班牙人说话声音较大。他们常常好几个人同时说话,并且相互打断,甚至在与外国人的商务会谈当中也是如此。

◆ 见面的时候要相互握手,并且注视对方。在相互介绍的时候,要始终注视着对方。西班牙人习惯进行强烈的眼神交流。他们善于读出别人眼神当中的涵义。来自东亚或是东南亚的访问者不要把这种眼神误解为攻击性的眼光。

◆ 北欧人通常与别人保持一臂的间隔,西班牙人之间的间隔相对更近一些。西班牙人允许熟悉的人之间有频繁的身体接触。来自那些较为保守的国家的访问者应该等到当地人首先和他们握手之后才可以有身体上的其他接触。

◆ 与亚洲等其他重视关系的国家相比,在西班牙,馈赠礼物并不是商务会面过程中重要的环节。如被邀请去西班牙人家里做客,可带上一束鲜花、点心、蛋糕或巧克力。

◆ 西班牙的谈判者更注重议价过程中敏捷的思维和自主性。而不像德国人和瑞士人那样注重辛苦的准备和计划安排。由于他们十分依赖于谈判过程中的详细讨论,因此谈判的过程通常较长。访问者需要准备好进行一定的妥协以及长时间的讨价还价过程。

◆ 午餐一般在下午 1 点半以后。晚餐时间通常很晚,大约到晚上 10 点才开始。初抵西班牙的商务人员,赴约前还是先吃点东西为妙。饭馆一般晚上 9 点才开门营业,到晚上 11 点才有大批吃饭的人光顾。

希腊

基本概况

希腊（Greece），全称为希腊共和国（The Republic of Greece），位于巴尔干半岛最南端。三面环水，西南濒爱奥尼亚海，东临爱琴海，南隔地中海与非洲大陆相望。面积约为 13.2 万平方公里。境内多半岛、岛屿。奥林匹斯山是全国最高峰。属亚热带地中海式气候，冬温湿，夏干热。

希腊人口约为 1 078.8 万（截止到 2014 年）。其中 98% 以上是希腊人，其余为土耳其人、马其顿人、保加利亚人等。官方语言为希腊语，东正教为国教。希腊首都雅典（Athens）是世界闻名的古城。

经济结构

希腊是欧洲联盟中经济欠发达的国家之一，经济基础比较薄弱。主要工业有采矿、冶金、纺织、造船、建筑等。希腊是传统的农业国。服务业是经济的重要组成部分，旅游业是获得外汇、维持国际收支平衡的主要来源之一。

希腊同 100 多个国家有贸易关系，欧盟成员国是其最大贸易伙伴。德国、意大利、英国、俄罗斯和中国为其主要贸易伙伴。主要出口商品为食品、石油产品、纺织品、橄榄油、水泥等。主要进口商品为原材料、石油及石油产品、天然气、日用品和交通运输设备等。

希腊货币为欧元（**Euro**）。

商务文化

希腊人社交习俗总的特点可以用这样几句话来概括：南欧希腊众宾朋，慷慨忠厚心实诚；落落大方有礼貌，尤对老人最尊敬；黄、绿、蓝、白四颜色，一般人员都欢迎；橄榄树枝吉祥物，象征友好与和平；凝视他人受反对，谁若这样都不行；忌讳"手势"招呼人，违犯这点可不成。

◆ 希腊人热情好客，非常注重个人之间的友谊。希腊人待客真诚，您若对他们的东西表示赞赏，他们会诚恳地将这件东西送给您，若不接收，他们会不高兴，认为看不起他们。

◆ 他们对老年人很尊重，和年长者说话要带尊称，年青人凡事都要谦让老年人。

◆ 他们在高兴之时爱大笑，发怒之时也爱大笑。他们对手帕的运用很讲究，主要用在外出散步时，夹在白色的短衫中央，以表示有气派，还喜欢挥舞着手帕跳舞。妇女如果用手帕擦鼻涕，男人就可以据此离婚。他们有些表达方式很独特，如手语、头语。表示"告别"，是把手背朝向对方招手；表示"招呼别人来"是将右手腕弯拢，朝自己胸前来回晃动；表示"不是"、"没有"、"不同意"，是稍向上昂头（即微微将下巴一抬），同时将眉毛一扬。他们的咋舌动作，并没有轻视人的意思，而是引起别人注意的一种信号，但对于长辈或朋友都不使用这种信号。

◆ 在希腊，橄榄树是和平与智慧的象征。橄榄枝是平安、和平、友好的吉祥物。

◆ 他们把马蹄铁视为最灵验的护身符，认为它是幸运的象征，并具有驱魔辟邪的神奇力量。

◆ 他们普遍喜用黄、绿、蓝、白色，认为这些都是积极向上的色彩。希腊马其顿地区的妇女，习惯以上衣装饰的颜色来显示她们的"身份"。一般穿绿色花边紧身上衣的为待嫁少女；着白色花边上衣的为新娘；穿着淡紫色花边上衣是寡妇。

◆ 希腊人把人的头部看成是灵魂的"灵府"，鼻孔为灵魂的孔道，故若打喷嚏则会使灵魂不安，还有可能造成灵魂出窍。因此，他们认为打喷嚏是不吉利的。尤其是清晨起床时，若听到喷嚏声，更会感到不安，有的还要立即上床睡卧，以此来躲避晦气。希腊民间传统崇拜蛇，并喻其为神。对猫很忌讳，无论是养猫还是玩猫，他们都很看不惯，因为在他们的传统观念中，这样做猫会把人引至阴间。希腊人把盐视为圣物，在祭神的时候，盐是绝对不可少的。

◆ 希腊人对大蒜感情很深，在春节前后，有些家庭总愿意编成蒜头串或用石榴枝挂在墙上，以示"驱除邪恶"。

◆ 他们忌讳"13""星期五"。视"13"为厄运的数字，若"13"日恰逢"星期五"，更是个灾难的日子。

◆ 他们把久久凝视别人，看成是不怀好意和蔑视人的一种行为。他们对中国日常中常用的招手的手势很反感。因为这种手势在他们民族中，是表达"下地狱"之意的，是对人的一种侮辱的手势。

◆ 到希腊进行商务活动，当年9月至次年5月为宜。按照希腊的商务礼俗，访问政府机关和大企业时穿三件套西装即可。

◆ 希腊人见面问候没有什么具体惯例。在初次见面或每次见面时，他们可以握手、拥抱或亲吻对方。

◆ 事先约会通常不是必要的，但提前用电话通知将是受欢迎的礼貌做法。准时赴约并非必须做到。

◆ 在商务谈判进行中，务必要静待对方把话讲完，千万不要中途插话。除非特别必要，否则也不能随便提问题，如果这样做会被认为是极不礼貌的行为。

◆ 希腊人喜欢吸烟。商务谈判和社交活动中都喜欢吸烟，甚至吃饭的时候也吸上几口香烟。在公共场所人们也对张贴的禁止吸烟标志视而不见。因此，在与当地人交往中不必对他们的吸烟习惯感到奇怪。

◆ 在希腊谈生意，免不了要喝浓郁的咖啡和希腊烈酒，如果贸然拒绝，会被认为是对主人极大的不尊。希腊人喜欢清淡口味，不爱油腻。

◆ 如果应邀去希腊人家里做客，可给女主人送鲜花或蛋糕。希腊人喜食牛、羊肉，"煮羊头"在当地是一道佳肴大菜。他们还喜欢吃在火上烤制的不加调料的鱼肉。最爱吃干炸方法制作的食品。他们特别喜欢在阳光下喝冰镇白葡萄酒。希腊人嗜饮浓咖啡，一般人每天早起的第一件事都是煮咖啡，而且煮的咖啡非常浓稠，喜欢细细地品尝咖啡的味道。他们一般吃西餐，也乐于品尝中国菜肴。

新加坡

基本概况

　　新加坡（Singapore），全称新加坡共和国（The Republic of Singapore），位于马来半岛南端、马六甲海峡出入口，北隔柔佛海峡与马来西亚相邻，南隔新加坡海峡与印度尼西亚相望。它由新加坡岛及附近 63 个小岛组成。面积约为 714.3 平方公里。属热带海洋性气候，常年高温多雨。新加坡风光绮丽，终年常绿，岛上花园遍布，绿树成荫，素以整洁和美丽著称。

　　人口 547 万（截止到 2014 年 6 月）。新加坡人主要是由近一百多年来从亚洲、欧洲等地区迁移而来的移民及其后裔组成的。马来语为新加坡国语，英语、华语、马来语、泰米尔语为官方语言，英语为行政用语。主要宗教为佛教、道教、伊斯兰教、基督教和印度教。其首都新加坡市（Singapore City）是新加坡政治、经济、文化中心，有"花园城市"的美誉。

经济结构

新加坡经济以五大部门为主：商业、制造业、建筑业、金融业、交通和通讯业。工业主要包括制造业和建筑业。制造业产品主要包括电子产品、化学与化学产品、机械设备、交通设备、石油产品、炼油等部门。粮食全部依靠进口。服务业为经济增长的龙头产业。包括零售与批发贸易、饭店旅游、交通与电讯、金融服务、商业服务等。旅游业是主要外汇收入来源之一。

外贸是新加坡国民经济重要支柱，进出口的商品包括：加工石油产品、消费品、机器零件及附件、数据处理机及零件、电信设备和药品等。主要贸易伙伴：马来西亚、泰国、中国（包含香港和台湾）、日本、澳大利亚、韩国、美国、印尼等。

新加坡货币为新加坡元（Singapore Dollar）。

商务文化

早期离乡背井到新加坡再创家园的移民者将各自的传统文化带入了新加坡，形成了丰富的多元文化特色。因此到新加坡做生意，需要对其商务文化有一定了解。

◆ 中华文化精髓深深影响着新加坡独特的生活形态。如农历新年、清明节、以及传统艺术品，如景泰蓝、瓷器和书法等，还有风行于华人文化的风水之说，都反映在新加坡的社会生活之中。

◆ 马来人以自身丰富的文化遗产，使新加坡更为多彩多姿。马来人受到早期阿拉伯商旅的影响，改信伊斯兰教，最为人称道的民族特性是坚强和团结，乐于助人的心胸和对宗教信仰与传统的坚定不移。

◆ 印度人，在许多方面，被冠以新加坡建设者的美誉。新加坡建立初期，印度人扮演着契约劳工的角色，参与各项建设工程，例如沼泽疏浚和道路建筑等。他们更参与许多新加坡著名公共建筑物的兴建，其中包括圣安德烈大教堂。

◆ 除劳工外，学有专长的各国人士接踵而至，其中不乏具有教育、农业和商业等素养的专业人才。一如华裔和马来裔民族，印度族裔也在饮食、艺术、宗教方面尽力保留其特色，更突显新加坡文化的多元性特质。

◆ 宗教信仰方面，华人一般信仰佛教，马来人信仰伊斯兰教，印度人信仰印度教。在新加坡，几乎可以找到世界上所有宗教的信仰者。这些人信奉着自己的神灵，尊重着别人的信仰。

◆ 饮食方面，新加坡的习惯里更是有着东南亚各个国家饮食文化的影子。人们不但能很容易在新加坡找到正宗的东南亚国家的口味，也能很容易在新加坡的特色菜里吃到其他东南亚国家的口味。

◆ 强调传统的亚洲价值观，例如家庭的重要性，注重面子和尊重权威，但是同时新加坡的商业文化快速地朝着国际化风格发展。

◆ 虽然和其他的东南亚人相比，新加坡人习惯于更加直接地讲话，但是新加坡人还是尽量避免回答提问或者要求时直接说"No"。"Yes"这个词，或许并不表示您的新加坡伙伴同意你的观点，除非用强调的语气说出来，否则通常只是避免冲撞的一个方法。年纪大一些的新加坡人在商务会议中不喜欢公开的冲突，他们将会使用逃避性的语言以免冒犯对方。

◆ 大多数新加坡人讲话相对轻柔，大声说话是没有教养的表现。打断别人的谈话是不礼貌的。

◆ 握手要有绅士风度，避免用力过大。通常男士要等女士先伸出手。有时候新加坡人通过微笑来掩饰焦虑、尴尬而不是表示高兴。与在其他东南亚国家一样，和人打招呼时不要用弯曲的食指，礼貌的方法是出右手。

◆ 和政府官员打交道时，记住送礼物是个禁忌。如果他们和您一起去吃饭，他们会坚持自己付自己份额的钱。新加坡官员因为诚实和高效而在全世界享有令人羡慕的声誉。

◆ 介绍两个人时，先说较重要的或者职务较高的人，介绍完之后，访问者要先递上自己的名片，最好是用双手，决不可用左手。要尊敬地对待名片，不要把名片漫不经心地扔到您的会议桌上，或者装到您后面的口袋中，不要在名片上写东西。

◆ 食品、旅游、风景、历史和商业都是很好的谈论话题，不要讨论当地的政治、宗教或者性。配偶通常也被邀请参加晚宴，但是从来不邀请其一起共进午餐。进餐是新加坡人生活的一个重要部分。

◆ 想要达成一项重要的交易，您需要在几个月的时间内到新加坡访问两次或者更多次。在新加坡，谈判的进程比具有更加以生意为导向商业文化的国家要慢一些。访问的商务人士会发现，新加坡人虽然很有礼貌，但同时也是坚持不懈、很难转变立场的谈判者。

◆ 新加坡人非常地好客，岛上拥有很多著名的菜肴，最有名的两道菜是胡椒粉螃蟹和榴莲果，特别是后者，常常被东南亚人称为"水果之王"。

87

新西兰

A Brief Survey of the World's Business Cultures

基本概况

新西兰（New Zealand），又译纽西兰，位于太平洋西南部，是个岛屿国家，由北岛、南岛、斯图尔特岛及其附近一些小岛组成，相距澳大利亚约 1 600 海里。新西兰两大岛屿以库克海峡分隔，南岛邻近南极洲，北岛与斐济及汤加相望。面积约为 27 万平方公里。属温带海洋性气候，四季温差不大。

新西兰人口约为 451 万（截止到 2014 年 6 月底）。其中，欧洲移民后裔占 78.8%，毛利人占 14.5%，亚裔占 6.7%。约 75% 的人口居住在北岛。奥克兰地区的人口占全国总人口的 30.7%。官方语言为英语和毛利语。通用英语，毛利人讲毛利语。约 70% 居民信奉基督新教和天主教。首都惠灵顿（Wellington），是地球上最靠南的都城。

经济结构

　　新西兰是经济发达国家，畜牧业是其经济的基础，羊肉、奶制品和粗羊毛的出口量均居世界第一位。新西兰还是世界上最大的鹿茸生产国和出口国。矿藏主要有煤、金、铁矿、天然气。森林资源丰富，占全国土地面积的 30%。渔产丰富。工业以农林牧产品加工为主，主要有奶制品、毛毯、食品、酿酒、皮革、烟草、造纸和木材加工等轻工业，产品主要供出口。农业高度机械化，但粮食不能自给，需从澳大利亚进口。旅游业是仅次于乳制品业的第二大创汇产业。

　　新西兰严重依赖外贸。主要进口石油、机电产品、汽车、电子设备、纺织品等，出口乳制品、肉类、林产品、原油、水果和鱼类等。主要贸易伙伴为澳大利亚、美国、日本。

　　新西兰货币为新西兰元（**New Zealand Dollar**）

商务文化

　　新西兰是个多民族的国家，欧洲后裔占主导地位，受欧美和澳大利亚的影响很深，生活方式和习惯基本西化。但是由于其独特的历史背景和经济情况，新西兰商务文化与美国、英国、加拿大和澳大利亚等英语国家却又有着很大的不同。

◆ 按照新西兰商务礼俗，人们在开展商务活动时随时会穿着保守式样的西装。拜访商界或政府办公厅大多须预约。新西兰的商界气息被认为接近伦敦，保守刻板，与澳大利亚不同。

◆ 新西兰人说他们是一个不干涉主义的国家，绝不说人家的坏话。对朋友的政治立场、宗教信仰等，都不闻不问。通常在星期五晚上和朋友相约到酒店（即 **Pub**），一面喝啤酒，一面聊天，这使他们感到兴趣盎然。交谈以气候、体育运动、国内外政治、旅游等为话题，避免谈及个人私事、宗教、种族等问题。

◆ 他们对狗怀有特殊的感情，视狗为人类的忠实朋友。如果对新西兰人谈论狗肉如何好吃，如何大补，定会触怒对方。

◆ 新西兰主要交通工具：计程车与公共汽车两种。商务和旅游观光人士最好搭坐计程车。计程车司机都很亲切，可以不必给小费。旅社、饭店也不另加服务费或税金。

◆ 会客一般在办公室里进行。应邀到新西兰人家里做客，可送给男主人一盒巧克力或一瓶威士忌，送给女主人一束鲜花。礼物不可过多，不可昂贵。

◆ 新西兰人非常注重隐私权，尤其是他们的家居生活、工资收入、配偶子女情况等是不可以问的。他们特别喜欢橄榄球和板球。

◆ 在社交场合新西兰人与客人相见时，一般惯用握手礼，和女士相见时，要等对方伸出手再施握手礼。新西兰人在向尊长行礼时，有时会采用鞠躬礼，不过鞠躬的方式独具一格，要抬头挺胸地鞠躬。路遇他人，包括不相识者时，新西兰人往往会向对方行注目礼，即面含微笑目视对方，同时问候对方："您好！"初次见面，身份相同的人互相称呼姓氏，并加上"先生""夫人""小姐"等，熟识之后，互相直呼其名。

◆ 毛利人在欢迎来访者时，往往会采用自己传统的礼节。其中闻名遐迩的就是世人所称的"碰鼻礼"。"碰鼻礼"在毛利语里叫做"洪吉"。它的具体做法是：在迎接客人时，主人要与客人彼此用鼻子尖，互相碰上两三次。按照毛利人的说法，双方碰鼻子的时间越长，就说明客人所受的礼遇越高。为了让孩子鼻子长得高大一些，以方便于行礼，毛利人的母亲常常用双膝夹孩子的鼻子。在毛利人看来，碰鼻碰额，不仅表示毛利人的真诚问候，更因为碰鼻时，可以感受到对方的呼吸，表示主、宾同呼吸共命运。

◆ 新西兰人男女之间交往注重礼貌。他们崇尚平等，平民可要求高级官员接见，上级对下级态度诚恳。非常反对讲身份，反对摆架子。

◆ 在新西兰，凡是当地能生产制造的产品，都不准进口。与其谈生意时，最好有点板球等方面的知识，这样他们对您会有好感。

◆ 按新西兰的商业习惯，交易均基于公平的原则。这里做生意不讨价还价，一旦提出一个价格就不能再变更。如果对方询及交货日期、品质、付款条件时，生意大概就成交了，如此认定大致不会错。

◆ 不分青红皂白见人就送见面礼的习惯，在这里未必管用，要予以注意。生意谈成之后，为了表示谢意，可以宴请有关人士，这样做不但效果最佳，而且对方也很高兴。

◆ 他们在吃饭时不喜欢谈话，一般要等到饭后再谈。受英国习俗的影响，饮茶也是新西兰人的嗜好，一天至少七次，即早茶、早餐茶、午餐茶、午后茶、下午茶、晚餐茶和晚茶。新西兰可说是世界上喝茶最多的地区之一。茶叶在进口商品中占相当大的比重。新西兰饮食的特色品种有炸鱼、土豆条、芭甫洛娃甜食。

匈牙利

A Brief Survey of the World's Business Cultures

基本概况

　　匈牙利（Hungary），全称匈牙利共和国（The Republic of Hungary），位于欧洲中部的内陆国家。多瑙河及其支流蒂萨河纵贯全境。东邻罗马尼亚、乌克兰，南接斯洛文尼亚、克罗地亚及塞尔维亚和黑山（南斯拉夫），西与奥地利为邻，北同斯洛伐克接壤，大部分地区为平原和丘陵。面积约为9.3万平方公里。属大陆性温带阔叶林气候。

　　匈牙利人口约为998.6万（截止到2013年）。主要民族为匈牙利（马扎尔）族，约占90%。少数民族有斯洛伐克、罗马尼亚、克罗地亚、塞尔维亚、斯洛文尼亚、德意志等族。官方语言为匈牙利语。居民主要信奉天主教（66.2%）和基督教（17.9%）。首都为布达佩斯（Budapest）。

经济结构

匈牙利是一个中等发达国家，工业基础较好。但该国自然资源比较贫乏，主要矿产资源是铝矾土，其蕴藏量居欧洲第三位。农业基础也较好，主要农产品有小麦、玉米、甜菜、马铃薯等。旅游业较发达。匈牙利独特的自然风光和人文景观使其成为旅游大国，成为该国外汇重要来源之一。

匈牙利货币名称为匈牙利福林（**Hungarian Forint**）。

商务文化

在匈牙利的商务文化中既包含注重交往关系也看重等级关系。这些特点在南欧很普遍，但在匈牙利的周边国家却不常见。所以，了解该国独特的商务文化是十分必要的。

◆ 匈牙利人穿衣比较讲究。节日期间，匈牙利人会穿着传统服装来庆祝。其传统的女装一般为：贴身无袖连衣裙配绣花短上衣，头戴包头帽或大方围巾。传统的男装为：粗布短衫衣配黑色紧身裤。出席商务活动或者宴会时，男士一般穿西服，女士多为长裙、晚礼服，并配以各式项链。匈牙利人平时穿着很随意。

◆ 大多数匈牙利人认为自己的国家属于中欧国家，而不是东欧国家，或者说是中东欧国家也可以。与匈牙利人聚会时，所谈论的话题大多涉及的是体育、音乐、匈牙利食品以及美酒等等，应尽量避免谈论政治和宗教话题。

◆ 初次见面，他们比较保守，但一旦打开局面，匈牙利人就会活跃一些。见面时，要握手，正视对方，说出自己的名字，分别时也要握手。有匈牙利妇女在场时，要等女方先伸出手，才能与她握手。男性外国商人不能吻妇女的手，可以在握手时稍微弯一下腰。互相介绍时，要在姓氏前加专业或学术职称。只有亲戚和亲密朋友之间使用名字。交换名片时，要在名片上注明公司名称和最高的学位。要与任何见到的商人交换名片。

◆ 匈牙利人注重守时观念，多数匈牙利人很守时，注重日程表和期限安排。开会时，他们通常准时，有时甚至提前 5 分钟，但所有约会必须事先安排。

◆ 多数匈牙利商人说英语或德语，通常两种语言都说。您可以用这两种语言中的任意一种给他们写信、打电话进行活动预约。但在见面之前，最好问一下对方，是否需要安排一名翻译。虽然很多匈牙利人的公司有翻译，但他们通常在商务会谈中却不常带翻译。

◆ 在匈牙利，找到恰当的关系作为中间人尤为重要。"您认识的人"要起很大作用。

这与诸如德国等国家的重视交易的观念形成强烈对比。在德国,这种关系会有帮助,但并不必要。

◆ 在匈牙利,重要的商业文件除了需要面对面地讨论,还需要频繁的拜访和电话联系讨论。

◆ 同多数注重关系的国家一样,在匈牙利谈判时,对于他们不认同的意见,他们说话常常很含蓄,也会有礼貌地回避。匈牙利人不喜欢使用"不"这样生硬的词语。多数匈牙利谈判人员倾向于亚洲式的委婉做法。这常使那些北欧和北美合作伙伴感到迷惑。

◆ 谈判时不要大声说话,声音要柔和,不要敲桌子。面对面的商谈距离一般在 25 公分到 40 公分较为适宜。在谈判桌上,要正视对方,通常目光比中东和南欧要弱,但比东亚和东南亚要直接。

◆ 女性和男性外国商人都应注意,在匈牙利的公司中,只有高层经理能做出重要决策。等级制度的严格,导致谈判进程缓慢,甚至造成延误。

◆ 匈牙利人在商业场合中,比较拘谨。关系好的男性朋友之间可以互亲脸颊(先左后右),而有一段时间没见面时,要握手。但商业场合中,除了握手,不要有其他身体接触。

◆ 表现自己很重要,但要避免在首次见面以开玩笑的方式开始。像在德国一样,谈判要有背景信息、事实和详细的技术资料来做支撑。

◆ 很多匈牙利人喜欢讨价还价。聪明的谈判人员总是在最后摊牌之前保留一些谈判的筹码。开价要符合实际,但同时要有余地。

◆ 像其他国家一样,与政府或公共部门打交道时,谈判的过程通常比与私营部门打交道的过程长。

◆ 匈牙利人的早餐很简便。晚餐通常不讨论业务,在休息和互相介绍时讨论业务。如果当地的伙伴同意,您可以与他一面吃午餐,一面讨论业务。在宴会正式开始之前,要祝每个人"好胃口",然后等男主人或女主人先开口吃。同所有的欧洲人一样,匈牙利人用左手拿叉子,而不是像美国人那样,把叉子从左手递到右手。

◆ 匈牙利商业活动中不流行赠送礼品。如果接受邀请去别人家里吃饭,可以带进口的白酒(不要带葡萄酒)、巧克力或一束鲜花。鲜花要包上,注意鲜花数量应为奇数。不要既有红玫瑰,也有菊花(前者代表浪漫,后者代表追悼)。能被匈牙利人邀请到家里做客是一种殊荣,一定要接受。

89

也门

基本概况

也门（Yemen），全称为也门共和国（The Republic of Yemen），位于阿拉伯半岛西南部，西临红海，北部和沙特阿拉伯接壤，东与阿曼为邻，南濒亚丁湾和阿拉伯海，扼地中海与印度洋交通要冲，隔曼德海峡与埃塞俄比亚和吉布提相望。海岸线长 2 000 余公里。面积约为 55.5 万平方公里。全境以山地高原为主，沙漠地区炎热干燥，南部属热带干旱气候。

也门人口约为 2 249 万（截止到 2013 年），绝大多数是阿拉伯人，官方语言为阿拉伯语。伊斯兰教为国教，什叶派的宰德教派和逊尼派的沙裴仪教派各占 50%。首都为萨那（Sana'a），是全国政治、经济、文化中心。

经济结构

也门经济落后，是世界上最不发达的国家之一。经济以农业为主。粮食不能自给，一半依靠进口。棉花和咖啡可供出口。也门畜牧业比较落后，所需肉类、奶类产品大部分需要进口。渔业在国民经济中占重要位置，近海水产资源丰富，成为也门出口创汇的大宗商品。工业有纺织、石油、化工、制铝、制革、水泥、建材、卷烟、食品及加工工业。

运输工具、机械设备等国内建设所需物资以及大量轻工产品均需进口。出口产品主要有石油、棉花、咖啡、烟叶、香料和海产品等。主要贸易伙伴有中国、美国、阿联酋、意大利、沙特等。

也门货币为也门里亚尔（**Yemen Rial**）。

商务文化

也门是一个典型的阿拉伯社会和伊斯兰国家。同世界大部分地区一样，也门人有很多庆典和重要的社交活动，而且至今保留着许多古老的阿拉伯传统和特有的习惯。

◆ 男穿裙子女穿裤，是阿拉伯也门人服饰的一大特点。一年四季，男人中不分老幼均穿裙子。男子一般到 15 岁左右就要腰束一条宽皮带，佩带一把腰刀。从前，佩刀用于自卫，现在只为了装饰。即使开玩笑，也不能随便拔他人腰刀，这是他们很忌讳的事情。

◆ 也门民间待客讲究礼仪。北也门最大的部落哈希德人慷慨好客，每逢宾客来访，酋长都要带着全村的人列队夹道欢迎。人们敲起手鼓、吹着喇叭、唱着民歌，举起腰刀起舞，有时还鸣枪致敬。主人将客人请进客厅，客人要脱鞋席地而坐。

◆ 也门人大多为阿拉伯人，信奉伊斯兰教。他们禁酒，禁食猪肉和使用猪制品，还忌食动物的内脏。他们忌讳左手传递东西或食物。他们不爱吃红烩带汁的菜肴。

◆ 也门人相见时，一般先互相致意问候，然后拥抱亲吻面颊一至三次，或者握手后互吻手背一两次，或者握手后吻自己的手背一次，以表示对客人的尊敬。也门还有个传统礼节就是吻足礼。晚辈拜望长辈，或即将出远门与长辈告别时，先以双手拥抱住对方，吻长辈的脸部，然后跪下再吻长辈的大腿、小腿，以至脚背。认为这样表示晚辈对长辈的尊敬和祝福。

◆ 也门人最隆重的接待方式，是为客人熏檀香和喷香水。主人在客人进入客厅后点燃檀香木，然后放进铜制香笼内。之后，请客人站起来，解开外衣下面的纽扣，撩起衣服的下摆，把香笼放在腹部，放在衣摆下面用嘴吹口气就会香气四溢。烟雾钻进客人内衣，意思是让客人身上留着沁人心脾的香气，永远记住主人的友谊。在告别时主人拿出巴黎等地的名牌香水，为客人喷洒颈部、前胸及手。如果客人用手抹一下自己的脸，并说上一句"我感到荣幸"的话，主人会格外高兴。

◆ 也门妇女地位低下，没有读书认字的权利，没有与人交往的机会，也没有领略自然风光之美的福分。

◆ 也门属禁酒国家。在宴会中从不备酒，他们习惯以凉开水代酒。

◆ 按照也门的商务习惯，即使约定时间，也往往不能按时会面。心理上要先有长时间等候、延期或取消的准备。

◆ 商业文书是采用盖公司图章与签名并行的方式，他们非常重视图章，这是比较独特的商业习惯。

◆ 在商谈或对话中不要以手指对方。

◆ 在生意方面，由于阿拉伯语是公用语，政府官员很多也不懂英语，政府机构的投标标书等文书都是用阿拉伯语撰写的，需有很好的翻译帮忙才行。

意大利

基本概况

　　意大利（Italy），全称意大利共和国（The Republic of Italy），位于欧洲南部，包括亚平宁半岛及西西里、萨丁等岛屿，北以阿尔卑斯山为屏障与法国、瑞士、奥地利和斯洛文尼亚接壤，东、南、西三面临海。面积约为 30.1 万平方公里。大部分地区属亚热带地中海式气候。

　　意大利人口约为 6 200 万（截止到 2013 年）。约 94% 的居民为意大利人，少数民族有法兰西人、拉丁人、罗马人等。除西北部与东北部的少数民族讲法语、德语和斯洛文尼亚语外，绝大多数居民讲意大利语。意大利大部分居民信奉天主教。罗马（Rome）是意大利的首都。

经济结构

意大利的经济首先具有西方工业发达国家的共性，这就是在其国民经济中第一产业的比重小，第二特别是第三产业的比例高。另一方面，意大利经济又有与其他国家不同的地方。这种与众不同之处在于意大利经济以中小企业为主，享有中小企业王国之称。这些企业覆盖面大、产品极为丰富，包括纺织品、服装、皮革制品、鞋类、首饰、家具、丝绸、食品、塑料制品、大理石产品及灯具等，这些都是与人们日常生活密切相关的产品。这些企业不仅容纳了大量劳动力，还是意大利对外贸易的支柱。因为意大利是个资源缺乏的国家，加工业的地位重要，对外贸易举足轻重，而中小企业基本上以加工为主，产品主要用于出口，因此其发展符合国情。对中小企业的发展，意大利政府一直十分重视，采取积极扶持的政策，而且未因政府机构更迭频繁而改变。意大利工业技术水平先进，基本上与欧美发达国家接近，有些还位居世界前列。其中相对领先的工业部门有钢铁、石油、化工、造船、机械建筑、大理石开采和军火等，此外，服装、纺织、制鞋、家具、家用电器、首饰和酿酒等方面也比较先进。意大利旅游资源丰富，旅游业发达，旅游收入是弥补国家收支逆差的重要来源。主要旅游城市是罗马、佛罗伦萨和威尼斯。

对外贸易是意大利经济的主要支柱。进口以石油、原料和食品等为主，出口以机械设备、化工产品、家用电器、纺织、服装、皮鞋、金银首饰等轻工产品为主。国外市场主要在欧洲，进出口主要对象为欧盟和美国。

意大利货币为欧元（Euro）。

商务文化

意大利无论在语言还是在宗教方面都很统一，但文化、经济和政治则呈现多样性。从罗马文明至今，希腊人、日耳曼人和后来的凯尔特人、诺曼人都对意大利人产生过重要影响，这些影响如今早已融入意大利民族性之中。意大利人比德国人少一些刻板，比法国人多一些热情。他们在处理商业事务时通常不动感情。

◆ 在意大利众多的民俗文化中，有些需要特别注意的事情。他们忌讳"13"和"星期五"。认为"13"象征着"厄兆"，"星期五"也极不吉利。他们忌讳菊花，因为菊花是用于葬礼上的花，故人们把它视为"丧花""妖花"。日常生活中，意大利人忌以手帕为礼送人。认为手帕是擦泪水用的，是一种令人悲伤的东西。所以，将手帕作为礼物送人是失礼的，同时也是不礼貌的。他们忌讳别人用目光盯视他们。认为目光盯视人是对人的不尊敬，可能还有不良的企图。

◆ 在与客人闲谈中，不喜欢议论有关政治方面的问题，以及美国的橄榄球等话题。

◆ 在意大利女士受到尊重，特别是在各种社交场合，要时时处处遵循"女士优先"的规则。比如：宴会上，要让女士先用，只有女士先动刀叉进餐，先生们才可用餐；进出电梯时，要让女士先行。

◆ 意大利的商务人士穿着比较讲究，十分优雅。一个人的外表可以反映出其内心价值观念。因此，访问者们穿着得体也表明了对当地人的尊重。

◆ 意大利人时间观念不强，特别是出席宴会、招待会等活动时，经常迟到。他们晚到 15 或 20 分钟是司空见惯的事。意方的谈判代表迟到一会儿并不意味着冒犯。

◆ 意大利人习惯于面对面地讨论重要的商业问题，而不是通过电话、传真或是电子邮件。不论是购买产品、销售产品还是讨论投资问题，尊重意大利人的这些习惯都有助于获得良好的结果。

◆ 美国人和北欧一些国家的人喜欢在商务谈判中直来直去，双方一坐定就立即着手谈论业务，而意大利人却希望在谈论商务之前对对方有一定的了解。他们更愿意在谈论商务之前先和对方建立良好的私人关系。

◆ 在意大利，不能只是简短地进行一下介绍，而是需要更长的时间来了解谈判对象。吃饭和喝酒是商务会面的重要环节，通常可以吃一些意大利面食或是喝杯意大利自产的酒水，这些都有助于双方加强了解。所以在这些事情上不要怕花时间，不要过于匆忙。

◆ 在罗马或是那不勒斯，商务谈判是非常自由的，大家可以自由发表意见。意大利人十分健谈。他们的思维非常敏捷，在您还没有讲完自己的主要观点之前，他们就能想到您将要说的内容，所以常常在您正在讲话的时候，他们就会突然打断并且做出某些问题的答复。

◆ 在意大利，如果电梯里只有两个乘客的话，他们之间距离会非常近。事实上，无论是在社交还是商务场合，意大利人站着的时候，两人之间的距离都相对要近，对于其他国家的访问者来说可能会觉得不安。为了表示友好，两人之间相隔一臂的距离不会使双方觉得不舒服。

◆ 意大利人习惯于身体接触，但是访问者不应该首先拥抱或是亲吻对方。要等到当地人首先表示拥抱或亲吻，然后做出回应，这样才比较合适。来自北欧和东亚等较为保守的国家的访问者应该认识到，频繁的接触表现了拉丁语系人民的热情友好，因此也应该相应地有所表示。对身体接触表示回避的人会被认为是冷酷的、不友好的、傲慢自大的。

◆ 在意大利，与其他国家风俗习惯不同的还有眼神交流。直接的注视表明我们对别人所说的问题感兴趣，而不注视对方则表明没有兴趣。因此在与意大利人进行谈判的时候，比较礼貌的方式是隔着会议桌始终注视着对方。意大利的谈判者通常在与外国人谈判的时候，不会使用太多的手势。

◆ 热情友好的意大利人常常会很快就称呼对方名字的第一个字。在商务场合，通常习惯于在名字最后一个字前面加上学术头衔或是其他尊称来称呼对方。

◆ 意大利人习惯吃西餐，以法式大菜为主，一般都对晚餐比较重视。进餐时大多数人都喜欢喝酸牛奶。他们对中国的饭菜极为欣赏，大多数人都喜欢吃中国的美味佳肴。

91

伊拉克

基本概况

　　伊拉克（Iraq），全称为伊拉克共和国（The Republic of Iraq），位于亚洲西南部，阿拉伯半岛东北部。北接土耳其，东邻伊朗，西毗叙利亚、约旦，南连沙特阿拉伯、科威特，东南濒波斯湾。面积约为 43.83 万平方公里。东北部山区属地中海式气候，其他为热带沙漠气候。

　　伊拉克人口约 3 600 万（截止到 2014 年），其中阿拉伯人约占全国总人口的 78%。官方语言为阿拉伯语，北部库尔德地区的官方语言是库尔德语，东部地区有些部落讲波斯语，通用英语。伊拉克是一个伊斯兰国家，伊斯兰教为国教，全国 95% 以上的人信奉伊斯兰教，只有少数人信奉基督教或犹太教。首都为巴格达（Baghdad）。

经济结构

A Brief Survey of the World's Business Cultures

伊拉克以石油业为主，农牧业也占重要地位。有炼油与石油化工以及纺织、食品、烟草、水泥等工业。主要农产品有小麦、黑麦、大麦、稻米、棉花、烟草、温带水果与椰枣等。畜牧业集中在东北部地区，养殖牛、羊、驴、马，西南部干旱高原上有游牧业。

伊拉克主要出口原油、天然气、椰枣、化肥等，其中椰枣输出量居世界首位。由于国内工业部门不健全，多数生产资料、粮食和生活用品需要进口。主要贸易伙伴为土耳其、美国、约旦、叙利亚等。

伊拉克货币为伊拉克第纳尔（Iraqi Dinar）。

商务文化

A Brief Survey of the World's Business Cultures

同其他阿拉伯国家一样，在伊拉克从事商务活动，不要急躁，不要慌张，不要灰心。对其商务习俗有一定了解，会助您的商务洽谈事半功倍。

◆ 由于伊拉克信奉伊斯兰教的人占95%以上，因而在衣着上与其他国家的穆斯林民族有着许多相同的地方，但他们又远比近邻的阿拉伯穆斯林国家开化得多。现在，穿西服的人越来越多，而戴面纱的妇女正逐渐减少。在伊拉克不同地区妇女的衣着有所不同。在巴格达市及邻近地区，妇女穿长袖宽松的束腰连衣裙，人称"哈夏米"，其主要颜色是黑色和绿色，不能穿超短裙，肩膀到膝盖须掩盖不露。伊拉克男人的服饰在不同地区也不一样，在巴格达市及周围地区，他们穿一种很长的白衬衫。裤子是白色棉布做的"谢奥尔"，脚穿敞口鞋或皮凉鞋。北方库尔德的男人在衬衫外穿一件宽松的外衣，脚穿软底拖鞋或凉鞋。

◆ 在伊拉克，人们不喜欢别人双手交叉着与自己说话，认为这是不礼貌的行为。通过眼神交流感情，在当地人中起着重要而独特的作用。伊拉克人认为，人们相互交谈时，正视对方是待人的起码礼节。与人交谈时，如果目光旁视，被认为是侮辱人的行为。同时，伊拉克人微笑和点头不一定是表示同意，有时只是主人礼貌的表示。在那里，对男人之间手拉手走路，不要大惊小怪，因为这是一种表示友好和敬意的举止。

◆ 在伊拉克，人们喜欢别人在打招呼时称自己的姓并加学位、职位等头衔。拥抱是人们日常交际和相见时的重要礼节。伊拉克人在与亲朋好友见面时，男子习惯拥抱，把脸贴在一起，然后各自俯首，嘴里说着祝愿的话。与客人告别时，一般都要施贴脸礼。妇女之间施礼时，她们吻得真挚热烈。

◆ 伊拉克人视左手肮脏，因此忌讳左手递物。他们忌讳黑色，认为黑色是丧葬的颜色并给人以不幸的印象；他们更讨厌蓝色，把蓝色视为魔鬼的代表。在伊拉克，绿色代表伊斯兰教，是阿拉伯人喜爱的颜色。在伊拉克社会生活中，人们对红、灰、黑三种色彩的运用含有特殊意味，即客运行业用红色作代表，警车用灰色作代表，丧事用黑色作代表。国旗的橄榄绿在商业上是禁止使用的。

◆ 他们对赴约总习惯迟到，认为这是自己的一种礼节风度。伊拉克男子有"蓄须为美"的习俗，凡是成年男子都蓄髭须，并以此为美。伊拉克人偏爱玫瑰花，并视其为国花。人们还都喻玫瑰花为"幸福"与"圣洁"的象征。他们最爱雄鹰，认为鹰是力量与智慧的象征。

◆ 无论是车、船，均应主动为妇女老人让座。购物时虽可还价，但态度要和蔼。坐出租车不必付小费，饭店旅馆应付 10% 的小费。

◆ 伊拉克人的餐桌上一般是看不见刀、叉、勺等餐具的，只有水杯、盘子等食具，他们习惯以右手抓饭入口。他们喜欢吃类似中国的牛舌饼大小的酵面烤饼。当地产的椰枣是他们饭桌上的一种主要食品。还习惯把枣汁和牛奶、羊奶混在一起食用，并视之为"美味佳肴"。他们习惯食用熟透的菜肴，略有生口就不吃。在首都巴格达，人们喜吃烤鲜鱼。在进食时，往往要调以西红柿沙拉与辣椒。

◆ 在伊拉克进行商务会面，若初次相见，应递上名片，名片宜印有阿拉伯文和英文。进行商务活动时不要花太多时间闲谈，不要谈论宗教和中东话题。安排访问应避开穆斯林的"斋月"，当地星期四为周末，不宜前去拜访。

◆ 伊拉克商人往往在咖啡馆里谈生意。一定不要以洋娃娃、带有星星图案的物品及猪制品作为礼物送给他们。他们忌讳别人送给他们的礼物中带有星星的图案，因为他们与以色列怀有刻骨的仇恨，以色列的国旗就是以星星为图案的。

◆ 禁忌以猪、熊猫、六角星做图案。伊拉克信奉伊斯兰教的人占绝大多数，其教规规定禁止教徒饮酒，禁食猪肉，忌讳使用猪制品。伊拉克南部的什叶派穆斯林不吃兔肉。他们忌讳客人赴宴餐毕后不及时洗手告辞，认为在饭店拖延或迟迟不走为贪吃和不礼貌的表现。

伊朗

基本概况

　　伊朗（Iran），全称为伊朗伊斯兰共和国（The Islamic Republic of Iran），位于亚洲西南部，北邻亚美尼亚、阿塞拜疆、土库曼斯坦，西与土耳其和伊拉克接壤，东与巴基斯坦和阿富汗相邻，南临波斯湾和阿曼湾。面积约为 164.5 万平方公里。伊朗东部和内地属大陆性的亚热带草原和沙漠气候，干燥少雨，寒暑变化大，西部山区多属地中海式气候，里海沿岸则温和湿润。

　　伊朗人口约为 7 759.8 万（截止到 2014 年 7 月）。伊朗是一个多民族的伊斯兰国家，有波斯、阿塞拜疆、库尔德、阿拉伯及土库曼等民族，其中波斯人占 66%，阿塞拜疆人占 25%，库尔德人占 5%。波斯语为官方语言，伊斯兰教为国教，98.8% 的居民信奉伊斯兰教，其中 91% 为什叶派，7.8% 为逊尼派。德黑兰（Tehran）是伊朗的首都。

经济结构

伊朗石油和天然气资源丰富。已探明的天然气储量仅次于俄罗斯，居世界第二位。石油是伊朗的经济命脉，石油收入占全部外汇收入的 85% 以上，伊朗是欧佩克成员国中第二大石油输出国。森林是伊朗仅次于石油的第二大天然资源。伊朗水产丰富，鱼子酱举世闻名。

伊朗水果、干果十分丰富，开心果、苹果、葡萄、椰枣等远销海内外，为世界上最大的开心果出口国。主要工业有纺织、食品、建材、地毯、造纸、电力、化工、汽车、冶金、钢铁和机械制造等。波斯地毯是伊朗享誉世界的传统大宗出口产品。农业比较落后，机械化程度较低。

伊朗的货币为伊朗里亚尔（Iranian Rial）。

商务文化

伊朗人社交习俗总的特点可以用这样几句话来概括：中东伊朗等级清，不同等级互分明；金鱼吉祥都厚爱，大多对其有感情；"13"数字很忌讳，认为遇其兆不幸；最怕品评婴儿眼，若遇准有灾难生；左手视为最肮脏，物品禁使其递送。

◆ 玫瑰花是伊朗人最喜爱的鲜花，也是伊朗的国花，人们都把它看成是圣洁、完美、幸福和纯贞爱情的象征。

◆ 他们对金鱼怀有很深的感情，认为金鱼是一种美丽而又吉祥的观赏物。他们特别喜欢狮子，认为狮子有神圣和吉祥的意义。

◆ 观光、商业旅行到伊斯兰教国家时，可以参观伊斯兰教教堂，但必须遵守他们的礼节。女性衣着更须注意，不宜太暴露。不能穿迷你裙，肩膀到膝盖必须掩蔽不露，衣袖不可短到露肩或露出腋下。当地禁止喝酒，也不能携带酒精类的饮料。不食猪肉。

◆ 接受别人递茶时，我们一般都认为用双手接比较文明，但在穆斯林国家要注意不要双手接，要用右手接。给穆斯林递东西时，千万注意不要用左手。

◆ 男士不可主动与伊朗女士握手，女士一般也不主动与男士握手；如女士主动握手，男士亦应礼貌回应。如果一时忘了把手已经伸出来了，那么就顺势把手变成致意的一种姿势。

◆ 伊朗人不喜欢与外国人有身体上的密切接触，勿与伊朗人挎胳膊（如照相时）。称好时不能竖大拇指，说话时用食指指向别人是不礼貌的行为。

◆ 他们忌讳"13"这个数字，认为"13"会给人们带来不幸或灾难。

◆ 伊朗人喜欢别人在打招呼时称他们的姓并加上学术或职务的头衔，如："某博士"、"某教授"。见面打招呼时，握手加欠身弯腰是习惯的见面方式。

◆ 按照伊朗的礼俗，每年的 4~9 月间，天气炎热，穿衬衫、打领带即可，其他时候宜穿保守式样的西装。

◆ 到伊朗，宜随身携带印有波斯文、英文的名片。伊朗商人比中东其他地方的商人好礼而讲究，打交道时宜以正式而保守方式进行。伊朗人以其数千年悠久的历史和文化为骄傲，在交谈过程中，可多强调中国与波斯商贾往来的悠久历史。

◆ 伊朗人的时间观念很强，习惯准时赴约，尤其商务活动。拜访商界、企业界或政府部门须先订约会，谈公事要遵守时间。

◆ 根据当地的商业习惯，进行商务活动时，彼此首先要提示所希望的价格、条件，然后相互让步达成协议。

◆ 按伊朗人的习惯，生意洽谈往往相当费时。虽然起初所提示的价格很难接受，但不必灰心，仍然要不屈不挠地进行交涉。要做到不急躁、不慌张、不灰心。

◆ 商务活动最好于 10 月至次年 4 月前往，天气比较凉爽。6~8 月，商人度假者较多。机场检查相当严格，出境时要预留 3 个小时的时间才好。到都市以外的小地方，需要懂点波斯语。

◆ 烤羊肉串是伊朗名菜。伊朗中、下层人士喜欢上茶馆，泡上一壶红茶，摆上冰糖块或榛子果仁、巴旦杏仁和葡萄干等。在伊朗，茶馆也是人们信息交流和社交的重要场所。

◆ 应邀赴宴时，带一份盆景或鲜花或糖果是合乎习惯的。礼貌的做法是经过再三推辞后再接受邀请。接待来访穆斯林客人一定要安排清真席，特别要注意冷盘中不要出现猪肉和他们不吃的其他一些食物。

93

以色列

基本概况

　　以色列（Israel），全称以色列国（The State of Israel），位于亚洲西部，北与黎巴嫩交界，东北部与叙利亚接壤，东面是约旦，西濒地中海，南连亚喀巴湾，是亚、非、欧三大洲结合处。实际控制面积约为 2.5 万平方公里。沿海为狭长平原，东部有山地和高原。属地中海型气候。

　　以色列人口约为 813 万（截止到 2014 年 1 月），其中 75% 是犹太人（多数是德系犹太人）。希伯莱语为国语，与阿拉伯语均为官方语言，通用英语。犹太教为国教，居民中约 85% 信奉犹太教，13% 信奉伊斯兰教。首都为耶路撒冷（Jerusalem）。

经济结构

以色列是中东地区工业化程度、经济发展程度最高的国家。以知识密集型产业为主，高附加值农业、生化、电子、军工等部门技术水平很高。工业比较发达，机械化、自动化程度高，是国民经济的支柱产业。钻石生产量大，是以色列的主要出口商品，其出口量居世界第一位。服务业产值占国内生产总值的 70%，从事服务业的劳动力占劳动力总数的 50% 多，其中旅游业和咨询业是重要的服务行业。以色列拥有较高比例的科学技术人才和技术工人。由于经济规模小，国内市场相对有限，以色列只能通过扩大出口来推动经济的增长。

以色列货币为以色列谢克尔（Israeli Shekel）。

商务文化

作为犹太人为主的民族，以色列人表现出了犹太人共有的特点。他们大多不拘泥礼节，但在一些特殊场合或正式场合，遵守一定的礼仪规范还是很有必要的。

◆ 以色列人的衣着特点是整洁、实用、协调和庄重。他们不喜欢大红大绿或对比强烈的穿着打扮。犹太人把头发洁净、讲究发型视为讲究仪表的重要内容，一般不理光头，不用怪异发式。女子传统服装是短至膝盖的大袖连衣裙，男子穿宽松式衬衫。出席隆重仪式或大型社交活动时穿深色西服和礼服。这里的阿拉伯人多穿自己的传统服装，妇女着宽松长袍、系腰带、包一块头巾。

◆ 以色列民族大多不拘泥礼节，可是如果参拜圣地，礼节就不能不守，而且非常严格。要进入犹太教的圣地或教堂，男性必须顶着一种叫做"哥巴"的帽子。进入伊斯兰教清真寺的时候，必须脱鞋，赤足而入。进入基督教教堂时，必须脱下帽子。参观这些地方，不能以游山玩水的态度处之，气氛应该是严肃的。

◆ 一般来说，以色列人举止有度，仪表堂堂。他们同别人打交道时，不管对方年龄多大，身份如何，既不显倨傲，也不露媚态，显得精明稳重，自信而富有理性。他们对在别人面前不停地跺脚、用力吹吸气等会甚为不满，对身子歪斜着或双手抱在胸前同别人谈话也很看不惯。在公开场合，阿拉伯男女不会表示任何形式的亲热，也不相互搀扶着出现在公众面前。

◆ 以色列和阿拉伯诸国之间的纠纷层出不穷。宗教上的原因是造成这种纠纷的根源所在。伊斯兰教徒认为耶路撒冷是他们的圣地，这个问题纠缠至今难以解决。所以到了以色列或阿拉伯诸国，应该避免夸奖对方任何一国，否则势必引起麻烦。

◆ 在以色列如果犯了什么错误，光说一句"抱歉"，往往不能就此了事。一旦犯错，必须思路清晰地说出犯错的原因，然后跟对方讨论、沟通。如果省掉这一点，只想用一句"对不起"来打发过去，会招来对方的轻视。

◆ 与以色列公司做生意时，须注意以下两种情况：1. 与以色列公司通信（传真或信函）请使用英语。2. 以色列公司希望外国合作伙伴迅速答复信函。如果认为一星期以后才能答复以色列公司，请先用传真通知他们。

◆ 在向以色列公司作自我介绍时，请集中介绍主要业务。如果业务跨越许多互不相关的部门，会给人留下不郑重的印象。在介绍情况时最好附上产品目录（英文版）。

◆ 在商务接触中，他们习惯使用商务名片。客人接到名片后，应认真看完名片上的内容并轻轻装进名片夹中，不要随便一看就顺手插进口袋里，更不能放到裤袋里。

◆ 以色列公司视商务合同为合作的基础。合同一经双方同意并签署之后，任何一方不得随意违反或更改。

印度

基本概况

　　印度（India），全称印度共和国（The Republic of India），位于亚洲南部，是南亚次大陆最大的国家，与巴基斯坦、中国、尼泊尔、不丹、缅甸和孟加拉国为邻。面积约为298万平方公里（不包括中印边境印占区和克什米尔印度实际控制区等）。濒临孟加拉湾和阿拉伯海，海岸线5 560公里。属热带季风气候，气温因海拔高度不同而异。

　　印度人口约为12.59亿（截止到2013年），居世界第二位。印度是一个多民族国家，有10个大民族和几十个小民族，其中印度斯坦族占46.3%，其他民族有泰卢固族、孟加拉族、马拉地族、泰米尔族等。约有80.5%的居民信奉印度教。英语和印地语同为官方语言。新德里（New Delhi）是印度的首都。

经济结构

印度是一个农业大国，主要农产品有稻米、小麦、油料、甘蔗、茶叶、棉花和黄麻等。印度是世界第一大产奶国，也是世界重要的产棉国和产茶国。牛、山羊、绵羊、水牛头数居世界第一。印度资源丰富，拥有云母、煤、铁、铝、铬、锰、锌、铜、铅、磷酸盐、黄金、石油等丰富的矿产资源。工业已形成较为完整的体系，自给能力较强。目前，印度在天体物理、空间技术、分子生物、电子技术等高科技领域都已达到较高水平。

印度的主要出口商品有珠宝制品、棉纱及棉织品、化工制品、机械及五金制品、石油制品、皮革、海产品、铁矿砂及矿产品等。此外，印度的旅游业和服务业也比较发达，在国民经济中占有相当的比例。

印度的货币为印度卢比（Indian Rupee）。

商务文化

印度历史悠久，是世界上最早出现文明的地区之一，是佛教文化的发源地，因而是一个十分讲究礼仪的民族，同时由于历史上受西方国家的殖民统治时间较长，印度文化受到西方文化的深刻影响，所以又是一个东西方文化共存的国度。

◆ 印度的语言超过 300 种，还不包括方言，所以印度是个语言的马赛克综合体。北印度语是使用最广泛的，另外 14 种使用范围较广的语言为官方语言。例如，现在世界上说孟加拉语的人比说俄语的人多。幸运的是，通常人们用令人愉快的音调讲英语，并且英语是国际商务语言。但是一定要小心。印度英语中掺杂着一些当地的词语，有时候这会让外国来客混淆。

◆ 印度人身份悬殊，有等级制度，很重视身份。地位观念必然导致对世袭阶层的讨论。印度人生于哪个阶级就属于哪个阶级，他们不能通过获取博士学位，通过被选举为高级官员或者通过成为百万富翁而提升自己的阶级等级。大约 14% 的印度人甚至没有资格达到等级阶梯的最低层，他们是印度最低阶层的人，通常被称为贱民。

◆ 当然印度的商业文化反映了其社会的基本价值观。这其中的一个价值观就是家庭的重要性，这也解释了从昌迪加尔（印度北部城市）到加尔各答（印度东北部的港市）的大多数的小公司和中等规模公司的结构。印度人还尊重年龄和权威。年轻人被要求服从长者，白发就意味着地位。

◆ 印度教徒见面和告别多施双手合十礼，并互相问好祝安。行礼时要弯腰触摸长者的脚。印度人在双手合十时，总是把双手举到脸部前才算合十。这种招呼，显得比握手高尚、文雅，令人有一种"仙风道骨"之感。必须注意的是，切莫在双手合十的时候，也同时点头。

◆ 另外一个令人高兴的南亚风俗就是给重要的来客戴上花环。商业访问者经常想知道，当花环已经挂在了他们的脖子上时，他们该如何处置花环。合适的反应是，感谢地微笑，当闪光灯停止闪动，立刻取下花环并拿在手中，直到主人接过花环，把您从芬芳的负担中解放出来。在印度，妻子送丈夫出远门，最高的礼节是摸脚跟和吻脚。现在，城市中男女见面已多实行握手，表示亲热时还要拥抱。在大多数地方，男士相见或分别时，握手较普遍。男士不要和印度妇女握手，应双手合十，轻轻鞠躬。男性不要碰女性，即使在公共场合也不要和女性单独说话。

◆ 印度人认为吹口哨是冒犯人的举动，是没有教养的表现。他们认为把孩子放在浴盆里洗澡是不人道的，因为不流动的水为死水，孩子浴后会遭灾、夭折的。

◆ 印度人喜欢谈论文化方面的成就、印度的传统以及外国的事和外国人的生活。

◆ 印度妇女喜欢在前额中间点有吉祥痣，其颜色不同，形状各异，在不同情况下表示不同意思，它是喜庆、吉祥的象征。印度男女多有配戴各种装饰品的习惯。

◆ 在印度的孟买，60%的人是素食主义者。因此，宴请印度商人时，事先必须确认对方的习俗，是否是素食主义者。

◆ 在印度，若要进入印度教的寺庙，身上绝不可穿以牛皮制造的东西，穿上牛皮制造的东西，会被视为犯了禁戒，皮鞋、皮表带、皮带、手提包等牛皮制品，都不得入其寺门。印度人走进寺庙或厨房之前，先要脱鞋。他们认为，若穿鞋进去，既不礼貌，也不圣洁。不论男女老幼，统统把鞋放在门口，赤脚进去。

◆ 印度人爱喝茶，大多是红茶。各种集会时备有茶水，招待客人自不必说。在印度人家里吃饭时，客人可以给主人带些水果、糖作为礼品，也可以给主人的孩子带些礼物。很多妇女不同客人聊天，也不同客人一起吃饭。在印度切莫抚摸小孩的头，如摸小孩的头，对方一定翻脸。

◆ 印度人喜爱数字3、7、9。在生活和服装色彩方面喜欢红、黄、蓝、绿、橙色及其他鲜艳的颜色。黑、白和灰色，被视为消极的不受欢迎的颜色。

◆ 在印度初次访问公司商号或政府机关，宜穿西服，并事先订约，尽量按时赴约。印度人时间观念不强，和印度商人约定见面时间后，您可千万别当真，他十有八九会迟到。但作为来访者，还是按时赴约为好，即便需要等待，也要有耐心。

◆ 任何一位在印度有工作经验的人都将告诉您，在印度这个巨大的市场中取得成功的三个关键因素。一是耐心，另一个是合适的当地合作伙伴，第三点就是对商务风俗和惯例的基本掌握。合适的当地合作伙伴会使您拥有广泛的关系，从而可减少——但不是消除——那些阻碍性的拖延。但是千万不要抱有太高希望。因为在印度要获得成功，找到合适的伙伴是必要的条件，但这并不是充分条件。

◆ 对外国人而言，想在世界上人口第二大国做生意，最棘手的障碍之一就是规章议程。印度的人口超过十亿，其中包括大约一亿五千万相对富裕的中间阶层的消费者，所以，对出口商和投资者而言，印度是个具有强大吸引力的市场。而令人遗憾的是，毫无准备的商务代表们很容易由于到处存在的官僚文牍主义而陷入困境。想会见一位高级政府官员？那准备好等待半小时到一小时吧，而且他也不会出于礼貌而为此道歉的。同样如果您的重要会见每隔几分钟都被打扰，匆忙的官员在桌子对面接电话、批示文件和接见重要的来客，您也不要感到惊讶。

◆ 印度商人善于钻营，急功近利，图方便，喜欢凭样交易，洽谈中应多出示样品，侧重介绍经济实惠的品种。

◆ 印度人对"否定"和"肯定"的回答，很容易让中国人误解，中国人对"肯定"的回答一般点头，印度人却用摇头表示"肯定"。中国人对"否定"回答一般摇头，印度人也用摇头表示"否定"，因此有时候不清楚他的表示是肯定还是否定、同意还是不同意。这时需要多问几次，从他的语言中确定。

◆ 印度人做生意，喜欢砍价，往往还乱砍价。以发展中国家成本和劳动力价格低为由一上来就先拦腰砍一半，可一说起质量，要求就必须和国际接轨，按国际标准来要求。谈判往往到了最后，他还要向您要个特殊的折扣，如果您有丝毫的犹豫，您的前期谈判成果可能会烟消云散。如果为了表示友好，答应再给些折扣，最终的结果会是不得不让出最后一点利益，因此在报价时要留有较大的余地。谈判中的报价，最好是口头报价，需要书面的报价也最好是不要显示公司名称的那种，更不要在报价上签名。印度客商习惯拿东家的价格给西家看，再拿西家的价格给东家看。所以不要轻易给印度商人正式书面报价。特别是在知道有好几家竞争对手的情况下。

◆ 在谈判时，切忌在印度人面前谈论印度的赤贫、庞大的军费及外援。在孟买入海关者，宜在海关申请饮酒许可，因为孟买市面无酒可购。印度人往往带您到私人俱乐部内饮酒。

◆ 印度大部分人信仰宗教，不吃肉类。在印度，牛是他们的神，所以千万不能请印度人吃牛肉，而且不少印度人是穆斯林，所以也不能吃猪肉。各种蔬菜、水果是他们的主食，吃饭也不会用筷子，一般都用手抓，很少喝烈性酒，所以接待印度客商比较简单，一桌蔬菜就够了。被邀去吃饭不必客气，在印度人的观念中，吃东西时要大家一起分享，独食是小气而不礼貌的行为，所以印度人邀请人共餐，绝不是碍于情面假惺惺，而是诚心诚意的邀请，拒人于千里之外的回绝当然令人不高兴。

◆ 因商务活动到访新德里最好选择当年10月至次年6月，到访孟买最好选择当年9月至10月，以避免酷热或梅雨。

印度尼西亚

基本概况

印度尼西亚（Indonesia），全称印度尼西亚共和国（The Republic of Indonesia），位于亚洲东南部，地跨赤道，与巴布亚新几内亚、东帝汶、马来西亚接壤，与泰国、新加坡、菲律宾、澳大利亚等国隔海相望。东北部面临菲律宾，东南部是印度洋，西南与澳大利亚相望。面积约为 190 多万平方公里。属热带雨林气候。

印度尼西亚（印尼）人口约 2.85 亿（截止到 2013 年），是继中国、印度和美国之后位居世界第四位的国家。印尼还是一个多民族的国家，拥有 100 多个民族。民族语言 200 多种，官方语言为印尼语。约 87% 的人口信奉伊斯兰教，是世界上穆斯林人口最多的国家。此外，印尼信奉基督教新教的人口占全国人口的 6.1%，信天主教的人口占 3.6%，印度教占 2%，佛教占 1%，其余为原始拜物教等。印尼首都为雅加达（Jakarta）。

经济结构

印尼是东盟最大的经济体。农业富产经济作物，棕榈油、橡胶和胡椒产量均居世界第二位。工业发展方向是强化外向型制造业。资源丰富的印尼有"热带宝岛"之称，有丰富的石油、天然气以及煤、锡、铝矾土、镍、铜、金、银等矿产，因此矿业在印尼经济中占有重要地位。其渔业资源也很丰富。政府长期重视开发旅游景点，旅游业成为印尼第二大创汇行业。主要旅游点有巴厘岛、婆罗浮屠佛塔、印尼缩影公园、日惹皇宫、多巴湖等。爪哇岛是印尼经济、政治和文化最发达的地区，一些重要的城市和名胜古迹都坐落在这个岛上。

印尼货币为印尼盾（Indonesian Rupiah）。

商务文化

印尼是世界上最大的穆斯林国家，当地的商业文化非常重视"社会关系"，等级制度明显，时间观念比较淡薄。因而在印尼开展商务活动必须注意这些因素的影响。

◆ 印尼人一个显著的特点就是重深交，讲旧情，老朋友在一起可以推心置腹，若是一般交情的商人、客户或朋友，虽然也客客气气，甚至谈得相当投机，那也只能是形式上的事，真正的心里话是不轻易掏出来的。所以与印尼人交往，一两次见面是不能抱太大的希望的。要着眼于将来，应把印尼商人当作朋友，充分表现出您的真诚，才能获得他的信赖。

◆ 加深与印尼人的交情，还必须记住的一点是，印尼人喜欢客人到他们的家中做客访问，而且在一天中任何一个时间去拜访他们，都是受欢迎的。商业谈判，如果能选择在印尼人的家中进行，那是最好不过的事。

◆ 印尼人很懂礼貌绝对不讲别人的坏话，自然也不喜欢那些讲别人坏话的人。他们在社交场合与客人见面时，一般习惯以握手为礼。在印尼，一般商务访问穿西服，打领带，穿长裤即可。

◆ 印尼人最喜欢笑，心情舒坦就笑，顺利完成某件事也笑。"笑"是他们的另一种语言。他们也喜欢开玩笑，他们甚至认为"笑口常开"是社交上的一种礼貌。

◆ 印尼人是非常友好容易接近的。多数中间阶层的印尼人有两个名字，而许多下层人民只有一个。富有者通常都有很长的姓和名，但往往只选用一个短名和首字母缩写名来使用。在称呼人时，只能使用他们的第一个姓，不能用第二个。

◆ 首次与当地人进行谈判，最好问问是否需要一名翻译。在印度尼西亚很难找到英语水平较高的中层管理者，因此，许多外国公司在菲律宾招聘一些管理者，因为在那里很容易找到英语水平较高并且经验丰富的管理人员。

◆ 进行首次接触时，大多数的印度尼西亚管理人员不习惯与他们不认识的人谈论业务，尤其是那些试图出售产品给他们的外国人。进行贸易展示或是官方的贸易代表团都是接触目标顾客和合伙人的比较好的方式。另外比较好的方式就是通过别人的介绍，最好是对双方都了解的个人或是组织。您可以求助于银行或贸易公司、法律单位、咨询公司或是大使馆官员来为您进行最初的介绍。

◆ 像南亚和东南亚的其他邻国一样，印度尼西亚人认为人本身和人与人之间的关系比时间和日程安排要重要得多。在谈论业务之前有必要建立良好的关系，先对您的谈判伙伴有一定的了解是一个关键的开端。最初的会面常常谈论一些一般的话题。共进午餐会使您对您的谈判伙伴有进一步的了解，当然，打高尔夫球或是观光游览也是不错的方式。每次访问的时候，您都需要在正式谈判之前花上一些时间向您的谈判对象介绍最近业务上的一些情况。

◆ 依照当地人的传统习惯，老年人具有较高的社会地位，尤其是年长的男性。听从较高地位的人的意见是非常重要的，这样可以表示对他们的尊重。年轻一些的商业访问者应该遵从地位较高的印度尼西亚人的意见，尤其当他们是购买者或潜在顾客的时候更应如此。

◆ 着装的方式可以表示您对谈判对象的尊重程度。由于当地属于热带气候，男士们会觉得穿西服不太舒服。但是，当与高层的政府官员会面的时候，男士还是要穿深色西服。在比较私人的场合，穿长袖白色衬衣、打领带，穿整洁的裤子就比较合适。女士穿着应该端庄，可以穿质地轻薄的套装或者裙子和衬衣。

◆ 在开始谈判之前要花一些时间了解您的听众的英语水平。使用尽可能多的图片和宣传印刷品，要至少人手一份。一定不要带有"强制销售"的意味。给人的感觉应该是您在推荐或提供您的产品或服务，而不是销售它们。

◆ 在任何商业会谈的时候，都会有茶或是冷饮供应。不论您有多么渴，也一定要等到主人先喝之后您才能喝。不然的话会被认为是不尊重别人的表现或是不礼貌的行为。

◆ 就像东南亚其他国家人一样，印度尼西亚人也对一些细节十分敏感，并且重视面子。对于西方访问者来说，表现出不耐烦或是生气将会使别人觉得非常丢面子。在会面当中表示否定意见也会破坏融洽的气氛。访问者最好保持表面上的冷静，即使内心比较沮丧或是激动也要如此。

◆ 印度尼西亚人说话比较温和，而且很少在别人说话时打断对方。别人大声说话的时候，他们会感到非常震惊，而且当他们的谈话被打断的时候，他们很容易就会生气。一些印度尼西亚人在紧张或是局促不安的时候会哈哈大笑。注意，在您搞明白他们笑的原因之前不要跟着大笑。

◆ 印度尼西亚人喜欢讨价还价。为了避免意外的损失，在您出价的时候要留有特殊的余地。由于谈判常常进行几个月甚至几年，这样您的谈判对象就有足够的时间使您偏离最初的定价。

◆ 印度尼西亚人认为您和他们之间的关系比将要签署的合同重要得多。他们更愿意通过面对面的商谈来解决问题,而不愿意找律师或是求助于那些书面的协议。当然,为了避免日后的争议,您需要把每一点落实到书面上,但是当您的谈判对象提出日后就合同上的某些条款进行再次谈判的时候,您最好不要拒绝。

◆ 与其他许多亚洲国家不同,印度尼西亚人不习惯于互赠礼物。如果您执意要赠送给他们礼物的话,他们也不会当着您的面把礼物打开。

英国

基本概况

英国（**Britain**），全称大不列颠及北爱尔兰联合王国（**The United Kingdom of Great Britain and Northern Ireland**）。由大不列颠岛（包括英格兰、苏格兰、威尔士）、爱尔兰岛东北部和一些小岛组成，隔北海、多佛尔海峡、英吉利海峡与欧洲大陆相望。英国陆界与爱尔兰共和国接壤。全境分为四部分：英格兰东南部平原、中西部山区、苏格兰山区、北爱尔兰高原和山区。面积约为 24.41 万平方公里，属海洋性温带阔叶林气候，终年温和湿润。

英国人口约为 6 370 万（截止到 2014 年预估值）。官方和通用语均为英语。威尔士北部还使用威尔士语，苏格兰西北高地及北爱尔兰部分地区仍使用盖尔语。居民多信奉基督教新教，另有天主教会和佛教、印度教、犹太教及伊斯兰教等较大的宗教社团。伦敦（**London**）是英国的首都。

经济结构

英国是世界经济强国之一，其国内生产总值在西方国家中居前列。英国是欧盟中能源资源最丰富的国家，也是世界主要生产石油和天然气的国家，但主要工业原料仍依赖进口。此外，航空、电子、化工等工业比较先进。主要农牧渔业有畜牧业、粮食业、园艺、渔业。服务业近年来发展迅速，旅游业是英国最重要的经济部门之一。英国的王室文化和博物馆文化是旅游业的最大看点。

英国是贸易大国，主要出口机械、汽车、航空设备、电器和电子产品、化工产品和石油。主要进口原材料和食品。伦敦是世界最大的国际外汇市场和国际保险中心，也是世界上最大的金融和贸易中心之一。

英国货币为英镑（**Pound**）。

商务文化

受历史文化传统的影响，英国人向来给人以绅士的感觉，这体现在日常生活和商务活动的方方面面。

◆ 在英格兰，人们的地位大体上是由一个人的出身、社会阶层、家庭背景和口音决定的。

◆ 英国以"校友间的互助之情"和"校友"网而闻名，如果您没有这些关系，那就把您能够得到的来自这些关系网中的人士提供的推荐信提交给小公司的主人或者是大公司的董事会主席或者是总经理，也是非常有用的。

◆ 当见面和问候的时候，通常轻轻地握手。当男士选择轻轻握手时，有些女士可能不愿意伸出她们的手，所以大多情况下男士应该一直等着女士先伸手示意，才可以跟她们握手。除了握手以外，大多数英国人都避免在公共场合跟别人接触。比如说，像美国一些习惯性的拍背、抓胳膊肘和搂肩膀行为在这里都被认为是有些粗鲁的。目光接触不如那些极富感情表现力的国家，非常直接的注视可能会被认为是鲁莽和冒昧的。给别人指路时，一定不要用食指去指方向，而是应该点一下头。

◆ 在商务环境中，正常的人与人之间的距离大约是一臂间隔。英国人倾向于在站着和坐着时，相互间的距离要比阿拉伯人和拉丁人远一些。而且，两个交谈中的英国人经常站在跟对方成九十度角的位置上，而不是像两个意大利人或者阿拉伯人那样直接面对着对方。直接的、面对面的交谈好像使得英国人很不舒服。

◆ 用英语写出关于您的公司和产品的基本信息，并进一步说明您将尽快跟他们联系以建立合作关系。接着，您要打电话要求在两三周之后见一次面。然后，您的英国伙伴就会提出见面的时间和地点。

◆ 英国人在开始认真考虑生意之前，通常要相当详尽地谈一下新的生意往来。访问者最好等他们的当地合作伙伴先开始会议的生意部分。在谈生意之前，英国人需要稍微了解一下他们的海外合作伙伴的情况。

◆ 英国人在交流方式上是保守的，而不是善于表达的、开朗的。这一点表现在他们使用谨慎的说法、大型空间隔离、很少接触的形体语言、有限的手势等方面，而且他们喜欢始终保持坚定沉着的姿态。英国人看起来可能比日本人更加善于表达和外向，但是跟欧洲和美洲的拉丁人相比，他们给人留下的印象还是缄默的和内向的。

◆ 很多上层英国人习惯使用含糊的、迂回的语言，而另外一些人说话则更加直接一些。来访的谈判代表应该在思想上做好准备，有可能这两种言辞风格都会遇到。

◆ 英国谈判代表很少在谈判桌上打断他们的合作伙伴。他们也很少会提高嗓门，以压倒来自更加富有表现力的国家（比如北欧和拉美）的谈判代表的声音。

◆ 对那些认为"时间就是金钱"的美国人来说，英国的谈判过程是很耗时的，但是相对于世界上其他的商业文化来说这是很正常的。

◆ 书面协议的法律问题和细节问题是很重要的。如果以后有争端或者争执，英国人通常都依靠合同条款来解决问题。

◆ 英国购买者讨厌那些大肆宣传和夸大的自称。介绍应该是直接的、切合实际的。幽默是可以的，但是海外的访问者应该记住幽默很少会被恰当地翻译过来。所以，最保险的幽默是自我谦虚。

◆ 如果您被邀请去某位英国人家里做客，就带一些巧克力、酒、香槟或者鲜花作为礼物。不要买白色的百合花（只是在葬礼上用）和红色的玫瑰（除非要表达爱情）。一定要在第二天送一份手写的短笺以表达您的谢意。吃饭的时候要把两只手都放在桌子上，但是要让胳膊肘离开桌子。

◆ 去酒店吃午餐通常是业务招待，而吃晚餐则是社交活动。一定不要在就餐的时候谈生意，除非您的英国合作者先提出这样一个话题。

◆ 在酒吧要酒的时候，一定要看着酒店老板的眼睛说，"请再来一杯"，而不是大声地或者默默地举起酒杯让服务生给您斟满。事实上，"请"和"谢谢"在英国任何一个地方都是很重要的用词。

97

约旦

基本概况

约旦（Jordan），全称为约旦哈希姆王国（The Hashemite Kingdom of Jordan），位于亚洲西部，属阿拉伯高原的一部分。南濒红海，北边与叙利亚接壤，东北与伊拉克交界，东南和南部邻沙特阿拉伯，西同巴勒斯坦和以色列毗连。约旦河流经西部注入死海。死海是咸水湖，为世界陆地最低点。面积约为 8.934 万平方公里，西部山区属亚热带地中海型气候。

约旦人口约为 663 万（截止到 2014 年）。大部分为阿拉伯人，其中 60% 以上是巴勒斯坦人，还有少数土库曼人、亚美尼亚人和吉尔吉斯人。阿拉伯语为国语，通用英语。约 92% 以上的居民信奉伊斯兰教，属逊尼教派；信奉基督教的人口约占 6%，主要是希腊东正教。安曼（Amman）是约旦的首都，是全国最大城市和经济、文化中心。

经济结构

约旦系发展中国家，经济基础薄弱，资源较贫乏，可耕地少，依赖进口。国民经济主要支柱为侨汇、外援和旅游。工业多属轻工业和小型加工工业，主要有采矿、炼油、食品加工、玻璃、纺织、塑料制品、卷烟、皮革、制鞋、造纸等。

农业不发达，水资源缺乏是约旦发展农业的主要障碍。主要农作物有小麦、大麦、玉米、蔬菜、水果、橄榄等。农产品不能满足国内需求，75%的粮食和肉类主要依靠进口。旅游业是约旦的三大经济支柱之一，也是主要外汇来源之一。

约旦的货币为约旦第纳尔（**Jordan Dinar**）。

商务文化

约旦是穆斯林国家，伊斯兰教是国教，其人口的92%以上是穆斯林。因此约旦的风俗习惯便带上了浓重的伊斯兰色彩。同该国进行商务往来时，一定要尊重本国的商务习俗。

◆ 居住在城镇中的老年人仍保持着传统的服饰习俗。他们爱穿阿拉伯长袍，按当地的习俗，对女性穿着有较严格的要求，妇女一般不穿袒胸露背和紧身的服装。另外，不论男女都不佩戴有宗教意义的珠宝首饰。

◆ 约旦人举止文雅，走路从容不迫，从不来去匆匆。

◆ 他们在谈话时喜欢注视对方，双方距离很近。在他们看来，目光旁视或东张西望都是轻视人的行为。

◆ 他们还讨厌别人把脚掌朝向自己，禁止用左手递送东西。

◆ 每年伊历9月为伊斯兰教的斋月。斋月期间每天从日出到日落，穆斯林不吃饭、不喝水、不吸烟等，日落祷告后可以开斋进食。年幼者、老弱病残者可以不把斋。

◆ 在当地不要用猪、熊猫和六角星图案做广告。

◆ 约旦人不饮酒，所以忌讳以酒作礼物送人。他们忌讳谈论有关中东政治宗教以及妇女权力等话题。

◆ 禁止别人摸小孩的头，理发师动手理发时，必须先诵上两句经文。同时不要摸小姑娘的头或抱她。

◆ 按交通规则，不许鸣喇叭。

◆ 避免给穿着民族服装的女性拍照。谈话避免提及对方的妻子、儿女。绝口不提以色列，也别谈论中东局势和约旦接受外援的事。

◆ 当地的商店街道多使用阿拉伯文，从事旅游业的人多会英语。在斋月期间来自国外的旅行者应注意，不要在白天面对众人大吃大喝，也不宜抽烟。如请当地人吃饭或饮茶，也只能在日落之后再邀请。

◆ 到约旦从事商务活动，比较适宜的时间是当年 11 月至次年 4 月，应避免在伊斯兰教历 9 月动身前往。

◆ 按约旦的商务礼俗，商界的穿着以衬衣配领带为宜。约旦是阿拉伯世界的一员，很容易让人认为这里天气炎热，其实不然，由于当地湿度低，来此访问的人都会异口同声地说："这里很凉爽。"冬天访问，宜穿保守式样的西装。

◆ 约旦人在社交场合与客人相见时，一般都以握手为礼，并相互问好。在与亲朋好友相见时，还惯施拥抱礼和亲吻礼（既拥抱的同时，相互亲吻面颊，以示敬重），但这种礼节仅适于男性之间。同上层或知识界妇女接触时，只有她们主动伸手时，才能与之轻轻地握手，与下层妇女接触时，不能主动打招呼。

◆ 商务活动宜事先约定时间，和其他中东国家相似，当地商人不太守时。受邀赴晚宴时要稍迟一点才去。晚餐时间多在 21~22 点才开始，结束时间拖到清晨并不稀奇。

◆ 与当地商人接触时应保持谦逊的态度，他们认为夸夸其谈的人不可靠。只有经过较长时间的接触，赢得了对方的信任，他们才不会拒绝您的请求。

◆ 销售态度须放低，最好设法约对方到咖啡店单独谈生意，以免对方找来一大批人，干扰不休。报价宜用约旦货币报 CIF 价，而避免报 FOB 价。

◆ 别用急于求成的推销手段，您或许会遇到有许多朋友和其他商人同时参加的团体式的商务会谈。

◆ 约旦人邀请您赴咖啡店小憩，如您拒绝，会被认为羞辱对方。应邀至约旦商人家中赴宴的全部是男性，服务员也一律是男性。

◆ 约旦人的主食是发面饼和玉米饼，尤其喜爱吃大饼夹肉，把烤好的羊肉夹在大饼内吃起来津津有味。他们日常生活中常常吃牛肉、羊肉等，常常饮用酸牛奶、茶等。约旦人宴请客人时，首先送来一杯咖啡，还有一些水果。用餐时很少使用餐具，米饭一般都是用右手捏成团送入口中的。

越南

基本概况

　　越南（Vietnam），全称为越南社会主义共和国（Socialist Republic of Vietnam），位于中南半岛东部，北与中国接壤，西与老挝、柬埔寨交界，东面和南面临南海。越南地势西高东低，境内四分之三为山地和高原。面积约为 32.9 万平方公里。全国地处北回归线以南，高温多雨，属热带季风气候。

　　越南人口约为 9 000 万（截止到 2013 年）。城市人口约占 33%，农村人口约占 67%。越南有 54 个民族，京族占总人口 86%，少数民族有岱依族、泰族、芒族、高棉族、赫蒙族、侬族、华族等。官方语言为越南语。主要宗教有佛教、天主教、和好教与高台教。首都河内（Ha Noi）历史悠久，曾为越南封建王朝的京城，被誉为"千年文物之地"。

经济结构

越南是一个发展中国家，经济以农业为主。矿产资源丰富，种类多样。森林、水利和近海渔业资源丰富。主要工业部门有煤炭、电力、冶金、纺织等。旅游资源丰富。

越南主要贸易对象为美国、欧盟、东盟、日本以及中国。主要出口市场为欧盟、美国、日本、中国。主要进出口商品有机械设备及零件、成品油、钢材、纺织原料、皮革、布匹。主要进口市场为中国、新加坡、日本、韩国。

越南货币为越南盾（Vietnam Dong）。

商务文化

越南人很讲究礼节，是个注重"礼尚往来"的国家，送礼文化丰富多彩。在商务往来方面也有一些特殊的礼仪。

◆ 见面要打招呼问好，或点头致意。京族人不喜欢别人用手拍背或用手指着人呼喊。

◆ 客人到他们家时，不能用脚指物。席地而坐时不能用脚对着人，不能从坐卧的人身上跨过去，不能睡在妇女的房门口和经常来往的过道上，不准进入主人的内房。

◆ 不要随意摸别人的头部，包括小孩。当村寨路口悬挂有绿色树枝时，是禁入的标志，外人不得进入。越南人忌讳三人合影，不能用一根火柴或打火机连续给三个人点烟，认为这不吉利。

◆ 越南邻近中国，华侨较多，广东菜馆在这里早有开设，越南人受广东口味影响较深。主食以大米为主，喜欢喝中国茶和咖啡，喜欢吃鱼、虾、鲍鱼、海参、鱼翅、瘦肉和鸡，也爱吃狗肉。吃饭时菜要多，口味宜清淡。不喜欢吃辣，喜吃糖、醋和蚝油，烹调上喜欢炸、清蒸、烧卤等。当地大型方、圆糯米粽子独具特色。普通餐具为中式碗、筷、盘、勺等。南部高棉人忌用左手行礼、进食、送物和接物。

◆ 越南各族人民的生活，都离不开竹子。竹笋是越南人喜吃的菜肴。竹灰往往用作食盐。越南被人们称为"竹子之邦"。

◆ 越南的傣族人，每遇大事必祭鬼神。傣族人每家每户无论是婚丧嫁娶、土木动工、还是遇灾患病、迎宾送友，总要宰杀牛、猪、鸡来举行祭祀鬼神的仪式，以祈保佑。凡是已许愿备作祭祀之用的禽畜，不但绝对不能再卖，还必须精心饲养，以待祭用。

◆ 送礼时一个比较好的选择就是价格昂贵的、品牌的白兰地或者威士忌，还可以是你自己国家的特产或者有品味的徽标礼物。要用双手递上精心包装的礼物。在您离开之前，接收者或许会把礼物搁在一边，不会打开。如果别人送您礼物，那么请用双手接过礼物并微笑，但是要等对方离开以后再打开。

◆ 越来越多的越南谈判者讲英语，尤其是在越南南部。如果您认为聘请一位翻译比较明智的话，那么考虑请一个自己本国通晓外语的人，不要依赖于您的越南合作者提供的翻译。

◆ 在越南与商业伙伴获得第一次接触的最好方法，就是通过受人尊敬的中介来介绍，除非您代表的是一个大型的、很知名的公司或者双方已经在贸易展览会上或者贸易代表团当中见过面了。请银行、咨询师、法律公司、货运承揽人或者您自己国家的大使馆做一个正式的介绍是很有必要的。

◆ 像在其他亚洲国家一样，建立关系是整个谈判过程中的一个关键方面。一旦您和自己的商业伙伴建立了良好的个人关系，交易就会容易得多。在一起喝酒和进餐是建立关系的一个好方法。

◆ 在与越南人建立关系之前，您或许会发现越南人有些保守和正式，尤其是在双方联系的初期，要尽可能地采取面对面的会见而不要通过信件、传真和电话方式进行。在越南取得商业成功的一个必要的先决条件，就是经常性地前往越南进行访问。

◆ 通常越南人开会会迟到，但是他们希望访问者准时。迟到意味着对当地人的不尊敬。会见高级政府官员时，男士应该穿深色的西服，打样式保守的领带。对于其他的商业会议，男士穿件长袖衬衫，打条领带即可。女士可穿保守的正式服装或者裙子和衬衫。

◆ 用双手接过对方递过来的名片，仔细地看看名片，然后把名片收到皮制名片夹中或者放在您面前的桌子上。用右手或者双手递上您自己的名片。

◆ 年轻的、职位低的人应该服从年长者和具有较高职位的人，尤其是要服从高级政府官员。虽然在关系进展的过程中，越南人一般比较随便，但是在商务会议时，在一定程度上还是应该对礼节讲究有所准备。

◆ 越南人把公开表示愤怒、急躁等情绪视为粗鲁的行为。他们认为在压力下不能保持平静的人不值得被尊重。冲突会破坏融洽的气氛，并导致丢面子。

◆ 越南人经常使用间接的、含糊的和"礼貌的"语言。对大多数越南人来说，避免冲突和保持良好的关系，远比阐明意思重要得多。越南人讲话会比很多西方人更加轻柔。他们也避免打扰他人，因为打断别人的谈话被认为是非常无礼的行为。在越南人谈话时，应该等到其谈话结束以后再插嘴。

◆ 越南人的身体语言很有限，他们很少使用手势。他们会对变化很多的手势和胳膊的挥舞而感到惊讶和产生混淆。越南的文化是接触程度较低的文化，所以越南人不希望有较多的接触，不要抓他们的胳膊和拍他们的背。

◆ 不要过于夸耀自己的产品或者公司，让您的简介材料和证明书为您说明。同样地，不要说您的竞争对手的坏话，而是递给他们关于竞争者的已经出版了的批评性的文件。

◆ 记住要提前分发您的陈述的复印件或者大纲。如果需要的话，可以使用视图的帮助，尤其是当涉及数字的时候。不时地看看您的合作者是否跟得上您的陈述。

◆ 越南谈判者通常讨价还价时很模糊，并且经常希望他们的合作者同意对价格和条件做出重大的让步。有时候越南人用他们使您从开价中偏离的程度,来衡量他们自己在谈判桌前的成功度。对应这条策略,您可以在最初出价时留足余地。通常给自己留出机动的空间,留有一些讨价还价的筹码在最后时使用。

◆ 要为勇敢的讨价还价和市场争论做好准备,在做出任何的让步之前都要谨慎。通常需要相同价值的一些条件作为交换。只有在犹豫了很长一段时间之后,才能很不情愿地做出让步。这是在整个谈判过程中,您可以表现出低落情绪的一次机会,同时也是唯一的机会。直到谈判快要结束,越南谈判者都不会做出一些大的让步,可是同时,他们会不断地让您一点一点地做出让步。您只需要保持微笑,并否定任何不能接受的要求。同样地,当您给对方提他们不可接受的要求时,也要保持微笑。

◆ 如果您的越南伙伴在合同签订仪式结束的几周以后,与您联系要求重新谈判合同的主要部分(例如价格等),您也不要惊讶。越南人认为,因为双方关系密切,所以条件发生变化的时候,您会在任何时候同意对合同进行修改。

99

智利

智利（Chile），全称智利共和国（Republic of Chile），位于南美洲西南部，安第斯山脉西麓。东与阿根廷为邻，北与秘鲁、玻利维亚接壤，西临太平洋，南与南极洲隔海相望，是世界上地形最狭长的国家。面积约为75.67万平方公里。由于地处美洲大陆的最南端，与南极洲隔海相望，智利人常称自己的国家为"天涯之国"。气候可分为北、中、南三个明显不同的地段：北段主要是沙漠气候，中段是冬季多雨、夏季干燥的亚热带地中海型气候，南段为多雨的温带阔叶林气候。

智利人口约为1 756万（截止到2013年），其中城市人口占86.9%。印欧混血种人占65%，白人30%，印第安人5%。官方语言为西班牙语。在印第安人聚居区使用马普切语。15岁以上人口中信仰天主教的占70%，信仰福音教的占15%。首都圣地亚哥（Santiago）是南美洲第四大城市，位于国境中部，是智利最大城市，全国政治、经济、文化和交通中心。

经济结构

　　智利属于中等发展水平国家。矿业、林业、渔业和农业是国民经济四大支柱。矿藏、森林和水产资源丰富，以盛产铜闻名于世，素称"铜矿之国"，居世界第一位。盛产温带林木，木质优良，是拉美第一大林产品出口国。工矿业是国民经济的命脉。智利政府重视发展旅游业，经济在很大程度上依赖对外贸易。出口总额占国内生产总值的 30% 左右。

　　智利货币名称为智力比索（Chile Peso）。

商务文化

　　智利的风俗礼仪在许多方面同西班牙的十分相似，但又带有当地土著居民的鲜明特征，对其商务风俗的了解会让您的生意事半功倍。

◆ 智利有 85% 的居民信奉基督教。他们忌讳"13"和"星期五"，认为它们是不吉利的。他们不喜欢黑色和紫色，不喜欢菊花，因为菊花是在丧礼上使用的。他们在交谈中不喜欢谈论有关当地政治和宗教的话题。

◆ 智利人注重礼节，热情好客但传统习俗颇多，而且带有明显的西方人的特征。智利人十分重视见面时的问候礼节，他们同外来客人第一次见面时，大多要握手致意，有时男性之间还要热情拥抱，女性之间要相互亲吻面颊，最常用的问候语是"您好""见到您非常高兴""感谢上帝让我们相识"等。熟悉的朋友见面，多是热情拥抱和亲吻，寒暄问候，异常亲密，男女均是如此。一些上了年纪的人见面，还习惯行举手礼或脱帽礼。

◆ 到智利进行商务活动的最佳月份是每年的 3~11 月。智利与中国有着良好的关系，它是南美洲第一个同中国建交的国家，两国签有贸易协定。

◆ 通过银行或咨询公司等机构作为第三方引荐，是智利的商业贸易中一个很有必要的前奏。通常来说，初次访问应该由高层领导来完成，由中层领导陪同。中层领导进行接下来的访问，以此进行进一步的谈判。

◆ 商务名片的背面要译成西班牙语。交换名片时要保持微笑，进行必要的眼神交流。收到对方的名片后，要将目光在上面停留片刻，随后把它放在一个特殊的位置而不是匆忙塞进口袋，以显示对对方的尊重，给对方留下好印象。

◆ 在智利商务文化中，人际交往技巧十分重要，"融入"的能力不可忽视。此外，建立融洽的关系与友谊在做生意时也十分必要。南美人通常近距离交谈，所以要适应这种习惯，尽量保持自然。正式谈判之前，通常要进行一些"闲聊"，尽管大多数情况下的会谈很严肃，但必要的幽默感还是会受到欢迎的。

◆ 同许多美洲国家一样，智利人一般不邀请他人到家中做客，除非是感情深厚的朋友。如果您被智利朋友邀请到家中做客，应视为一种荣幸，不可出于客气或其他理由而谢绝，否则会被主人认为是瞧不起他们而生气。智利人的时间观念比较强，凡事都习惯按预定的时间进行。应邀到智利朋友家中做客，应按时赴约，迟到或早到都是不礼貌的行为，这是同许多美洲国家所不同的。到达主人家，客人应主动送一束鲜花或包装精美的糖果给女主人，先向女主人表示问候，随后问候男主人和其他家庭成员。

◆ 智利人待客的饭菜品种丰富，风味独特。智利人爱饮酒，待客是少不了酒的，低度白酒、红葡萄酒、白葡萄酒等是待客的常备酒。智利人以面食为主，有时也吃米饭。他们喜欢吃海产品、牛肉、羊肉等，常吃的蔬菜有土豆、黄瓜等。智利人一日四餐，早晨一餐，中午一餐，下午四时一餐，晚九时又一餐。下午四时这一餐比较简单，类似于茶点，人们大多只吃些点心。

100

中国

基本概况

　　中国（China），全称中华人民共和国（The People's Republic of China），位于北半球，在亚洲的东部和中部，太平洋西岸，东南面向海洋，西北伸向内陆。中国所濒临的海洋，从北到南，依次为渤海、黄海、东海、南海。中国同 14 个国家陆地有接壤，与 8 个国家海上相邻：东北与朝鲜接壤，东北、西北与俄罗斯、哈萨克斯坦、吉尔吉斯斯坦、塔吉克斯坦为邻，正北方是蒙古国，西部毗邻阿富汗、巴基斯坦，西南与印度、尼泊尔、不丹相接，南面有缅甸、老挝和越南。同中国隔海相望的国家有六个：东面同中国隔海相望的国家为韩国、日本，东南面同中国隔海相望的国家为菲律宾，南面同中国隔海相望的国家为马来西亚、文莱、印度尼西亚。面积约为 960 万平方公里，仅次于俄罗斯和加拿大，居世界第三位。

中国幅员辽阔，跨纬度较广，距海远近差距较大，加之地势高低不同，地形类型及山脉走向多样，形成了多种多样的气候。东部属季风气候（又可分为亚热带季风气候、温带季风气候和热带季风气候），西北部属温带大陆性气候，青藏高原属高寒气候。

中国是世界上人口最多的国家，约为 13.6 亿（截止到 2013 年年底），约占世界总人口的 19%。中华人民共和国是一个多民族的国家，其中汉族人口比重最大，约占全国人口总数的 92% 左右，还有其他 55 个少数民族。少数民族中人口最多的是壮族，最少的是珞巴族。汉语是中国使用人数最多的语言，也是世界上使用人数最多的语言。北京（Beijing）是中国的首都。

经济结构

1978 年以前的中国经济，农业基础薄弱，轻工业和重工业比例失衡。1978 年改革开放以后，通过优先发展轻工业，扩大高档消费品进口，加强基础产业、基础设施建设，大力发展第三产业等一系列政策和措施，经济结构趋于协调，并向优化和升级的方向发展。第一产业比重下降，第二、第三产业比重上升，国民经济总量增长从主要由第一、第二产业带动，转为主要由第二、第三产业带动，第二产业的增长构成了中国经济高速发展的主要动力。在整体产业结构变化的同时，各产业内部的结构也发生了较大的变化。在农林牧渔业总产值中，纯农业产值比重下降，林牧渔业比重上升。在工业内部，轻重工业结构正逐步由偏重"消费补偿"的轻型结构，向"投资导向"的重型结构升级。在第三产业内部，交通运输业、商业等传统产业比重下降，房地产业、金融保险业、电信业等迅速发展。

中国的货币为人民币（RMB）。

商务文化

在西方人观念中，商业就是商业，工作就是工作，人情就是人情，生活就是生活，这些是没有交集的，他们断然不会在商务谈判中谈家庭，谈生活。而中国式商务谈判却与此相反。中国的商务谈判，不仅仅是商务谈判，还融合了人情与生活。

- ◆ 进行商务活动时，男士穿深色套装和白衬衫，打条较保守的领带；女士穿套装或者礼服。
- ◆ 用中国人的姓或者组织上的头衔来称呼他们，例如：李二朋先生是李先生而不是朋先生。在没有特别要求的情况下，不要用中国人的名来称呼他们。

◆ 汉语印制的名片上，姓在前面，名在后面，但是，用其他西方语言印制名片时，一些中国人会把顺序颠倒。所以，在您不清楚的时候，问问哪个是姓。

◆ 在您的名片的一面用中文字体印上内容，交换名片时，要用双手并且头要轻微倾斜。接过名片后，仔细地看几秒钟，然后把名片装到您的皮制名片夹中或者放在您面前的会议桌上。在名片赠与者面前，不要在名片上写字。

◆ 交换礼物是中国商业文化的一个重要部分，对建立关系也是很有帮助的。要为您的中国合作伙伴准备好合适的礼物，昂贵的白兰地就是一个较好的选择，其他的礼物可以是具有您自己城市、地区或者国家特色的礼物和有品味的纪念性礼物。要用双手呈上礼物，接收者或许会把礼物放在一边，等散会后再打开，同样，您也应该用双手接过礼物，以后再打开。

◆ 中国人重视准时性和严格地遵照计划表，所以他们希望他们的外国合作者，尤其是潜在的供应商，也要做到这一点。

◆ 虽然如今越来越多的中国谈判者讲英语，但是问一下您是否需要一个翻译，还是比较明智的。当要谈判一个重要的交易时，您可以雇一个您自己的翻译，不要依赖于中国方面合作者提供的翻译。

◆ 中国公司不习惯和陌生人谈生意。您可以通过贸易展览会、官方贸易代表团，或者通过中介的介绍，来开始最初的接触。而后者应该是双方都认识的有威望的人或者组织。如果您自己没有这么一位朋友，您可以请您国家的政府贸易代表、商会、银行或者贸易协会来介绍您。

◆ 在中国，建立关系是整个谈判过程中一个非常关键的部分。在开始讨论商务问题之前，充分了解一下您的伙伴。一起喝酒、进餐是建立关系的好方法。在中国，先交朋友，再做生意。

◆ 在中国，等级制度、习俗、社会地位受到重视。年轻人应该服从年长者和具有较高职位的人，所以，年轻的出口商必须谨慎，要对年长的中国买主表示尊重。

◆ 面子和一个人的自尊、尊严和声誉有关。如果您表现出幼稚或者缺乏自我控制能力，例如发脾气，这会使您丢面子。如果您对中国合作者表达您强烈的不同意，使他们尴尬，当众批评他们或者表现出对他们的不尊重，这些都可能让他们感到丢面子。让对方严重丢面子可以彻底地破坏一个本来很有希望的商业谈判。您可以通过使用礼貌的称呼和遵循当地的风俗和传统，给您的商业伙伴面子，给面子是建立稳固关系的一条有效途径。如果您犯了错误，您可以很幽默地道歉，这样可以挽回面子。同样，您也可以给对方保全面子，例如，当他处于一个非常为难的谈判位置时，给他一个合适的台阶下。

◆ 和不正式的、善于表达的北欧人、美国人和澳大利亚人相比，中国人保守而正式，尤其是北方人。对于要讨论的重要问题，中国谈判者更多地依靠面对面的会见，而不是书信交流或者打电话。中国谈判者经常使用间接的、含糊的和不坦率的语言，这样他们所要表达的意思就模棱两可，而非清楚明白。他们经常使用逃避性的语言，并不是为了误导对方，只是为了避免冒犯对方。很多中国人认为，直接说"不"是无礼的，所以中国谈判者或许会这样回答，"那还需要进一步的研究"或者"那确实很困难"。这种间接的、礼貌的谈话，可能会使那些来自于习惯使用直接语言的国家的谈判者产生误解。

◆ 中国人，尤其是北方人，通常讲话轻柔。他们避免打扰对方，因为这会被认为是非常无礼的。访问者应该避免大声说话，并且在中国合作者结束谈话之前，应该耐心地等待其谈话结束后再开始讲话。欢笑或者哈哈笑或许意味着压力、紧张或者尴尬，而不是高兴。

◆ 中国人或许会把强烈的、直接的眼神接触，误认为是有恐吓的企图或者完全的敌意的表露。

◆ 中国的文化是接触程度较低的，在商业环境中很少有触及行为。会面和问候时，轻轻握手并用适度的眼神去接触，不要和您的合作者非常用力地握手。

◆ 中国人很少使用手势，访问者应该避免挥舞胳膊和做出其他幅度较大的手势，同时不要抓他们的胳膊和拍他们的背。用一只手的拳头撞击另一只手的手掌，被认为是粗俗的手势。

◆ 不要用一个笑话或者幽默的逸事开始您的陈述，因为这会显得很不适宜而且不够正式。小心不要过于夸耀您自己的产品或者公司，而是用证明书或者已出版的关于您公司的文章来说明。同样地，不要说您的竞争对手的坏话，而是递上由具有威望的第三方对竞争对手的批评性评论。让别人来批评您的竞争者及其产品，这样会更好一些。

◆ 中国谈判者通常讨价还价时很模糊，并且经常希望他们的合作者同意对价格和条件做出重大的让步。有时候中国人用他们可以使谈判对手从自己的开口价格中偏离的程度，来衡量他们自己在谈判桌前的成功度。所以，聪明的谈判者通常都会在最初出价时留足余地，这样为议价留出空间。

◆ 要为讨价还价做好准备，在做出任何的让步时都要表现出很不情愿的样子，并且只有一个条件基础，那就是需要相同价值的一些条件作为交换。

◆ 在中国谈判通常是个长期的过程，需要耐心和冷静的性格，在和政府机构或者公共部门的公司打交道时，尤其会这样，做出决策需要一定的时间。

◆ 虽然很多中国人认为，最终写出来的合同还没有彼此之间关系的力量重要，但是无论如何您都应该把所有内容都写进去。在情况发生变化时，中国谈判者通常会希望重新谈判合同。

◆ 在整个谈判过程中，您不可避免地要与您的律师对话，在谈判接近尾声之前，让律师待在幕后比较好。如果律师出现在谈判桌上，中国人会认为这是不信任中方的一个标志。

◆ 在个人访问间隙，要不时地和您的合作伙伴保持联系。生意导向型的商业人士，经常会忽视可以提高商业关系的这关键一步。

◆ 宴请和被宴请是您和商业伙伴建立亲密关系的必要部分。在中国，您或许会被邀请参加一次或者多次正式的宴会，这取决于您在中国停留时间的长短。在您离开中国之前，请您所在地的联络处或者宾馆帮您开办合适的宴会来回请您的中国伙伴。中国人通常不希望女士在宴会上一轮轮地敬酒，当然也不希望她们喝醉。不喜欢喝酒的男士可以道歉，并说明是健康原因或者宗教原因等。

◆ 招待中国客人时，提供地方特色菜肴的饭店通常是个较好的选择。但是，从中国来的商业访问者通常更喜欢吃中餐。为了表现出您对中国风俗的遵从，要掌握用筷子吃饭的艺术并适当地祝酒。

香港

基本概况

香港（Hong Kong），全称中华人民共和国香港特别行政区（Hong Kong Special Administrative Region of the People's Republic of China），香港地处华南沿岸，在中国广东省珠江口以东，由香港岛、九龙半岛、新界内陆地区以及 262 个大小岛屿（离岛）组成。香港北接广东省深圳市，南面是广东省珠海市万山群岛，与西边的澳门隔江相对。总面积约为 1 104 平方公里，是全球人口最密集的地区之一。香港属亚热带气候，全年的气温较高。夏天炎热且潮湿，冬天凉爽而干燥。夏秋之间，时有台风吹袭，七月至九月是香港台风较多的季节。

香港人口约为 723 万（截止到 2014 年 8 月）。香港人口中，中国的移民占绝大多数。内地在香港的居民原籍情况是这样：以原籍在广东珠三角地区一带者为最多，再次为潮汕人，其余为广东省其他市、县及中国其他省份的人士。香港的法定语言是中文和英文，而政府的语文政策是"两文三语"，即书面上使用中文白话文和英文、口语上使用粤语（俗称广州话）、普通话和英语。在常用语言上，多使用广州话和英语。

经济结构

香港经济以服务业为主，与中国内地及亚太其他地区关系密切，与服务贸易有关的主要行业包括旅游和旅游业、与贸易相关的服务、运输服务、金融和银行服务及专业服务。香港是全球第九大贸易经济体系、第六大外汇市场及第十五大银行中心。香港股票市场规模之大，在亚洲排名第二，仅次于东京。香港也是成衣、钟表、玩具、游戏、电子和某些轻工业产品的主要出口地，出口总值位列全球高位。

香港的货币是港元（Hong Kong Dollar）。

商务文化

A Brief Survey of the World's Business Cultures

曾作为殖民地的香港，其文化和礼仪既有中国传统特色，又兼具西方文明的特点。

◆ "3"字在香港很吃香，原因是香港人读"3"与"升"是谐音，"升"意味着"高升"。"8"和"6"在香港也很时髦。在粤语中"8"是"发"的谐音，"发"意味着"发财"。"6"与"禄"同音，也有"六六顺"之意。香港人过节时，常相互祝愿"恭喜发财"。

◆ 香港人忌讳别人打听自己的家庭地址。因为他们不欢迎别人去家里做客，一般都乐于到茶楼或公共场所。他们忌讳询问个人的工资收入、年龄状况等情况，认为个人的私事不需要他人过问。他们对"节日快乐"之语很不愿意接受，因为"快乐"与"快落"谐音，是很不吉利的。他们忌讳"4"字。因为"4"与"死"谐音，故一般不说不吉利的"4"。送礼等也避开"4"这个数，非说不可的情况下，常用"两双"或"两个二"来代替。在香港，酒家的伙计最忌讳首名顾客用餐选"炒饭"，因为"炒"在香港话中是"解雇"的意思。开炉闻"炒"声，被认为不吉利。

◆ 香港人在社交场合与客人相见时，一般是以握手为礼。亲朋好友相见时，也会以拥抱和贴面亲吻作为礼节。他们向客人表达谢意时，往往用叩指礼（即把手指弯曲，以几个指尖在桌面上轻轻叩打，以表示感谢）。

◆ 对一般的男士称"先生"，女士称"小姐"，如果是对年纪大的男子可称"阿叔"或"阿伯"，年长的女子称"阿婶"。对男侍应生和售货员可称"伙计"，对女侍者仍称"小姐"。

◆ 见面与告别时通常握手。初次握手引见后，用双手递上商业名片。

◆ 约定会见时间后，前后有30分钟"出入"仍不失礼貌，不过商界人士通常是遵守时刻的。

◆ 客人应邀赴宴时可带水果、糖果或糕点作为礼物并用双手递送给女主人。不要送"钟、表"之类的物品，它是死亡的象征，也不要送剪刀或其他锐利的物品，它们象征断绝关系。宴会开始时，要先等主人致辞后才能进餐，不要比主人先开始饮酒进食。

◆ 感谢主人所送礼物时说"多谢"，感谢别人为自己服务时说"麻烦您了"。中国人乐于听对方说他们的语言，如能说上一两句广东话，必将受到大大赞赏，但您必须对自己的发音很有把握。

◆ 香港人对西餐中餐均能适应，但对中餐格外偏爱。

台湾

A Brief Survey of the World's Business Cultures

基本概况

台湾省（Taiwan Province），简称"台"，位于中国东南沿海，北临东海，东临太平洋，南临南海，西隔台湾海峡与福建省相望，由台湾岛及兰屿、绿岛等 21 个附属岛屿和澎湖列岛 64 个岛屿构成，总面积约为 3.6 万平方公里。其中台湾岛面积为 3.59 万平方公里，是中国第一大岛。台湾扼西太平洋航道中心，是中国与太平洋地区各国海上联系的重要经贸、交通枢纽，也是军事战略要地。台湾是中国神圣领土不可分割的一部分。第二次世界大战后，台湾经济逐渐崛起，跻身"亚洲四小龙"，成为亚洲最发达、富裕的地区之一。

全省位置恰跨温带与热带之间，气候属于热带和亚热带气候。但它四面环海，受海洋性季风调节，终年气候宜人，冬无严寒，夏无酷暑。

台湾人口约为 2 341 万（截止到 2014 年 9 月），以汉族、台湾原住民族两大民族为主。而台湾人与中国大陆和东南亚等国家人民通婚（大部分是台湾男性和东南亚、中国大陆女性通婚）日益增加，亦即所谓的新住民数量增加。台湾的汉族占总人口的 98%，主要又分为闽南人（约 73%）、客家人（约 12%）、外省人（约 13%）。佛教、道教等宗教在台湾已不易区分，两教相互影响融合。台湾人普遍使用汉语普通话和繁体中文，另外比较常见的语言为闽南语、客家语和台湾高山族语言。由于台湾当局和民间重视英语教育，且台湾曾长期沦为日本殖民地，许多台湾老人普遍可使用日语，所以常见使用外国语言为英语与日语。

经济结构

台湾经济发达，以外向型经济为主。台湾出口高质量的猪肉、蔬菜、糖、甘蔗、茶叶、大米和热带及亚热带水果。台湾渔业发达，出口多种海产品。工业是台湾经济的重要支柱。服务业是台湾三大产业中增长最快的部门。服务业结构也从传统的商业及当局服务逐渐走上现代化专业性服务产业，包括金融、运输、仓储、通讯，以及不动产和工商服务业。

台湾地区使用的货币是新台币（New Taiwan Dollar）。

商务文化

台湾民间习俗与中国大陆特别是南方地区基本一致，西方文化也对台湾有所影响。

◆ 台湾人忌讳别人打听他们的工资、年龄以及家庭住址，因为他们不愿意别人过问他们的私事。在台湾最好不要谈论中国大陆和当地的政治事务。

◆ 台湾人最讨厌有人冲其眨眼。认为这是一种极不礼貌的行为。他们忌讳数字"4"，因其与"死"音近似。他们忌讳以扇子赠人，因为他们有"送扇无相见"之说。他们忌以手巾送人，因为他们有"送巾断根"之说。他们忌讳把剪刀送人，因其有"一刀两断"之说，送这种物品会让人觉得有一种威胁之感。他们忌讳以雨伞当作礼物送人，因为台湾用的方言中，"伞"与"散"谐音。"雨"与"给"谐音，"雨伞"与"给散"谐音，这样难免引起对方的误解。他们还忌讳把粽子当作礼品送人。

◆ 台湾人在社交场合与客人见面时，一般都以握手为礼。在亲朋好友相见时，也惯以拥抱为礼，或施吻面颊的亲吻礼。台湾信奉佛教的人社交礼节为双手合十礼。

◆ 赴约时，完全可以比规定时间稍早或稍晚一些到达。

◆ 按照美国人的标准来看，要台湾商人做出一项决定往往要花费很长时间，所以谈生意时要有耐心。

◆ 宴请通常是在饭店里不是在家里。登门访问台湾人时，宜带一样小礼品，例如水果、糖果或干点。递送礼品或其他物品时应用双手奉上。接受宴请后写一封感谢信是必须的，并且受主人欢迎。

澳门

基本概况

澳门（葡萄牙语：Macau，英文也可写作 Macao）简称澳，是中华人民共和国的两个特别行政区之一。地处珠江口以西，东面与香港相距 63 公里，北接广东省珠海市，面积约为 30.3 平方公里。澳门属海洋性副热带季风气候，每年以 10 月中旬至 12 月天气最佳最稳定，天气和暖并且阳光充沛，湿度不高，最为舒适。

澳门人口约为 62.4 万（截止到 2014 年 6 月），是世界上人口密度最高的地区之一。汉族居民占全区总人口的 94.3%，葡萄牙籍及菲律宾籍居民占 5.7%。全区人口中佛教信徒占 50%，天主教信徒占 15%，无宗教信仰者及其他教信徒占 35%。

经济结构

　　澳门是座经济发达的城市，主要收入都来自博彩业和旅游业。澳门的商业发展一直都受惠于旅游业的带动，澳门的旅游发展朝向度假式休闲娱乐方向。工业对外依赖性大，特别是对香港和中国内地的依赖。目前，澳门工业正向高新技术、高科技含量发展，并大力开拓产品销售新市场，通过多元化发展来增强竞争力。

　　澳门货币为澳门币（**Macao Pataca**）。

商务文化

　　澳门，自古以来都是中国不可分割的领土，但由于历史上长期被西方资本主义国家葡萄牙统治，在澳门社会生活中处处都遗留着中西方文明的遗迹，因而其文化兼具中西方特点。

◆ 在澳门，忌讳"13"。要是"13"日碰巧又是个"星期五"，人们会特别小心谨慎。

◆ 在澳门，年龄、职业、婚姻状况、宗教信仰、政治面目甚至个人收入都是隐私，相识或共事多年而不知对方底细是司空见惯的事。按澳门的习俗，生日不得提前祝贺。另外，别人买到一样东西，即使喜欢，也不要问价格。遇到别人生病，除伤风感冒或外伤等常见的病外，不要问及病因及病情，否则会招来好窥视别人秘密之嫌。

◆ 澳门居民楼的烟囱都比较大，因此，城市中有一种专门从事清扫烟囱的工人。人们相信，谁要是出门在半路遇见烟囱清扫工，谁一整天就会顺利，如果有人在和烟囱清扫工擦肩而过时在他身上摸一下，这一天就会交好运。

◆ 访友时，切不可搞"突然袭击式"的登门拜访，都要事先约定。

国际货币基金组织 2014 年 4 月 8 日公布了 2013 年世界各国 GDP 排名，数据显示，2013 年全球 GDP 总量达到 73.98 万亿美元，美国 2013 年 GDP 为 16.799 7 万亿美元，位居第一，中国 GDP 为 9.181 4 万亿美元，位居第二，日本 GDP 为 4.901 5 万亿美元，位居第三，排名第四到第十的国家分别为：德国、法国、英国、巴西、俄罗斯、意大利和印度。

中国台湾 GDP 为 4 892.13 亿美元，可排在第 25 位，中国香港 GDP 为 2 736.58 亿美元，可排在第 39 位，加上澳门 GDP，2013 年大中华区 GDP 达到 10 万亿美元。

排名	国家/地区	GDP（百万美元）
1	美国	16,799,700
2	中国	9,181,377
3	日本	4,901,532
4	德国	3,635,959
5	法国	2,737,361
6	英国	2,535,761
7	巴西	2,242,854
8	俄罗斯	2,118,006
9	意大利	2,071,955
10	印度	1,870,651
11	加拿大	1,825,096
12	澳大利亚	1,505,277
13	西班牙	1,358,687
14	墨西哥	1,258,544
15	韩国	1,221,801
16	印尼	870,275
17	土耳其	827,209
18	荷兰	800,007
19	沙特阿拉伯	745,273
20	瑞士	650,814
21	瑞典	557,938

表头：2013 年世界各国 GDP 前 100 名国家排行榜（IMF）

22	波兰	516,128
23	挪威	511,252
24	比利时	506,560
	台湾	489,213
25	阿根廷	488,213
26	奥地利	415,366
27	阿联酋	396,235
28	泰国	387,156
29	哥伦比亚	381,822
30	委内瑞拉	373,978
31	伊朗	366,259
32	南非	350,779
33	丹麦	330,958
34	马来西亚	312,433
35	新加坡	295,744
36	以色列	291,500
37	尼日利亚	286,470
38	智利	276,975
	香港	273,658
39	菲律宾	272,018
40	埃及	271,427
41	芬兰	256,922
42	希腊	241,796
43	巴基斯坦	238,737
44	伊拉克	229,327
45	哈萨克斯坦	220,347
46	葡萄牙	219,972
47	爱尔兰	217,884
48	秘鲁	206,542
49	阿尔及利亚	206,095
50	卡塔尔	202,561
51	捷克	198,312
52	罗马尼亚	189,659
53	科威特	185,319
54	新西兰	181,330
55	乌克兰	176,235
56	越南	170,565
57	孟加拉国	141,275
58	匈牙利	132,426
59	安哥拉	121,704
60	摩洛哥	105,101
61	斯洛伐克	95,805

62	厄瓜多尔	94,144
63	阿曼	80,571
64	阿塞拜疆	73,537
65	白俄罗斯	71,710
66	苏丹	70,127
67	利比亚	67,622
68	斯里兰卡	65,833
69	多米尼加	60,765
70	卢森堡	59,838
71	克罗地亚	58,058
72	乌兹别克斯坦	56,476
73	缅甸	56,408
74	乌拉圭	56,345
75	危地马拉	54,383
76	保加利亚	53,046
77	哥斯达黎加	49,621
78	埃塞俄比亚	48,145
79	立陶宛	47,560
80	突尼斯	47,439
81	斯洛文尼亚	46,851
82	肯尼亚	45,082
83	黎巴嫩	44,318
84	加纳	44,223
85	塞尔维亚	42,525
86	土库曼斯坦	40,569
87	巴拿马	40,329
88	也门	39,152
89	约旦	33,860
90	坦桑尼亚	32,536
91	巴林	32,215
92	拉脱维亚	30,953
93	刚果（金）	30,639
94	玻利维亚	29,802
95	巴拉圭	28,333
96	科特迪瓦	28,288
97	喀麦隆	27,957
98	特立尼达和多巴哥	27,703
99	萨尔瓦多	24,512
100	爱沙尼亚	24,484

图书在版编目（CIP）数据

世界百国商务文化大观 / 潘相阳，袁磊编著. — 北京: 中国人民大学出版社，2015.8
ISBN 978-7-300-21440-5

Ⅰ.①世… Ⅱ.①潘… ②袁…Ⅲ.①商务–文化–世界 Ⅳ.①F72

中国版本图书馆 CIP 数据核字（2015）第121322号

世界百国商务文化大观
编　著　潘相阳　袁　磊
编　委　孙　莺　潘怡然　石宇阳　张　晓
Shijie Baiguo Shangwu Wenhua Daguan

出版发行	中国人民大学出版社		
社　　址	北京中关村大街31号	**邮政编码**	100080
电　　话	010-62511242（总编室）		010-62511770（质管部）
	010-82501766（邮购部）		010-62514148（门市部）
	010-62515195（发行公司）		010-62515275（盗版举报）
网　　址	http:// www. crup. com. cn		
	http:// www. ttrnet. com（人大教研网）		
经　　销	新华书店		
印　　刷	北京易丰印捷科技股份有限公司		
规　　格	185 mm×260 mm　16开本	**版　　次**	2015 年 9 月第 1 版
印　　张	20.25	**印　　次**	2015 年 9 月第 1 次印刷
字　　数	382 000	**定　　价**	55.00 元

中国人民大学出版社外语出版分社读者信息反馈表

尊敬的读者：

感谢您购买和使用中国人民大学出版社外语出版分社的 _____ 一书，我们希望通过这张小小的反馈卡来获得您更多的建议和意见，以改进我们的工作，加强我们双方的沟通和联系。我们期待着能为更多的读者提供更多的好书。

请您填妥下表后，寄回或传真回复我们，对您的支持我们不胜感激！

1. 您是从何种途径得知本书的：
   □书店　　　□网上　　　□报纸杂志　　　□朋友推荐

2. 您为什么决定购买本书：
   □工作需要　　□学习参考　　□对本书主题感兴趣　　□随便翻翻

3. 您对本书内容的评价是：
   □很好　　　□好　　　□一般　　　□差　　　□很差

4. 您在阅读本书的过程中有没有发现明显的专业及编校错误，如果有，它们是：

   _____

   _____

   _____

5. 您对哪些专业的图书信息比较感兴趣：

   _____

   _____

   _____

6. 如果方便，请提供您的个人信息，以便于我们和您联系（您的个人资料我们将严格保密）：

   您供职的单位：_____

   您教授的课程（教师填写）：_____

   您的通信地址：_____

   您的电子邮箱：_____

请联系我们：黄婷　程子殊　于真妮　鞠方安

电话：010-62512737，62513265，62515037，62515576

传真：010-62514961

E-mail：huangt@crup.com.cn　　　chengzsh@crup.com.cn　　　yuzn@crup.com.cn
　　　　jufa@crup.com.cn

通信地址：北京市海淀区中关村大街甲 59 号文化大厦 15 层　　邮编：100872

中国人民大学出版社外语出版分社